개정판

가르침과
종교적 상상력

마리아 해리스 지음
김도일 역

Teaching
And
Religious
Imagination
:An Essay in the
Theology of Teaching

TEACHING AND RELIGIOUS IMAGINATION : An Essay in the Theology of
Teaching Copyright ⓒ 1987 by Maria Harris.
All rights reserved.

Korean translation copyright ⓒ 2023 by PUBLISHING HOUSE OF P.C.K
Published by arrangement with HarperOne, an imprint of HarperCollins
Publishers through EYA Co.,Ltd.

이 책의 한국어판 저작권은 EYA Co.,Ltd를 통해 HarperOne, an imprint of
HarperCollins Publishers 사와 독점계약한 한국장로교출판사에 있습니다.
저작권법에 의하여 한국 내에서 보호를 받는 저작물이므로 무단전재 및 복제를 금합니다.

개정번역판에 대한 옮긴이의 말

"예술적 행위·종교적 행위로서의 가르침을 심도 있게 파헤친
마리아 해리스의 역작"

기독교교육을 공부하는 사람이라면 누구나 마리아 해리스의 이름을 익히 들어 알고 있을 것이다. 그는 *Fashion Me a People: Curriculum in the Church*(『교육목회 커리큘럼』)의 저자로 잘 알려져 있다. 상상력은 교육에는 없어서는 안 될 중요한 도구이며 채널이다. 그동안 많은 학도들이 원서를 해독하느라 고생을 하며 이 책을 읽었으나 기독교교육 사상을 전공한 사람이 아니면 그 맥락을 정확하게 파악하기가 어렵고, 더욱이 영어가 익숙하지 않은 이들에게는 여전히 어려운 전문전공서적이었다. 비록 부족하나 그들의 고생을 덜어주려는 심정으로 이 번역본을 내어 놓는다. 본 개정번역판은 그간 첫 판에서 발견된 오류 및 문맥 상 어색한 부분을 대폭 개선한 번역판이다. 독자들이 읽어내려가며 저자의 핵심 사상을 파악하기에 좀 더 수월하게 만들었다. 번역이 역자의 새로운 창조물이 되지 않게 하고 원저자의 뜻을 전달하려고 애썼다는 점을 밝힌다. 저자가 살던 시대는 4차산업혁명이나 인공지능이 나왔던 시대가 아니었으나 요즘 세대에게도 절실하게 필요한 "종교적 상상력"에 대한 통찰이 가득찬 책이니 정독하면 통전적이고 창의적인 기독교교육을 하는 데 큰 도움이 될 것으로 확신한다.

마리아 해리스의 『가르침과 종교적 상상력』은 많은 학자들이 극찬을 아끼지 않은 책으로 신선한 통찰로 가득차 있다. 중요한 기관과 사람들의 평을 적어 보았다.

"출중한 책이다. …… 재미있고, 정보도 풍부하며, 영감이 넘치는 이 책은 모든 교사로 하여금 자신의 삶과 일을 재고해 보도록 도전하는 책이다."
―The Christian Century

"내가 여태까지 읽은 종교교수에 관한 책 중에 가장 창의적이고 의미심장한 책이며, 해리스는 분명 종교교육 분야에 지대한 공헌을 해냈다. 금세기에 있어서 가장 중요한 책 중의 하나로 운명지어진 듯한 훌륭한 책이다."
―John H. Westerhoff III

"교사로서와 한 인간으로서 이 책의 저자는 뛰어날 뿐만 아니라, 저자의 목소리는 진실하기까지 하기 때문에 우리는 이 책을 우리 삶의 일부분으로 만들기를 원한다." ―Christian Scholar's Review

"이 책은 독자들로 하여금 교육의 심미학적인 역할에 대해서 귀중한 통찰력을 제공하며, 가르침을 종교적 상상력으로서 감상할 수 있도록 도와준다. …… 해리스는 가르침에 관한 문학을 풍요롭게 하였다." ―New Theology Review

독자 여러분들도 이 책에 담긴 보화를 마음껏 즐기시라. 가진 상상력의 날개를 쫙 펼치고 하나님이 주신 깊은 은혜의 세계를 날으시기를 바란다.

옮긴이 **김도일** 교수
장로회신학대학교 기독교교육학

마리아 해리스의 교육목회 – 기독교교육론

김도일 | 장신대 기독교교육학 교수

21세기는 '변화'와 '다양성'이라는 두 단어로 표현되는 시대이다. 이전에는 몇 년간에 걸쳐서 일어나던 변화가 이제는 며칠 사이에 일어나는 시대가 되었다. 급변하는 시대를 살아가는 21세기의 기독교인들에게 변화의 흐름을 바르게 읽고 적절히 대처하는 것이 생존과 번영을 위한 필수적인 사인이 되었다. 이에 따라 변화의 속도를 따라잡고 사람들의 필요를 적절하게 채워주는 것이야말로 교회의 성장과 성숙을 위해 매우 필요한 화두가 되었다. 이뿐만이 아니다. 지구촌에 사는 사람들이 교통편의 제약으로 말미암아 대륙 간 소통이 비교적 적을 때에는 자신이 사는 지역에 속한 이들의 육신적, 정신적, 영적 필요만을 수합·분석하여 사역에 임하면 족하였다. 그러나 작금의 현실을 볼 때 교통편의 편리함과 인터넷의 광범위한 보급으로 말미암아 지구촌은 그 어느 때보다도 더 가까워졌다. 민족과 언어를 초월한 의사소통에 가히 '혁명'이 일어났다고 해도 과언이 아니다. 결과적으로 21세기는 다양성이라는 단어가 우리 곁에 가까이 다가온 시대가 되었다. 비근한 예로 장신대의 경우만 보더라도 적어도 10개국 이상의 국가에서 건너온 다양한 민족의 학생들이 함께 공부하며 사역을 준비 내지는 재검토하는 상황으로 변모하게 되었다. 그러면 이러한 변화와 다양성의 시대에 기독교교육을 사역과 학문의 채널로 활용하는 이들이 벤치마킹해야 할 이론적 근거와 실제 사역의 예는 어떤 것들이 있을까? 마리아 해리스(Maria Harris)의 교육목회적 기독교교육론의 시각으로 변화와 다양성 속에서 일치와 화합을 모색하며 사역하고 있는 엘름브룩 교회(Elmbrook Church)의 목회 형태의 하나이다. 한국의 부천 새롬교회(이원돈 목사)의 사역이 또 다른 예이다. 모쪼록 교회 사역의 한복판에서 하나님의 뜻에 가장 부합한 사역을 행하기 위하여 고민하며 시행착오를 반복하는 가운데서도 최선의 길을 모색하는 사역자들에게 다소나마 도움이 되기를 바란다.

1. 마리아 해리스의 교육목회적 교회교육론

1) 해리스의 생애와 기독교교육 사상 : [1] 해리스(1932-2005)가 지난 2005년 2월에 별세했다는 소식을 들었을 때 하나의 크고 아름다운 별이 떨어졌다는 생각을 했다. 그녀는 가톨릭 신학자였으면서도 가톨릭의 벽을 넘어 모든 교회를 향해 사랑과 열정을 품은 학자였다. 오래 전 필자가 APRREE(이제는 REA, 즉 Religious Education Association과 통합된 기독교교육 교수들과 실천가들의 학회)에서 이름 모를 병을 앓기 시작했던 해리스를 보았을 때도 그녀는 참으로 다소곳하고 조용한 사람이라는 생각을 했었다. 서양 여자 치고는 작고 아담한 체구를 가졌던 그녀에게서 어떻게 그리도 크고 종합적인 아이디어가 나왔는지 모르겠다는 생각이 들었다. 미국 콜럼비아 대학교의 '종교와 교육학' 분야에서 교육학 박사학위를 취득한 후 Andover Newton Theological School에서 1975년부터 1986년까지 교수생활을 했던 그녀는 Andover 신학교의 첫 번째 가톨릭 학자였다. 많은 동료교수들의 우려를 감사와 기쁨으로 바꾸어 놓은 해리스는 종교교육, 예배, 그리고 예술적 가르침과 커리큘럼에 이르기까지 실로 다양한 분야에서 주옥같은 글을 남겼다. 그리고 New York University와 Fordahm University에서도 교수하면서 그 동안 70여 편의 연

---

1. 해리스의 생애와 사상에 관한 부분은 필자가 『포스트모던 시대의 기독교교육』(서울 : 장로회신학대학교 기독교교육연구원, 2006)에서 "기독교교육 이론과 중심사상"이라는 글에서 가져와 수정한 것이다. 특히 179-183을 참조하시기 바란다.

구논문과 12권 가량의 저서를 낸 미국 기독교교 육 학자이다. 1996년 가을학기에는 버지니아 리 치몬드에 있는 장로교 교육대학원(P.S.C.E.)에서 실시한 "계속 교육" 프로그램에 주 강사로 초청 되어 ① 생의 후반기에 들어선 여성의 영성, ② 21세기를 위한 영성, ③ 생의 후반기를 위한 활력 있는 영성 등의 제목으로 강의한 바도 있다. 그녀는 가브리엘 모란과 1966년에 결혼하였으며, 1998년까지 활발하게 저술활동을 하였다.[2]

해리스의 사상을 간략히 살펴보면 다음과 같다. 해리스는 가르침에 대한 심미적 통찰을 제공하였으며 교회를 위한 커리큘럼 개발에도 독창적인 통찰을 소개한 바 있다. 가르침에 대한 그녀의 생각은 아래와 같다.

> 종교적 상상력의 행위로서의 가르침은 가르치는 주제(subject matter)의 계시로 학습자들을 인도한다. 이를 방법론적 시각으로 볼 때 주제의 구현(incarnation)이다. (성육신적인 가르침으로 인도하는 통로가 상상력이라는 말이다.) 이 계시의 중심에는 인간 존재가 모든 가르침의 일차적 주제라는 발견이 있다. 그 주제는 자기 자신을 은혜 받은 능력자로서, 즉 학습의 주체로서의 발견이다. 특히 재창조의 능력은 자신들의 재창조에서 한 걸음 더 나아가 자신들이 사는 세상의 재창조를 의미하는 것이다.[3]

---

2. Maria Harris and Gabriel Moran, *Reshaping Religious Education: Conversations on Contemporary Practice* (Louisville : Westminster John Knox Press, 1998). 둘 사이에 혹 있을까 하여 찾아보았으나 그들의 자녀에 대한 정보는 찾을 길이 없다.
3. Maria Harris, *Teaching and Religious Imagination : An Essay in the Theology of Teaching*(San Francisco: HarperSanFrancisco, 1987), xv. 이 책은 김도일 역, 『가르침과 종교적 상상력』(서울 : 한국장로교출판사, 2003)으로 출간되었다.

해리스는 가르침의 일차적 주제를 인간의 존재라고 믿었다. 인간은 하나님의 계시를 전달하여 자신이 가르치는 주제를 삶의 현장에서 드러내는 그야말로 성육신적인 가르침을 수행하는 존재여야 한다고 믿은 것이다. 그러기에 그녀에게 가르침은 '종교적 + 상상력'으로 표현된다. 단순한 상상력이 아니라 종교적 상상력이라는 것이다. 왜 그런가? 이는 우리를 '포옹하고 있는 어떤 신비함'을 내포하는 엄숙한 신 존재의 현현(顯現, theophany)이 없이는 가르침이 종교적 상상력이 될 수 없다는 것을 의미한다.[4] 하나님의 임재를 경험하게 하는 가르침이 바로 종교적 상상력을 동반하는 것이며, 그 가르침이 온전한 종교적 상상력으로 전달될 때 가르침에 참여하는 사람은(그가 교사이든 학생이든지 간에) 성육신과 계시를 전존재로 경험하게 된다는 말이다.[5] 이것을 필자는 거룩한 동참(participation)이라 부른다.

해리스가 가르침을 심미적으로 다루었다고 말하는 근거는 그녀의 예술적 메타포의 활용 때문이다. 그녀는 가르침 혹은 넓은 의미에서 교육을 일종의 춤사위, 즉 Dancing으로 보았다. 그녀는 또한 가르침을 토기를 빚는 행위로 비유하기도 했다. 그녀의 또 다른 역작 *Fashion Me a People*(『교육목회 커리큘럼』)을 보면, 가르침을 만들어나가는 과정(가꾸어 나감: fashioning)으로 보았다. 마치 토기장이가 온갖 고통의 과정을 겪으면서 하나의 아름다운 토기를 만들어나가듯 교사는 자기의 전존재를 걸고서 교육의 전 과정(whole process)에 임하는 것이다. 그녀는 자신의 이론을 펼쳐 나갈 때 내러티브 기법을 능란하게 사용하여 자신의 책을 읽는 많은 독자의 마음을 사로잡았다.

해리스는 커리큘럼에 대하여 자신의 독특한 사상을 아래와 같이 펼치고 있다.

---

4. Ibid., 13.
5. Ibid., 14.

커리큘럼은 마치 액체와도 같다. 그것은 정해진 것이 아니다. 교회의 커리큘럼은 학교식 공부보다 훨씬 광범위해야 한다. …… 이는 질주되어야 할 경주와도 같은 것이요, 경험되어야 할 학습주제이며, 처해진 지역상황 내에서의 전체 학습경험의 진정한 총체(sum total)와도 같은 것이다. …… 우리가 주의를 기울여야 할 광범위한 커리큘럼이란 교회 생활(가르침, 예배, 공동체 생활, 그리고 전도까지 포함)에 이미 존재하는 것이라고 말할 수 있다.[6]

해리스의 저서는 한국 기독교교육에 지대한 영향을 끼쳤다. 그녀의 교회교육 커리큘럼에 관한 신학적 통찰은 대한예수교 장로회(통합)의 교회학교 교재 편찬에 많은 도움을 주었다.[7] 특히 디아코니아(diakonia : 섬김과 봉사), 코이노니아(koinonia : 친교와 교제), 디다케(didache : 사도들의 가르침), 레이투르기아(leiturgia : 예전[8]), 케리그마(kerygma : 말씀선포)로 영역을 체계적으로 나누어 교인의 전 생활을 아우르게 하였던 교재개발 원리는 아직도 활용되고 있다. 가톨릭 전통에서 평생을 살아 온 그녀의 신학은 자신의 전통을 넘어서서 모든 교회를 위한 기독교교육 형성에 일조를 한 것이 분명하다. 그녀의 육신은 이제 우리와 함께 하지는 않지만 그녀의 사상은 아직도 우리 곁에서 숨을 쉬고 있는 듯하다.[9]

---

6. Maria Harris, *Fashion Me A People : Curriculum in the Church* (Louisville: Westminster John Knox Press, 1989), 62-64. 이 책은 고용수 역, 『교육목회 커리큘럼』(서울 : 한국장로교출판사, 1997)으로 출간되었다.
7. 그녀의 이론을 한국적 토양에 접목시킨 고용수 박사의 공은 아무리 강조해도 지나침이 없다고 본다.
8. 본래 이 단어는 고대 희랍에서 시나 국가의 전체 이익을 위하여 실시하는 공익사업을 뜻하는 단어였던 것 같다. 그러나 이 단어는 예배와 관련하여 그리스도인들이 믿음과 순종으로 하나님께 바치는 봉사의 의미를 나타내는 것으로 사용되었다고 알려져 온다. 그러므로 예배는 하나님을 위하여 인간들이 하는 노동 내지는 봉사라고 할 수 있을 것이다.
9. 해리스를 추모하며 쓴 Joanmarie Smith, "MEMORIAL: MARIA HARRIS 1932-2005," *Religious Education*, Summer 2005 ; 235-238과 http://www.talbot.edu/ce20/educators/view.cfm?n=maria_harris 참고.

2) 해리스의 교육목회적 기독교교육론이 주는 함의(implications) : 해리스의 이론이 왜, 어떻게 21세기 포스트모던 시대에 어필(appeal)할 수가 있는가? 포스트모던 시대에는 교수자와 학습자의 구분이 없어졌다. 모던 시대에는 "선생님이 잘 가르쳐 주셨어요."라며 학습자들이 탄성을 지름으로 만족하였다면, 포스트모던 시대에는 "우리가, 아니 내가 해냈어요."라고 말함으로 가르침과 학습이 이루어지는 시대라고 할 수 있다. 해리스의 가르침의 과정에 대한 이론은 바로 이러한 포스트모던적인 가르침의 과정의 핵심판이라고 볼 수 있다. 즉 가르침은 명상(contemplation) ⇒ 참여(engagement) ⇒ 형태부여(form giving) ⇒ 출현(emergence) ⇒ 해제(release)가 순환적으로 일어나는 일련의 과정이라는 말이다.

이 다섯 단계를 진흙으로 그릇을 빚는 과정으로 연결지어 간략히 설명하면 다음과 같다. 첫째, '명상'은 학습자가 가르침의 주제(subject matter)로 몰입하게 하는 단계이다. 달리 표현하자면, 이 단계에서 학습자는 주제가 자신의 삶에 스며들게 허용하는 것이다. 즉 진흙을 준비하고 물을 섞어 반죽하며 어떠한 그릇을 빚을 것인가에 골몰하는 단계이다. 둘째, '참여'는 학습자가 명상의 단계에서 한 걸음 뒤로 물러가 주제에 대하여 명상하게 되면 그 주제에 들어가고 싶은 충동이 생기게 된다. 마치 우리가 미술 작품을 감상할 때 작품의 내용 가운데로 들어가 그 작품 속에 있는 자신을 상상해 보는 것과 같은 이치이다. 즉 여기서는 아직 미숙하나마 발로 기계를 돌리며 손을 놀려 그릇을 빚어보는 단계이다. 셋째, '형태부여'는 학습자가 교수자의 도움을 받아 학습자 자신의 어떤 주제의 형태를 빚어보는 단계이다. 교수자는 이러한 과정을 경험해본 학습자로서 자신이 가르치는 학습자에게 이 단계에서 구체적인 상상력을 활용하도록 주문하고 격려한다. 즉 여기서 학습자는 진흙으로 자신이 구상한 그릇을 형태로 나타내보려고 노력하는 단계이다. 넷째, '출현'의 단계는 학습자 자신이 애써 명상, 참여, 형태부여의 단계를 거쳐 만든 진흙 그릇을 자신의 혼을 담아 세상에 내어 놓는 단계를 의미한다. 그러나 이때의 출현이 가르침의 완성이라고는 아직 생각지 않는다. 다섯째, '방출'의 단계는 학습자 자신이 습득한 진리를 다른 학습자들을 위하여 세상에 내어 놓는 단계를 의미한다. 즉 열과 성을 다해 만든 자신의 분신과도 같은 그릇을 세상에 겸허한 자세로 내어 놓으며 그 그릇이 다른 이들에게 학습되어 새로운 학습을 야기케 하는 '재창조'를 고대하며 자신을 비우는 단계인 것이다. 이는 거의 종교적인 내어놓음 혹은 내려놓음의 단계라고 볼 수 있다.

이러한 논의는 Drew University의 스윗(Leonard Sweet)이 주창한 E-P-I-C(experiential, participatory, image driven, connected : 경험적, 참여적, 이미지 이끌림적, 연결적)로 상징되는 포스트모던 시대와 통하는 학습 형태와 밀접한 연관성을 갖고 있다고 볼 수 있다.

급변하는 시대를 살아가는 21세기의 포스트모던 학습자들이 공통적으로 겪는 고통은 '마음의 실향'(Sara Little)과 '극심한 개인주의'(Robert Bellah)와 '참혹한 우울증세 혹은 과활동성'(Albert Borgmann)과 아무도 혹은 아무것도 진리로 받아들이지 않으려는 '불신'(Stephen Carter)으로 대변될 수 있다. 이러한 시대는 실로 학습자 자신의 '정체성 찾기'에 초점을 맞추어 교육을 해야 하며, 학습자에게는 '나의 이야기를 들어 주고 함께 고통을 나눌 적극적이고 긍휼을 품은 청취자와 친구'가 필요한 시대이다. 더욱이 교수자에게 일방적으로 배우는 교육이 아닌 '내가 교육의 주체가 되어 명상하고 참여하고 형태를 만들어 나가고 출현하고 방출까지를 할 수 있는' 교육의 과정(process)이 강조되어야 할 것이다. 이러한 점에서 볼 때 해리스의 이론은 상당히 교육목회적인 이론이라고 볼 수 있다.

머 리 말

어떤 책도 혼자서 쓸 수 없으며, 이 책의 경우도 예외는 아니었다. 이 책은 나와 함께 일한 모든 교사들과 연구한 학생들과 또는 가르침의 의미에 대한 실마리를 찾던 이들의 공동 노력으로 세상에 나오게 된 것이다.

이 책은 지난 35년 간 함께한 수천 명의 학생들과 가진 교류의 결과로 나온 것이다. 그 학생들은 브루클린의 베드포드-스티베슨트의 6살짜리를 위한 음악수업에 참여한 학생으로부터 보스턴, 뉴욕과 호주 멜버른의 대학원생까지를 포함한다. 그러나 이들 중에 몇 분의 이름은 꼭 밝히고 싶다. 부끄러운지도 모르고 나는 우드워드(Margaret Woodward)로부터 생각을 훔치고 말았다. 아무도 눈치채지 못할지도 모르지만 아마도 그녀는 이 책에서 처음부터 끝까지 흐르는 그녀의 자취를 느낄 것이다. 특별히 내가 인용한 시인들의 시를 보면 더욱 그럴 것이다. 나는 또한 나의 원고를 읽고 의견을 피력해 준 동료들로부터 많은 것을 배웠다.

특히 웨스터호프(John Westerhoff)와 젠코스키(Loretta Jancoski)와 로빈슨(Edward Robinson)과 프리슬리(Jack Priestley)와 스튜워드(David Steward)와 콜(Regina Coll)과 그리피스(Gwyn Griffith)와 넬슨(Yvette Nelson)과 다익스트라(Craig Dykstra)에게 많은 것을 배웠다.

나는 크럼린(Rosemary Crumlin)과 함께 살며 일하면서, 때로는 그녀의 삶을 관찰함으로써 가르침(teaching)과 교수방법을 바꾸게 되었다. 그리고 나의 글을 존경스러울 만큼 자세히 편집 교정해 준 비트니(Jim Bitney)의 도움에

힘입어 독자에게 본래 글보다도 훨씬 더 나은 글을 보여 드릴 수 있게 되었다.
 그러나 무엇보다 가장 많은 빚을 진 세 사람은 나와 가르침의 여행을 처음부터 함께한 사람들이다. 메리 튜니 해리스는 그들 중 내가 처음으로 만난 사람이었다(그녀와 나는 내 생일에 만났다). 그리고 그녀의 교수생활 동안 그녀가 학생과 가르침 모두를 너무도 지극히 정성을 다해 사랑하는 모습을 통해 나는 지대한 감동을 받았다. 조안마리 스미스와 나는 청소년 시기 때부터 가르침에 대해 얘기를 나누었다. 그녀와 최근에 가졌던 대화들은 이 책의 각 장들이 완성될 때마다 가진 대화였다. 그 대화들은 한 마디로 말해서 너무도 귀중한 것들이었다.
 그리고 마지막으로 나의 삶과 이해와 마음과 정신과 소명의식을 바꾸어 놓은 선생님인 나의 남편 가브리엘 모란에게 이 책을 바친다. 그가 가르쳐 주었던 것들은 이제 나의 일부분이 되었기에 내 속에서 나의 생각과 그의 생각을 구별한다는 것은 거의 불가능하게 되었다.
 위에서 언급한 모든 이들에게 마음으로부터 우러나오는 감사와 존경을 표하는 바이다. 그들은 다방면에서 가르침의 주제 자체를 그들의 삶을 통해 구체화시킨 이들이다. 그리고 그들의 삶은 나에게 하나의 계시와도 같았다. 그들은 나로 하여금 능력의 은총을 받을 수 있도록 도와준 이들이었다. 나는 본서에서 그들에게 진실되게 보여지기를 갈망한다. 나는 가르침의 재창조와 재보답(re-render)을 시도했으며, 책을 읽음으로써 언젠가 그들이 먼저 나에게 나누어 주었던 그 아름다움을 그들도 이 책 속에서 느낄 수 있기를 간절히 소망한다.

차 례

- 개정번역판에 대한 옮긴이의 말 / 3
- 마리아 해리스의 교육목회-기독교교육론 / 5
- 머리말 / 13
- 서 론 / 17

제1부 가르침 ···27

   1. 상상력과 종교적이라는 것 / 29

   2. 가르침 / 59

   3. 성육신 / 83

   4. 계시 / 107

   5. 권능의 은혜 / 129

   6. 재창조 / 153

제2부 교사 ···181

   7. 한 교사를 통해 보는 교육학 모델 / 183

   8. 예술적 모델 / 211

   9. 상상으로의 초대 / 233

서 론

인간의 삶에 있어 최대의 슬픔 중에 하나는 바로 우리 자신의 아름다움과 우리가 행한 것들의 아름다움을 너무나도 늦게 발견한다는 사실이다. 이는 우리 자신과 우리의 소명을 깊이 상고할 때 교사인 우리들의 삶에서 또한 마찬가지이다.

본래직으로 모든 교사들, 심지어 가르침의 대가들 또한 더 나은 교사가 되기를 희망한다. 통찰력이 번뜩이는 순간에 모든 교사들은 상상력과 독창성이라는 감추어졌던 은사들을 새로이 느끼게 된다. 그러나 종종 업무로 인해 생기는 압박감과 원고 마감시간과 일상생활에서 생기는 긴박한 일들은 교사들로 하여금 때로는 뒤로 물러서서 자신들의 삶을 조명하지 못하게 한다. 사실 이는 교사가 당연히 누려야 할 권리임에도 불구하고 말이다. 종종 교수회의 중간이나 여가가 생길 때, 혹은 업무에 열중할 때 가장 새롭고 가장 최신 유행을 요구하는 이 시대의 경향은 그들로 하여금 뒤로 물러서서 인생을 다시 조명할 수 없도록 만드는 것이다. 그렇게 물러서서 관망하는 것이야말로 처음에 우리가 가르침에 매료되어 흥분됐던 순간을 재연시킬 수 있는 것임에도 불구하고 말이다.

만일 우리가 가르침의 중심에 있는 우리의 장엄한 비전과 소망, 꿈 따위를 이미 잊고 살아간다면, 그것을 회복하기 위하여 가르침에 대해서 깊이 명상해 볼 수 있는 기회나, 어떠한 장(context)이 절실하게 필요하다. 우리는 창의적이고 예술적인 교사들을 재발견할 기회가 필요하다. 그 교사들은 바로 우리들이다. 그리고 우리는 그런 교사가 되도록 부르심을 받은 사람들이다.

나의 작은 소망은 이 책이 그러한 장(arena)을 제공하게 되는 것이다. 지난 30년 동안 나는 교사들과 함께 일해 왔다. 그러나 최근의 몇 년 동안 가르침이 지닌 아름다움의 차원을 보존하고 유지하기를 원하는 교사들에 의해 가르침에 대한 나의 흥미는 붙잡힌 바 되었다. 그들이 빠진 가르침이라는 작업의 차원에 의해서 말이다. 가르침에 대해서 얘기할 때, 그들의 화두는 종종 상상의 영역에 있었다. 게다가 그들은 오랜 세월 동안 가르치는 일에 종사해 왔던 숙련된 교사들이다. 신입교사와 임시교사와 자원봉사 교사들 역시 동일한 소망을 갖곤 하지만, 보통 그들은 교사로서 살아남는 것, 기본전략이나 기술 숙달 과정 가운데 갖게 되는 관심사에 정신이 팔리기 십상이다. 이와는 반대로 어떤 완숙의 경지에 이르게 된 숙련된 교사들은 다음과 같은 질문을 던지는 자신을 발견하곤 한다 : "이것이 전부란 말인가?"

내가 보기에는 이런 질문이야말로 깊고 풍부한 의미의 세계로 나아가는 움직임을 나타내는 것이다. 이는 그 사람이 다음과 같은 선택의 기로에 서 있는 사려 깊은 사람임을 나타내 준다. 즉, "제한된 지루함과 일상성(humdrum)의 틀에 박힐 것인가?" 아니면 "상상력이 풍부한 교육적 세계에서 새로 태어날 것인가?" 사이에서의 선택이다.[1] 이때 가르침(교수)에 대한 새로운 이해 없이는 그들의 가르침은 틀에 박힌 것이 되거나 심지어는 무의미한 지경에 이르게 된다.

---

1. 다음의 책 참조 : Frank Proctor, "Matching Training to a Teacher's Level of Experience," in Jed Share 13, 3(Fall 1982), 20-21. 프록터(Proctor)는 첫 번째 단계를 생존(Survival)의 단계로, 두 번째 단계를 기본적 능력(Basic Competence)의 단계로, 세 번째 단계를 광범위한 경험(Broad Experience)의 단계로, 그리고 네 번째를 권태(Boredom) 혹은 독창성(Creativity)의 단계로 명명하였다. 그는 비록 모든 단계를 위해 적절한 교사교육의 필요성에 대해 주장했지만, 나의 연구에 의하면 첫 번째 단계를 위한 교재는 과잉보급(plethora)된 상태인 데 반해 네 번째 단계를 위한 교재는 아주 드문 편이다.

나는 신념을 가지고 이러한 교사들을 옹호하기 위해 이 글을 쓴다. 나의 신념은 가르침은 보다 많은 것들이 제공될 수 있으며, 여전히 사람의 삶 속에서 숭고한 도전을 줄 수 있다는 것이다. 우리는 그저 말하고 쓰는 행위, 즉 우리의 생존권을 보장해 주고 기본적인 능력의 수준에서 한 걸음 더 나아가야 할 필요가 있다. 예컨대 여기에서 우리가 말하는 기본적인 능력이라 함은(수영을 할 때) 단지 물에 뜨는 법을 배우는 것을 말한다. 우리는 새로운 역할과 주제의 문제가 해결된 다음에 좀 더 어려운 문제와 대응할 수 있어야 한다.[2] 이제 독자 여러분은 이러한 주장을 펴기 위해 어떻게 내가 제안한 것을 탐구해 나가는지 그 과정을 지켜봐 주길 바란다.

가르침에 대한 저서들을 '장르'별로 나눠 보면 다음과 같다. 첫째 장르는 기술과 과정에 관한 것들로서 주로 '가르치는 방법'에 관한 책들이다. 이런 종류의 많은 책들은 초보자를 위해 중요한 가치를 지니고 있다. 그러나 이러한 책들은 독자들에게 넓은 비전을 전달하는 것은 무시한 채, 가르침이란 주로 기술습득과 관련된 것으로 보여지기 때문에 덜 효과적이기 쉽고, 재치나 수완이 비상하거나 상상력이 풍부한 교사들에게는 오히려 해를 끼칠 수 있다.

둘째 장르에 속한 책들은 나의 주된 관심 대상인 교사들에게 조금 더 가치 있는 책으로서, 가르침의 자서전적인 설명을 저술한 책이다. 예를 들면, 실비아 애쉬톤-워너(Sylvia Ashton-Warner)가 뉴질랜드에서 마오리족(Maori) 어린이들을 가르친 자신의 경험을 묘사한 *Teacher*, 그리고 이에 후속편으로 나온 *Spearpoint : Teacher in America*와 같은 책이다. 또한 1960년대에 미국에서도 그런 장르에 속한 다음의 책들이 나왔다 : 조나단 코졸(Jonathan

---

2. 좀더 창의적이고 상상력이 풍부한 역할을 추구하는 교사들의 필요를 채워 주기 위한 책들 중에서 다음의 책 참조 : Kenneth Eble, *The Craft of Teaching, a Guide to Mastering the Professor's Art*(San Francisco: Jossey-Bass, Higher Education Series, 1976) ; and Joseph Axelrod, *The University Teacher as Artist : Toward an Aesthetics of Teaching with Emphasis on the Humanities*(San Francisco Jossey-Bass, 1973).

Kozol)의 *Death at an Early Age*와 존 홀트(John Holt)의 *How Children Fail*과 조지 데니슨(George Dennison)의 *The Lives of Children*이다. 또한 로버트슨(Seonaid Robertson)이 영국 광산지역의 어린이들에게 미술을 가르쳤던 이야기를 써 놓은 *Rosegarden*과 *Labyrinth*, 그리고 브레이드웨이트 (E. R. Braithwaite)의 *To Sir with Love*와 콘로이(Pat Conroy)의 *The Water is Wide*와 로스맨(Esther Rothman)의 *The Angel Inside Went Sour*, 그리고 로드뤼게스(Richard Rodriguez)의 마음에 사무치는 자서전인 *Hunger of Memory* 등이다.[3] 마지막으로 나는 주디 시카고(Judy Chicago)가 쓴 *Through the Flower*에서 나오는 구절이 떠오른다. 또한 노스롭 프라이어(Northrop Frye)가 자신들의 뜻깊었던 교수경험을 묘사했던 *The Great Code*가 떠오른다.[4]

셋째 장르에 속한 책들은 드라마나 소설이나 교양소설(bildungsroman) 등의 형태를 통해서 가르침의 본질을 조명하는 것들이다. 이는 인생의 이야기가 전(entire) 교육으로서 나타난 것이다. 이 장르에서 우리는 헤르만 헤세가 쓴 다음의 여러 저서들을 발견하게 된다 : *Magister Ludi, Narcissus and*

---

3. 본문에 나온 책들의 자세한 출처는 다음과 같다. Sylvia Ashton-Warner, *Teacher* (New York : Simon and Schuster, 1963) and *Spearpoint : Teacher in America* (New York Knopf, 1972) ; Jonathan Kozol, *Death at an Early Age*(Boston : Houghton Mifflin, 1967) ; John Holt, *How Children Fail*, rev. ed., orig. 1964 (New York : Dlacorte, 1982) and George Dennison, *The Lives of Children* (New York : Random House, 1969) ; Seonaid Roberstson, Rosegarden and Labyrinth(London : Routledge & Kegan Paul, 1963) ; E. R. Braithwaite, *To Sir with Love*, orig. 1973(New York : New American Library, 1982) ; Pat Conroy, *The Water Is Wide*(Boston : Hougton Mifflin,1972) ; Esther Rothman, *The Angel Inside Went Sour*(New York : David McKay, 1970) ; Richard Rodriguez, *Hunger of Memory*(Boston : David R. Godine, 1981).
4. Judy Chicago, *Through the Flower : My Struggles asa Wonam*(New York : Doubleday, 1977)과 Northrop Frye, *The Great Code*(New York : Harcourt, Brace, Jovanovich, 1981), xi-xxiii를 참고하라.

Goldmund, and Siddhartha.[5] 이 장르의 다른 책으로는 메이 샬톤(May Sarton)의 루시 윈터라는 교사의 이야기를 다룬 아름다운 소설 *The Small Room*[6]과 *Good-bye Mr. Chips*라는 고전[7], 그리고 뮤리엘 스파크의 교육적이며 진지한 소설 *The Prime of Miss Jean Brondie*[8] 등이 있다. 이 장르는 또한 몇 가지 연극(대본)도 포함한다. 예컨대 *The Corn is Green, The Miracle Worker*와 *Pygmalion*이다.[9] 비록 이러한 장르에 속한 책들은 가르침에 관한 어떤 다른 책들보다 훨씬 더 계몽적(우리의 눈을 뜨게 하는 것)이지만, 대개 교사들을 가르치는 교재를 구성하는 커리큘럼에서는 제외되어 있기 마련이다. 그러나 이러한 작품들을 소개하는 다음의 교재가 우리의 눈길을 끈다 : 랑도와 앱스타인과 스톤의 작품이 훌륭하게 편집된 책 *The Teaching Experience : An Introduction to Education Through Literature*이다.[10] 마지막으로 네 번째 장르에 속한 책들은 교육철학을 다루고 있는 것들이다. 길버트 하이엣트의 *The Art of Teching*이 그것이다.[11] 또 중요한 두 권의 책으로 파울로 프레이리의 *Pedagogy of the Oppressed*와 *Education for*

---

5. Herman Hesse, *Magister Ludi*(New York : Henry Holt, 1949) ; *Narcissus and Goldmund*(New York : Bantam Books, 1971) ; *Siddhartha*(New York : New Directions, 1951).
6. May Sarton, *The Small Room*(New York : W. W. Norton, 1976).
7. James Hilton, *Goodbye, Mr. Chips*(Boston : Little, Brown and Co., 1935).
8. Muriel Spark, *The Prime of Miss Jean Brodie*(Philadelphia : J. B. Lippincott, 1962).
9. 이 연극 대본들이 실린 글들을 참조. Emlyn Williams, *The Corn is Green*(1938) in *The Collected Plays*, vol, 1(New York : Random House, 1961) ; William Gibson, *The Miracle Worker*(New York : Knopf, 1957) ; and George Bernard Shaw, *Pygmalion*, in *Bernard Shaw Selected Plays*(New York : Dodd, Meadand Co., 1981), 511-609.
10. Elliott Landau, Sherrie Epstein, and Ann Stone, eds., *The Teaching Experience : An Introduction to Education Through Literature* (Englewood Cliffs, NJ : Prentice-Hall, 1976).
11. Gilbert Highet, *The Art of Teaching*(New York : Random House, 1954).

*Critical Consciousness*가 있다.[12] R. S. 피터스와 존 듀이의 몇 권의 저서들도 여기에 포함된다.[13] 마틴 부버의 *Between Man and Man*[14] 중에 나오는 수필 "Education" 역시 이 장르에 속하며, 노스 화이트헤드의 *The Aims of Education*[15] 중의 "The Rhythm of Education" 또한 유사한 수필이다. 마리아 몬테소리의 많은 저서들도 이 장르에 속한다.[16] 나는 앞서 언급한 교육철학의 책들 중에서도 교육 전반에 걸친 다양한 관심사들을 다룬 교육철학과 구체적인 가르침의 철학을 다룬 교육철학을 구별하고 싶다.

비록 이 책이 대개 신학과 철학의 분야에서 쓰여진 것이기는 해도, 나는 위에서 언급한 네 가지 장르에 두루 걸쳐서 상호관계를 갖는 입장에서 본서를 쓴 것이다. 나는 가르침의 기술과 과정에 관해서 본서 전체에서 그 관심을 표명했지만 특히 3, 7, 8장, 그리고 9장에서 교사가 해야 할 일과 실제상황에서 일어났던 일들을 기술해 놓았다. 또한 본서 전체를 통해서 자서전적인 입장에서 기술하였으며, 간접적으로나마 나의 경험을 예증적으로 나타내었다. 그리고 8장에서 직접적인 설명과 함께 확대하면서 설명하였다. 7장에서는 한 소설의 주제로 삼아도 손색이 없을 만한 한 위대한 교사를 묘사해 놓았다. 그러나 나는 주로 가르침의 본질에 관한 사려 깊고 현상학적이며 철학적인 수필들을

---

12. Paulo Freire, *Pedagogy of the Oppressed*(New York : Herder and Herder, 1970) and *Education for Critical Consciousness*(New York : Seabury, 1973).
13. R. S. Peters, *Essays on Educators*(London : Allen & Unwin, 1981) ; *Ethics and Education*(London : Routledge & Kegan Paul, 1970). John Dewey, *The Child and the Curriculum and The School and Society*(Chicago : University of Chicago Press, 1956) and *Dewey on Education*, selected with Introduction and Notes by Martin Dworkin(New York : Teachers College Press, 1959), 특히 "My Pedagogic Creed," 19-32를 참조하라.
14. Martin Buber, *Between Man and Man*(London : Kegan Paul, 1947), 83-103.
15. Alfred North Whitehead, *The Aims of Education*(New York : Macmillan, 1929), 15-29.
16. Maria Montessori, *The Montessori Method*, rev. ed.(New York : Schocken, 1964)와 그녀의 세 권으로 된 저서 *Pedagogical Anthropology*(New York : Schocken, 1964)도 참조하라.

제공하려고 시도하였다.

나는 교육과정이나 행정이나 교수 감독적인 논제를 다루기보다는 가르침에 초점을 맞출 것이다. 그것이 나의 주된 비전이다. 보통 가르침에 대한 책들은 가르침 자체에 관심을 기울이지 않은 채, 종종 학교제도나 감독이나 교재나 학습심리학과 같은 주제를 다루다가 그친다. 이 책들이 이와 같이 구조적 관심으로 선회하는 이유를 뒷받쳐 주는 가정은 다음과 같다. 즉, 가르침에 관련된 논제 중 "이 정도는 모든 사람이 알고 있을 것이다."라는 생각이다. 이 가정 가운데 문제가 되는 첨예한 논제는 "무엇이 연관된 것인지를 모든 사람이 다 아는 것은 아니다."이다. 그리고 우리는 가르치는 행위 자체에 대한 대화의 주제와 강조하는 논지에 대해 더 많은 주의를 기울여야 한다.

나는 종교와 상상력을 통해서 가르침을 향상시키는 길을 검토하는 데 기여하기를 원한다. 좀더 구체적으로 말하자면 나는 종교와 상상력을 종교적 상상력이라는 항목 아래 묶어 두기를 원한다. 이는 엘리엇 아이스너기 예술과 상상력을 함께 묶어 두기를 시도했던 것과 연관이 있으면서도 구별되는 것임을 밝히고 싶다.[17] 이를 성취하기 위해 나는 아래와 같은 형식으로 글을 써내려 가고자 한다.

이 책의 주요 부분인 제1부는 여섯 장으로 이루어져 있다. 1장 "상상력과 종교적이라는 것"에서는 이 책에 등장하는 세 가지 중요한 용어, 즉 '종교', '상상력' 그리고 '종교적 상상력'의 개념을 명확히 다룰 것이다. 2장은 가르침이라는 주제 자체로 넘어 가며 가르침의 패러다임을 제공하게 되는데, 기술적이거나 심리학적이기보다는 종교적이며 상상력을 총동원하는 방법으로 시도할 것이다. 이 가르침의 패러다임은 진흙을 가지고 일하는 것에 그 기초를 두는 것이며, 마치 옹기장이와 조각가 또는 다른 예술적인 창작가의 이미지와 유사한 과정을 떠올리게 한다.

---

17. Elliot Eisner, *The Educational Imagination*(New York : Macmillian, 1979) and *Cognition and Curriculum : A Basis for Deciding What to Teach* (NewYork Longman, 1982).

3~6장은 네 가지 종교적 은유(metaphor)를 다루게 되는데, 각 은유의 매개체를 종교적 상상력의 행위 중 하나인 가르침의 본질을 이해하는 데 해석적 열쇠로 사용하게 된다. 네 가지 은유는 육화(incarnation), 계시(revelation), 권능(power), 그리고 재창조(re-creation)이다. 3장 "성육신"은 종교적으로 상상력이 풍부한 교사가 지혜와 지식을 향한 흐름에 있어 어떻게 가르침의 주제를 구체화할 수 있는지에 대한 연구이다. 4장 "계시"는 육화의 주제로부터 나온 것이며 키에르케고르와 연관된 간접 대화의 양태를 이끌어 내는 것이다. 5장 "능력의 은혜"에서는 주제의 계시가 주제로서의 인간이 계시의 행위에 의해서 발견되어진 자신들의 능력과 역량을 주장하게끔 인도하는 것을 묘사하고 고찰하게 된다. 그리고 나서 나는 재창조라는 논제를 제안함으로써 가르침에 관한 현상학(phenomenology)을 완성한다. 또한 2장과 유사한 가르침에 관한 패러다임을 제시할 것이다. 그러나 6장에 나오는 패러다임의 특이한 점은 우리 시대에 가르침을 이해하는 데 필수적인 개념, 즉 외부인(stranger) 내지는 낯설음(the strange)과 생소한 사람(stranger)의 경험으로 이끌어내는 것이다. 3~6장으로부터 다음과 같은 논지가 서서히 드러나며 점점 더 명확해지는 것을 알 수 있다 :

    종교적 상상력의 행위로서 본 가르침은 소제(subject matter)의 계시로 인도하는 방법에 있어서 주제의 구현이다. 이 계시의 중심에는 인간존재가 모든 가르침의 일차적 주제(primary subjects)라는 발견이 있다. 그 주제는 자기 자신들을 능력의 은혜를 소유한 주체로서 발견하는 것인데, 특별히 재창조의 능력은 자신들의 재창조가 아닌 자신들이 사는 세상의 재창조를 의미하는 것이다.

그러나 이 책은 가르침에 관한 책이기 때문에 가르침의 어떤 예시 또는 모델을 제시하는 시도 없이는 불완전할 것이다. 제2부는 비교적 짧은 3장으로 이루어져 있다. 7장 "교육적 모델"에서는 천재적인 교사였던 뉴욕 유니언 신학교의 고(故) 메리 앤더슨 툴리(Mary Anderson Tully)를 묘사한다. 그녀는 교사 중의 교사였다. 8장 "예술적 모델"에서는 나의 수년 동안 가르쳤던 과정을 묘사하는 것으로 내가 활용한 예술을 통한 방법을 예증적으로 설명한다. 이와 같은 것은 심미적 접근을 통해서 구체화된 가르침이 실현된 형태 중의 하나로서 그 예를 제공하는 것이다. 동시에 이는 교사로서 활동 중인 저자의 삶을 보여 줄 것이다. 마지막 장 "상상력으로의 초대"에서는 자신의 상상력과 풍부한 능력과 교수모델을 발전시키는 의미에서 교사들을 위한 조언과 기준들을 제시하게 될 것이다.

만일 이 책이 독창성과 강한 설득력을 지녔다면 — 그렇다고 믿을 만큼 내가 용감하다면(만일 그렇지 않았다면 쓰지도 않았을 것이지만) — 그 강점은 아마도 다음의 네 가지 요소에 있을 것이다. 첫 번째 요소는 2장과 6장에서 나타나는 일련의 패러다임일 것이다. 2장에서 볼 수 있는 가르침에 관한 패러다임은 지난 5년 동안 수백 명의 교사들과 함께 탐구된 것이며, 그 중 한 교사가 그들의 삶에 공명(共鳴)을 불러일으키는(resonant) 것으로 발견하였던 것이다. 6장의 두 번째 패러다임은 나의 이중가정(dual assumption)을 요약한 것으로 학습의 출발점은 '외부인'(아웃사이더)의 경험이 되어야 하며 모든 진정한 지혜의 시발점은 당장은 맞아떨어지지 않는 인식일지라도, 만일 인식되어지기만 한다면 바로 개혁과 재창조로 이어진다는 것이다.

이 외부인으로부터 유추된 패러다임은 이 책의 두 번째 (필요한) 강점을 구성하는 요소이다. 이는 온 세상 여인들의 경험과 통하는 외부인 이미지의 일치성(내지는 호환성)이다. 이와 같은 패러다임은 이 책의 페미니스트(여권신장론자)적인 견해를 나타낸다. 이 입장은 제인 로랜드 마틴이 그녀의 루소와 페스탈로치에 관한 수필에서 밝힌 것처럼, 슬프게도 그동안 교육철학으로부터 결여된 입장이었다.[18]

---

18. Jane Roland Martin, "Sophie and Emile : A Case Study of Sex Bias in the History of Educational Thought," *Harvard Educational Review 51*, 3(August 1981), 357-372, and "Excluding Women from the Educational Realm," *Harvard Educationl Review 52*, 2(Mary 1982), 133-148.

이 책이 가진 독창성과 강점을 주장할 수 있게 하는 세 번째의 요소는 그동안 서로 분리되어 있던 두 세계를 합치려는 움직임과 관련이 있다. 이 중 하나는 형태와 직관과 경험과 상징으로 이끄는 상상력과 종교와 예술의 분야이다. 또 다른 하나는 사회적, 정치적, 집합체적, 그리고 공동체적인 분야로서 앞의 분야와는 동떨어져 있다고 여겨지던 분야이다. 여기서 나는 이 둘의 중요성과 상호 교류에 대해 주장하고자 한다.

마지막으로 이 책의 강점은 교사들로 하여금 철학적이고 이론적이지만 구체적인 현실 가운데서 자신들의 교수활동을 할 수 있게 도와주려는 시도에 있다고 본다. 실제로 가르침의 일에 종사하는 교사들은 종종 일상적인 가르침의 업무와 사람들과의 관계에 집중한 나머지 우리가 하는 일에 대해서 한발자국 뒤로 물러서서 조명하기보다는 단순한 기술자처럼 되기 십상이다. 이러한 경향은 (가르침에 종사하는) 이들에게 마음은 뜨거워도 머리는 비어있다는 비판을 받게 하기도 한다.

나는 이러한 비판이 이 책과 나에게 통용되는 것이 되지 않기를 바란다. 그런 비판 대신에 이 책이 많은 이들에게 읽혀지고, 또한 오랜 경험 가운데서 쓰여진 한 교사의 시도로서, 수많은 대화를 거친 검증된 글로서 받아들여지기를 소망한다. 그러므로 상상력의 중요성과 '심오한 것들'에 대한 관심을 불러일으켜서 많은 교사들이 자신들의 일을 사랑하게 되었다고 고백하게 되기를 기대한다. 이 고귀하고 아름다우며 은혜로운 행위가 바로 가르침이다. 이 가르침은 종교적인 소명이며 이것이 은혜로서 세상에 침투하게 될 때는 세상을 재창조할 수 있는 능력이 된다.

Teaching And Religious Imagination

제 1부
가르침

상상력과 종교적이라는 것	29
가르침	59
성육신	83
계시	107
권능의 은혜	129
재창조	153

1
상상력과 종교적이라는 것

"가능하다. 가능하다. 가능하다. 가능해야만 한다."

- 월러스 스티븐스 -
(Wallace Stevens)

  미로스라브 홀러브(Miroslav Holub)는 자신의 시 "지도에 관한 짧은 생각"(Brief Thoughts on Maps)에서, 젊은 헝가리 장교가 자신의 부하들을 어떻게 알프스 산으로 보냈는지를 묘사한다. 그들이 떠나자마자 엄청난 양의 눈이 내리기 시작했다. 눈 앞은 흐릿해져 보이지 않고 부하들은 돌아오지 않는다. 미칠 것 같은 죄책감에 장교는 자신을 책망한다. 그의 명령은 자신의 부하들을 죽음으로 몰아넣은 것이다.
  그러나 삼 일이 지난 후 병사들은 되돌아왔다. 어떻게 된 일일까? 어떻게 그들이 길을 찾아왔을까? 그들은 잠시 포기했었다고 인정한다. 그러다가 한 병사가 자기 주머니 속에 구겨져 있던 지도를 발견하게 되었다. 그래서 그들은 폭설이 지나갈 때까지 기다린 후 그 지도를 이용해서 돌아오는 길을 찾게 된 것이다.
  장교는 이 놀라운 지도를 빌려서 자세히 살펴보았다. 놀랍게도 그는 그 지도가 알프스 산의 지도가 아니라 피레네 산맥의 지도였음을 발견하게 되었다.[1] 그의 병사들은 집에 돌아올 능력이 있다고 상상했기 때문에, 그

---

1. Miroslav Holub, "Brief Thoughts on Maps," from *Notes on a Clay Pigeon* (London : Secker and Warburg, 1977), 5, Margaret Woodward는 이 시로 나의 주의를 끌었다.

리고 그들은 자신들이 살아남을 능력을 갖고 있다고 믿었기 때문에 불가능한 것을 가능하게 했다.

돌아오는 것을 견디게 한 상상력은 피레네 산의 지도와 비슷한 힘을 지니고 있는데, 즉 죽음으로부터 구원해 줄 능력이다. 가르침의 행위를 종교적인 행위로서 간주한다면 가르치면 가르칠수록 — 다른 사람들을 가르칠수록 — 가르침은 구원도, 속죄(redeem)도 가능하다는 것을 확신하게 된다. 비록 가르침에 대한 이해를 얻기 위해 가르침의 기술과 과정이 항상 어느 정도 필요할지라도 이런 것들이 가르침의 중심에 있는 것은 아니다. 가르침의 중심은 곧 '상상력'이다.

폴 리꾀르(Paul Ricoeur)의 말을 빌리자면 상상력은 "인간 존재의 선천적인 가능성에 관련된 기대이며 탐구하기 좋아하는 기능"이다. 리꾀르에게 있어서 "상상력은 인간이 세우고 구성할 수 있는 최고의 탁월한 기능이다. 가능성을 상상함에 있어서 인간은 자신의 존재에 대해 예언자와 같이 행동한다."[2]

리꾀르는 두 가지 결론을 내린다 : (1) 이런 방법으로 상상력을 이해하는 것은 구속적이다. (2) 우리가 가진 직접적인 이미지의 단계에서 볼 때, 모든 회심은 회전 내지는 변혁이기 때문에 우리는 우리의 생각(상상력)을 바꿈으로써 우리의 존재를 바꿀 수 있다. 피레네 산은 알프스 산이 될 수도 있다 : 죽음도 삶의 길을 줄 수 있다 : 우리는 집에 가는 길을 찾을 수 있다.

리꾀르의 글을 읽을 때면 나는 그의 글 가운데에 나타나는 종교성에 압도되곤 한다. 구속과 구원, 그리고 예언자로서의 행위 등은 종교적인 용어들이다. 그러나 나만의 관점으로 그의 글을 볼 때, 그 글이 교사들에게 얼마나 잘 적용되고 있는지 감탄하지 않을 수 없다. 우리가 최선을 다해 가르친다면 인간적으로 표현 가능한 어떤 것을 표현하고 제정하고 구성하기 위하여 어떤 주제를 가꾸고 고칠 수 있게 된다. 가르치는 역할에 필수적인

---

2. Paul Ricoeur, "The Image of God and the Epic of Man," in *History and Truth*(Evanston, IL : Northwestern University Press, 1965), 127.

것은 가능성을 창조하며, 우리 안에 우리의 존재를 바꿀 수 있는 역량이 내재되어 있음을 믿게 하는 신념을 전달하는 것이다.

종교적 상상력의 유형들

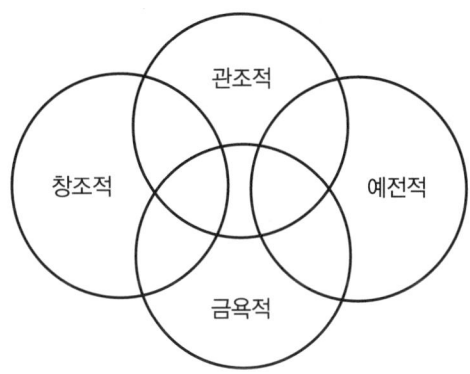

2장은 가르침의 행위를 다루고, 가르침을 종교적 상상력의 소산으로서 관찰할 것이다. 먼저 1장에서는 첫 걸음을 옮겨 놓는 의미에서 상상력이나 혹은 종교적이나 종교적 상상력과 같은 단어의 의미에 대해 알아볼 것이다. 왜냐하면 이 책 전체를 통해서 이러한 의미들을 이끌어 내게 될 것이기 때문이다. 나는 '의미들'(meanings)이라는 단어를 '어떤'(some)이라는 형용사를 사용함으로 그 의미를 완화시키기로 했다. 왜냐하면 내가 희망하는 것은 그 자체로도 명백한 이유가 있기 때문이다. 상상력과 종교적이라는 개념과 종교적 상상력이라는 세 가지 개념들은 정의내리기 쉬운 것들이 아니다. 그 개념들은 연상이나 명시적 의미나 함축적 의미를 과잉 포함하고 있다. 그러므로 나는 위의 개념들에 대하여 어떤 특정하거나 필수적인 의미를 암시하는 최종적이거나 단정적인 진술을 내리는 데 있어서 무척 신중한 편이다. 그러나 동시에 나는 그 개념들에 대한 어떤 기본적 의미를 정의내리는 것은 필요하다고 본다. 왜냐하면 그것이 이 책의 토론을 위해서 필수적이기 때문이다.

상상력 : 최근에 부각되고 있는 의미들

최근의 저서들

지난 몇 년 사이에 상상력에 대한 관심은 눈에 띄게 늘어나고 있었다. 특히 상상력을 철학과 교육과 예술과 신학과 종교연구의 분야와 연관시킨다면 더욱 그럴 것이다. 데이빗 트레이시의 The Analogical Imagination과 엘리엇 아이스너의 The Educational Imagination과 린 로스 브라이언트의 Imagination and the Life of the Spirit과 존 딕슨의 Art and Theological Imagination과 레이 하트의 Unfinished Man and the Imagination과 월터 브루거만의 The Prophetic Imagination 등은 이렇게 늘어나는 관심을 반영한다.[3] 어떤 관점에서 볼 때, 나는 이러한 흥미가 오든(W. H. Auden)이 말했던 것처럼, 인간 영혼의 중심에 자리잡고 있는 '갈망의 거친 기도'와 같은 것이라 확신한다. 이 삶에 대한 다양한 해석과 상상력의 적용을 위한 탐구를 통해 표현하려는 갈망은 적어도 오늘날 시간의 뿌리 개념이 기계에 종속되어 있는 현대의 과학적이고 기술적인 문화에 대한 반작용인 것이다.[4] 어떤 분야에서든지 기술적인 것이 그 문화의 지배적인 상징으로 되어 있는 곳에서 우리의 마음과 심령은 부적합성

---

3. David Tracy, *The Analogical Imagination*(New York : Crossroad, 1981) ; Elliot Eisner, *The Education al Imagination*(New York Macmillan, 1979) ; Lynn Ross Bryant, *Imagination and the Life of the Spirit*(Chicago, CA : Scholars Press, 1981) ; John Dixon, *Art and Theological Imagination*(New York : Seabury/Crossroad, 1978) ; Ray Hart, *Unfinished Man and the Imagination*(Minneapolis : Winston Press, 1979) ; Walter Brueggemann, *The Prophetic Imagination*(Philadelphia : Fortress Press, 1978).

4. Gibson Winter, *Liberating Creation : Foundations fo Religious Social Ethics*(New York : Crossroad, 1981), 128. 이 책의 저자 윈터는 서방세계의 은유들(metaphors)을 세밀하게 분석한 후에 "창조와 변혁의 과정에 귀를 기울이는 예술적인 패러다임"을 제안하였다.

과 무미건조함을 경험하게 된다. 그러므로 우리는 새로운 이미지의 창조를 향해 우리의 길을 모색하고 있는 것이다.

정치적 충동(자극)들

다른 시각에서 볼 때, 상상력 활용에 대한 요구는 오랫동안 억압적이고 비인간적인 사회 상황 가운데 깊은 수렁 속에 빠져 있던 많은 이들에 의해 압박당해 왔다. 이런 사람들의 소망은 그 당시의 예언자들에 의해서 불타오르게 되었을 뿐만 아니라 그들의 뼛속까지 휘저어졌다. 몽고메리 알라바마 주 버스 안에서 자신의 자리를 결코 포기하지 않았던 로사 팍스(Rosa Parks)는 당시 많은 사람들과 함께 진정한 시민권리 회복운동을 향한 다른 사회질서를 상상했다. 조리 있게 말할 줄 알고 지극히 현명했던 마틴 루터 킹(Martin Luther King, Jr.) 목사의 "나에겐 꿈이 있습니다"라는 연설은 상상력이 풍부한 진술로 우리 시대의 가장 정수를 보여 주는 연설이었다. 시인으로서 이 시대 여인들의 삶을 섬세하게 관찰했던 에드리엔 리치(Adrienne Rich)와 마지 피어시(Marge Piercy)는 다음과 같이 자신들의 의견을 피력했다. 리치는 문학을 '재상상'하는 것으로 보았고[5] 피어시는 (여자의 입장에서) "비록 우리가 함께 나눌 수 있는 과거가 없다고 할지라도 함께 더 많이 일할 수 있다. (그리고) 우리는 사랑할 수 있다. 우리는 사랑할 수 있다. 우리는 사랑할 수 있다."[6]라고 외쳤다. 미국의 국경선을 넘어서 보면, 가장 가난한 자들의 영혼을 살찌우게 했던 애국 시인 줄리아 에스퀴벨과 어네스토 카다날의 작품을 볼 수 있다. 또한 나딘 고디머와 에톨 푸가드는 온 지구촌의 응답을 요구하는 남아프리카의 찢겨 나간 이미지를 그리고 있다. 그리고 교육철학자 파울로 프레이리는 우리로 하여금 단순히 볼 수 있게 해 주는 데 그치는 것이 아니라 침묵의 문화 속에서 눌려 살

---

5. Adrienne Rich, "When We Dead Awaken : Language as Re-Vision," in On Lies, Secrets and Silence(New York : W. W. Norton, 1979), 33-49.
6. Marge Percy, *The Moon is Always Female*(New York : Knopf, 1981), 17.

아가는 사람들의 절규를 들을 수 있게 해준다.[7]

과학적 충동(자극)들

과학의 세계에서도 새로운 이미지들이 나오고 있다. 이러한 이미지들은 교사들에게 특별히 중요한 것이다. 왜냐하면 그 이미지들은 앎의 형태에 대해 우리의 주의를 끌기 때문이다. 신경정신병리학(neuropsychiatry)과 생리학(physiology)의 뇌에 대한 연구는 우리가 아는 것이 엄청나게 광범위한 것임을 밝혀주었다. 과학의 공헌으로 인해서 많은 이들이 직관적이고 은유적이며 상징적인 지식을 재발견하였다. 루이스 토마스와 같은 생물학자는 사람과 같이 상호의존적인 육체와 비인간적인 현실의 육체적 구조를 구별하면서, 시(poetry)와 의학(medicine)의 세계를 하나의 상상력이 풍부한 경외로운 영역으로 묶어놓았다.[8] 더 충격적인 것은 부원자학(subatomic) 물리학자들의 연구에 의하면 과학자들과 예술가들과 신비주의자들이 모두 그 무엇인가 공통점을 갖고 있다는 것이다. 캐프라(Fritjof Capra)는 자신의 책 *The Tao of Physics*에서 원자의 내부를 탐구하는 과학자들은 더 이상 상식과 논리가 말하는 앎의 형태에 의존할 수 없게 되었다고 주장하며 다음과 같이 말한다 : "물리학자들은 이제 현실의 비감각적인 경험을 취급하고 있으며 이 경험의 역설적인 면에 직면하고 있다."[9]

---

7. Julia Esquivel, *Threatened With Resurrection*(Elgin, IL : The Brethren Press, 1982) ; Ernesto Cardenal, *Gospel in Solentiname*(Maryknoo : Orbis, 1982⟨1979⟩), and *Psalms*(New York : Crossroad, 1981) : Nadine Gordimer, *July's People*(New York : Viking, 1981) or *Selected Stories*(New York : Penguin, 1983) ; Athol Fugard, *Boesman and Lena and Other Plays*(Oxford : Oxford University Press, 1978) or *A Lesson From Aloes*(Oxford : Oxford University Press, 1981) ; Paulo Freire, *Pedagogy of the Oppressed*(New York : herder and Herder, 1970, and *Education for Critical Consciousness*(New York : Seabury, 1973).
8. Lewis Thomas, *The Lives of a Cell*(New York : Viking, 1974) and *The Medusa and the Snail*(New York : Viking, 1979).
9. Fritjof Capra, *The Tao of Physics*(New York : Bantam, 1975), 38-39.

이러한 자극들 가운데서 발견되는 공통점은 — 내가 보기에 — 더 적절한 이미지와 상징을 요구하는 것으로 나타난 상상력의 현존일 뿐만 아니라, 나아가서 인도적이며 인간화할 수 있는 사회적, 경제적, 정치적 구조가 꿈(비전)을 좇아가는 작업으로부터 나올 수 있다는 것이다. 상기한 여성들과 남성들은 공통의 신념을 공유하고 있는 것으로 여겨진다 : 즉, 상상력은 현존하는 실재를 변화시키며 개조할 수 있으며 재창조할 수 있다는 신념이다. 그러면 이러한 힘의 원천(본질)은 어디서 나오는 것인가? 우리가 상상력이라고 말할 때, 과연 진정으로 의미하는 바는 무엇일까?

역사 : 칸트와 콜러리지

상상력의 의미를 환타지 내지는 믿는 척하는 것 — 상상력을 별로 심각하지 않은 것 내지는 아마추어들이나 생각하는 얕은 지식으로까지 — 으로 제한시키려는 경향이 존재한다. 그러나 지난 3백 년 간 이런 경향을 무너뜨리려는 여러 시도가 있었다.[10] 역사는 그 자체가 인간 공동체를 움직임으로 상상의 근본적인 심각성을 인식하도록 해 왔다. 실로 이 (상상이라는) 선물의 심오한 본질을 인식하도록 말이다. 서양에서는 키츠(Keats)와 브레이크(Blake)와 워즈워드(Wordsworth)의 저서들이 상상력의 회복을 촉진하는 데 많은 기여를 하였는데, 그 기여는 상상이라는 아이디어 안에서 17세기의 이원론을 극복할 수 있게 하는 조화와 치유의 가능성을 보게 함으로써 상상력을 회복시킨 것이다. 다른 두 저자는 임마누엘 칸트(Immanuel Kant)와 세뮤얼 테일러 콜러리지(보통은 콜리지로 부른다 - 역자 주)로, 이들은 반-이원론의 입장을 세움에 있어 중요한 사람들이다.

독일어로 하나로 만들어 가는 힘(능력)을 뜻하는 단어 'einbildungskraft'로서 표현되는 칸트의 상상력에 대한 개념은 종종 상상력으로 향하고 상

---

10. 역설적으로 상상은 본질적으로 목적부재(aim-less)가 될 수 있다. 예술이 그런 것처럼 상상도 어떤 소용을 위해서나 기능적인 목적일 필요는 없다. 역할을 감당할 수는 있지만 말이다.

상력으로 회귀하는 결정적인 시점이 된다. 이와 같은 학설로 칸트는 상상력의 이해를 위한 초보적인 원리를 제공하였다.[11] 칸트가 가진 철학자로서의 출중함은 상상력이 예술과 감정에 연관되어 있다고 한 것 때문이고, 이는 계몽주의의 지나치게 합리적이고 이성적인 경향에 의해 종종 외면당할 위험에 처할 지경에 있던 것을 구해 내 체통을 세워주었다.

콜러리지(1772-1834, 영국의 시인 및 비평가)는 칸트와는 다르게 독자적으로 자신의 생각을 펼치지만 상상에 관한 논의를 개선하는 데 있어서는 유사한 어휘와 학문적 원리를 사용한다. 콜러리지는 우리에게 일차적 상상력과 이차적 상상력에 관한 언어를 제공한다. 그에게 있어서 일차적 상상력은 순식간에 지나가 버리는 생각들을 능동적으로 융합시켜서 인식 가능한 전체(whole)로 만드는 역할을 한다. 일차적 상상력은 능동적인 지성으로서의 상상력이다. 즉, 원초적이고 선의식적인 비교와 선택적인 인식의 활동이다.[12] 콜러리지의 통찰은 우리로 하여금 상상력의 일상성(everdayness)과 상상력의 보편성과 편재성(omnipresence, 偏在)에 대해

---

11. buildung이라는 독일어 단어는 예술과 교육에 밀접하게 연관되는 말이다. 이 단어는 "플라톤적인 입장에서 그리스의 교육적 본질을 명확히 나타내 준다. 왜냐하면 이는 예술가의 상상인 아이디어(idea or typos)를 관리하는 패턴일 뿐만 아니라 예술가의 조형(造形) 행위까지도 관장하는 것이기 때문이다.
12. 다음에 나오는 문장에서 콜러리지는 분명히 상상력이 종교적인 것과 밀접한 관련이 있는 것으로 보았다. "나는 상상력을 일차적 혹은 이차적인 것으로 간주한다. 내가 일차적으로 간주하는 상상력은 살아 있는 힘이며 모든 인간 지각의 중요한 관리인이다. 그리고 피조물의 영속하는 행위, 즉 영원한 '스스로 있는 자' 안에 있는 유한한 마음의 반복으로서 존재하는 것이라고 본다. 내가 간주하는 이차적 상상력은 의식적인 의지와 함께 공존하는 전자의 공명(echo)이다. 그러나 관리자라는 측면에서 이는 일차적 상상력과 그 종류에 있어서 아직 동일하며, 그 정도와 작동하는 양태에 있어서만 다르게 나타나는 것이다. 이차적 상상력은 재창조를 할 때 분해하고 퍼지며 흩어져서 없어지게 된다. 혹은 이러한 과정이 불가능한 곳에서는 이는 계속 이상화하고 통합하려고 부단히 투쟁한다. 이 작용은 생동적이며 모든 객체(objects)가 본질적으로 고정되고 죽어 있는 곳에서도 그렇다. Samuel Taylor Coleridge, *Biographia Litteraria*, in *Selected Prose and Poetry of Coleridge*, edited by Donald Stauffer(New York : Modern Library, 1951), 263.

주의를 기울이도록 해준다. 그의 통찰은 또한 우리로 하여금 — 아마 약간의 충격과 함께 — 다음과 같은 것을 깨닫게 해준다 : 즉, 우리가 항상 상상의 행위에 관여하고 있으며 상상은 항상 우리가 접근할 수 있는 것이며 우리가 숨을 쉬는 것과 같이 우리의 곁에 있는 자연스러운 것임을 인식하도록 도와준다.[13] 상상력은 그것이 일상성을 갖고 있다고 해서 가볍게 여겨질 수 있는 것이 아니다. 왜냐하면 우리가 우리의 세상과 삶을 항상 창조하고 가꾸며 구성해 나가는 모든 삶의 영역과 상호관계적이기 때문이다.

또한 콜러리지는 이차적 상상력을 시적인 예술에서 사용되는 좀 더 구체적인 행위로서 구분하였다.[14] 이차적 상상력은 재창조를 하기 위해 분해되고 확산되는 상상력이다. 이 상상력은 음악, 신화, 시, 춤과 조각 같은 것에서 구체적으로 표현되었으며 보편적인 말과 이야기를 통해서 알려지지 않은 것과 알 수도 없는 것들을 멋있고 세련되게 만들어 준다.

콜러리지는 일차적 상상력과 및 이차적 상상력에 관해 언급하면서 이 둘의 구분을 시도하는 것이 지나치게 지적이며 위험한 추상적 개념화로 빠지게 할 수 있음을 잘 알고 있었다. 이 점에 대해서 1797년에 발표한 글을 보면 다음과 같다 :

> 나는 이성적으로 교육받은 이들로 불려지는 어떤 이들을 알고 지내 왔다. 그들은 섬세한 예리함을 지닌 사람들이지만, 그들이 엄청난 일을 보게 될 때면, 머리가 백지상태로 되어 아무것도 보지 못하며 평소와는 다르게, 아주 비논리적으로 어떤 것이 보여질 수 있다는 사실을 부인하였으며, 자신의 힘을 소유하기 위해 획일적으로 '다른' 힘을 부정하였다. 그리고는 상상력의 결핍이라고 비난하며 철학을 환희의 경지로 승화시키는 데까지는 이르지 못하였다.[15]

---

13. 다음의 글 참조. Edward S. Casey, *Imagining : A Phenomenological Study* (Bloomington : Indiana University Press, 1976), 3.
14. Coleridge, *Biographia Litteraria*.
15. Samuel Taylor Coleridge, William Walsh, *Coleridge : The Work and the Relevance*(New York : Barnes and Noble, 1967), 176.

경고

소위 이성적 교육에 대한 콜러리지의 논평은 나로 하여금 몇 가지 제안을 하게 한다. 첫째는 상상력의 의미를 일일이 열거함으로써 생길 수 있는 실수를 피하라고 충고하고 싶다. 이런 실수 때문에 우리는 상상력이 가진 고유한 모호성 — 즉, 정반대의 분석을 초래하는 경향 — 을 잃어버리게 될 수 있기 때문이다. 상상력은 단순한 정의로 축소되기에는 너무 복잡한 것이다. 상상력은 고정되지 않는 본성을 가지고 있다. 상상력은 다른 면들이 드러나게 지속적으로 영향을 미치고 있고, 우리의 지성을 활용하여 수수께끼나 풍자나 역설과 같은 것을 통해서 종종 열매를 맺게 하는 역할을 한다. 우리는 이러한 상상력이 본질적으로 같은 시간이라는 사실에서 본다.

상상력은 때로는 서로 상반되기도 하는 다음의 두 요소를 취하여 하나로 융합하게 된다(einbildungskraft). 이때 마음과 관계된 지적이고 개념적이며 정신적인 힘은 몸과 관계된 구현적(incarnational)이고 물질적(corporeal)이며 육체적(physical)인 것과 연합되게 된다. 상상력은 독특하게도 현실을 뒤집어서 바라볼 수 있으며 나타나지 않은 면도 보게 된다. 가령 이 상상력이 가진 뛰어난 능력은 얄팍한 이성이 도저히 할 수 없는 것으로서 풍부한 사고력의 완성이며 결국 마음이 가진 찬란한 영광이다. 그러나 동시에 상상력은 항상 육체와 인생의 일대기에 그 근원을 두고 있는 인간의 능력이기 때문에 항상 종합적이고, 이해될 수 있기 위해서는 마음의 경계를 지속적으로 넘나든다.

윌리암 린치(William Lynch)는 상상력을 다음과 같이 '정의'하고 있다 : "인간의 모든 기관과 자원 내지는 수단들, 그리고 우리의 보고 듣고 만지는 것뿐만 아니라 우리의 역사와 교육과 감정과 소망과 미움과 믿음과 불신앙은 세상에 대한 우리의 이미지를 만들어 가게 한다."[16] 이러한 육체와 마음, 그리고 이성과 감정의 중요성은 본서를 써 내려가는 과정, 특히 가

---

16. William Lynch, *Images of Faith*(Notre Dame : University of Notre Dame Press, 1973), 18-19.

르침의 행위와 상상력과의 관계에 대하여 검토하는 과정 중에서 드러나게 될 것이다. 지금은 사고와 마음이라는 측면에서 다루어 보기로 하자. 가르치는 것을 생각하고 개념화하고 정신적으로 그리는 것이 우리가 깨닫는 것 이상으로 우리 중 일부를 가르치는 것에 영향을 끼친다. 동시에 가르침은 본질적으로 인간이 육신적으로 다른 이보다 앞서 존재하는 상황에서 구체화되고 구현되는 행위인 것이다. 린치의 생각으로부터 도출해 보자면 가르침은 우리 안에 있는 모든 자원과 우리의 학생들과 우리의 환경, 그리고 우리의 세상을 만들어 가는 모든 것들에 의존하고 있다.

지구촌적 요소들

상상력의 의미에 대해 조금 더 생각해 보자면, 더 깊은 통찰력이 예이츠(Willam Butler Yeats, 1865-1939, 아일랜드의 작가, 시인 - 역자주)의 "노년기를 위한 기도문" 중에 나타나는 것을 볼 수 있다. 예이츠는 우리가 상상력을 이론의 탐구를 통해서만 이해하려 들지 말 것을 상기시킨다.

> 하나님은 우리를 인간이 생각할 수 있는
> 사고의 범주로부터 구원하신다.
> 다만 우리의 마음 가운데서
> 그는 영속적인 노래를 부르신다.
> 우리의 뼛속 깊은 곳에서 생각하게 하신다.[17]

오늘날 상상력의 거듭남 가운데서 생성되는 엄청난 힘, 특히 상상력의 사회적인 힘은 사고와 골수(marrow bone)의 융합(wedding)에서 야기되는 것이다. 예를 들면 요즘 세계 전 지역에서 일고 있는 흐름, 즉 모든 것이 변형될 수 있다고 보는 관점이 그런 것이다(이는 모든 것이 승화될 수 없다고

---

17. *The Variorum Edition of the Poems of W. B. Yeats*, edited by Peter Alltand Russell K, Alspach(New York : The Macmillan Company, 1957), 553.

보는 관점과는 대조적이다). 또는 본 장의 서두에서 소개한 스티븐스가 말한 것처럼 "가능하다, 가능하다, 가능하다."고 외치게 하는 관점이다.

  오늘날의 상상력은 이론이다. 그러나 상상력은 이론이면서 또한 그 이상으로 심오한 정치적, 사회적 행동 안에 구체화된 이론이다. 우리의 시대는 사색이 현실화의 시도가 있을 때에만 완전하다는 인식으로 특징지어진다. 예컨대 여인들은 아이시스(Isis)와 릴리스(Lilith)와 데미터(Demeter)와 칼리(Kali)와 메리(Mary)에 대한 지식을 취함으로써 자신들의 신적인 이미지를 되찾는다. 소작농들을 비롯한 농부들은 자신들의 땅에 대한 생득권(birthright)을 주장한다. 힌두교도인들은 결혼지참금을 가져오지 않았다고 신부를 불태워 죽인 것에 대한 항거로 캘커타 시내의 노천극장에서 살풀이 연극을 공연한다. 흑인남녀들은 자신들의 골수를 녹이는 노래 "우리는 승리하리라"(We Shall Overcome)를 부른다. 평화주의자들은 "결코 늙지 않을 우리 어린이들의 꿈을 되살릴 수 있는 것은 어디에 있는가?"와 같은 가사로 노래를 부른다. 이 모두가 상상력의 힘 때문에 가능하며, 그 힘 때문에 우리는 우리 자신의 생존의 예언자로서 활동하게 된다. 우리는 화해의 꿈을 실현시켜 나감으로써 한 민족이 되어 가는 과정에 있으며, 이는 지구 자체를 소멸시키지 않는 한 멈추어질 수 없는 일이다. 그러므로 우리가 상상력을 충분히 이해한다면 우리는 이러한 움직임을 연구할 필요가 있고, 이것 역시 가르침에 영향을 미칠 것이다.

  이러한 움직임은 우리의 가르침은 우리가 의도하든지 아니든지 간에 항상 정치적인 행위임을 가르쳐 준다. 지구촌 한가운데에 국가들이 위치해 있는 것처럼 가르침의 본질은 필연적으로 사회적이라는 것이다. 그러므로 가르침은 공동체와 공동체 사이의 친교를 촉진시킬 수 있는 동시에 고립과 엘리트주의를 촉진시킬 수도 있는 것이다. 국가나 환경에 대해서 — 또한 가르침이 이 곳에서 발생한다 — 가르침이 할 수 없는 것은 중립을 지키는 것이다.

관점으로서의 종교적인이라는 수식어

본서에서 상상력에 관하여 제공하기를 원하는 수식어 내지는 한정어는 '종교적인'이라는 단어이다. 나의 중심 논제는 이것이다 : 가르침은 상상력의 행위일 뿐만 아니라 종교적인 상상력의 행위라는 것이다. 그 의미는 무엇인가? 예를 들면, 어떻게 종교적인 상상력은 정치적 상상력, 예술적 상상력, 유추적 상상력, 또는 교육적 상상력과 구별될 수 있는가? 이것은 "가치를 소중히 여긴다"라는 개념에서 그 실마리를 찾을 수 있다.

몇 년 전에 드웨인 휴브너(Dwayne Huebner)가 교사들이 자신들의 교육 활동을 반성하기 위해 사용했던 관점을 평가하는 범위에 대해 문제를 제기했다.[18] 그때 그 관점들 중의 하나가 종교적인 것이었다는 것에 나는 관심을 갖고 있다 : 종교적인 관점은 특정한 시각에서 인간의 활동에 접근하는 방법이며, 특정한 시각에서 특정한 선택으로 이어진다. '가치를 소중히 여기다'(혹은 가치를 판단하다)라는 용어는 이 점을 이해하는 데 있어서 특별히 도움이 되며 나는 보통 교육적인 용어인 '평가하다'(evaluate)라는 용어보다 이 용어를 의도적으로 더 선택했다. 평가한다는 단어가 관찰자로 하여금 한 걸음 뒤로 물러서서 판정을 내리고 감정하는 것을 의미한다면, 가치를 소중히 여긴다는 의미는 좀 더 인격적이며 친밀한 것을 의미한다. 가치를 '판단한다'는 의미는 주관적인 개입 내지는 '관여한다', 혹은 내가 하나의 인격체로서 귀중히 여김을 받는 가운데 '참여한다'는 의미가 내재되어 있다. 게다가 가치판단은 예술가들의 단어이다. 음악에서는 늘임표나 쉼표를 의미하고, 미술에서는 관련된 색조의 밝고 어두움을 의미한다. 이렇게 가치판단이 종교적인 관점으로부터 연유한 것인지에 대한 질문은 우리의 관심을 끌게 하는 것이며, 만일 정말 그렇다면 가치를 소중히 여기는

---

18. Dwayne Huebner, "Curricular Language and Classroom Meanings," edited by James McDonald and Robert Leeper(Washington, D. C. ASCD, 1966), 8-26. Reprinted in William Pinar, ed., *Curriculum Theorizing : the Reconceptualists*(Berkeley : McCutchan, 1975), 217-236.

판단은 우리의 가르침에도 — 마치 가지를 치는 것과 같이 — 상당한 의미를 제공할 것이다. 아마도 우리는 몇 가지 중요한 교훈을 배울 수 있을 것이다.

우리는 보통 인간의 행위를 검토할 적에 여러 가지 관점을 사용하게 된다. 그 중의 몇 가지는 기술적이고 정치적이며 심리학적이고 심미학적인 관점 같은 것들이다.[19] 예를 들어, 가르침을 '과학적'인 것으로 볼 때, 다음과 같은 질문을 할 수 있다. "내가 만일 이것을 하면 무슨 결과가 나올 것인가?" 아니면 "만약 이런 가르침의 방법을 채용하여 내가 원하는 목적을 이루기 원한다면 필요한 조건이 무엇일까?" 예를 들어, 가르침의 가치를 '기술적'인 것으로 판단하는 것은 조금 다르지만, 다음과 같이 관련된 질문을 하는 것이다. 즉, "내가 사용하는 진행절차는 무엇인가?" 또는 "내가 따를 단계는 무엇인가?"이다. 가르침을 만일 '정치적'인 시점에서 본다면 우리는 또 다른 관점에서 주제에 접근할 것이다. 이때 던질 질문들은 다음과 같다 : "이 상황에서 권력은 어디에 존재하는가?" 또는 "이 가르침이 무슨 사회적 변혁을 가져올 것인가?"(모든 어린이는 영웅으로 대접받아 마땅하다. 그들은 이미 영웅이다!)라는 가르침을 '심리학적'인 관점에서 판단한다면, 우리는 어떤 연령에 있는 학생들의 발달심리학적인 능력에 많은 강조점을 둘 것이며, 준비성과 그룹의 학습과정이 가르침에 미치는 영향과 각 학생이 가진 색다른 특성에 많은 관심을 기울일 것이다. 진실로 조이스와 웨일에 의해서 고안된 가르침의 형태는 모든 가르침의 형태가 심리학적인 가치판단에 그 근거를 둔 것이었다.[20] 가르침을 '심미적'인 관점에서 판단한다면, 우리는 가르침의 스타일과 빠르기와 디자인과 리듬과 유형 따위를 고려할 것이다. 그리고 다양한 형태에 대한 인간의 충동도 함께 조명하게 된다.

---

19. 휴브너(Huebner)는 다음과 같은 다섯 가지의 가치 체계를 밝혀 낸다. 기술적, 정치적, 과학적, 미학적, 그리고 윤리적인 체계이다. 바로 위의 각주(18번)를 참조하라.
20. Bruce Joyce and Marsha Weil, Models of Teaching, 2d ed. (EnglewoodCliffs, NJ : Prentice- Hall, 1980). 조이스와 웨일은 이런 모델들을 "개인적 자원"으로 불렀다.

1. 상상력과 종교적이라는 것 43

 이렇게 다양한 가치판단은 우리들에게 생소한 것이 아니지만 내가 믿기로는 그런 여러 종류의 가치판단(valuing)을 명명해 보는 것은 중요하다고 본다. 그리고 가르침에 대한 우리의 비전을 명명해 보는 것에서 발견하는 것은 위의 특수한 판단에 의해서 영향을 받게 된다. 게다가 그 판단들은 각기 분리되어 있는 것이 아니라 종종 서로 겹쳐 있으며 서로에게 동료로서 혹은 동반자로서의 역할을 감당하는 것이다. 예를 들면, 이 책의 후반부에서 나는 종교적인 가치판단과 정치적인 가치판단 사이에 많은 연관이 있으며, 또한 종교적인 가치판단과 심미적인 가치판단 사이에서도 역시 그러한 점이 있음을 밝혀낼 것이다. 이런 가치판단 사이의 구별은 다음의 세 가지 중요한 질문을 하게 한다 : (1) 가치판단의 방법이 있나? 아니면 상상력이라는 단어를 사용하는 것, 즉 '보는 방법'은 '종교적'이라 불릴 수 있는 것인가? (2) 우리는 종교적 가치판단의 특성을 상술(specify, 詳述) 할 수 있는가? (3) 종교적인 가치판단이라는 것이 상상력을 표현하는 것으로서 우리로 하여금 '종교적 상상력'에 대해서 말할 수 있게 하는 것인가? 위의 각 질문에 대해서 '그렇다'라고 답할 것이다.

 수세기 동안 많은 전쟁이 종교적인 이유로 일어났다. 이 사실은 종교적인 것에 대하여 인간 존재를 만족시킬 만한 의미 또는 정의내리는 것이 쉽지 않다는 것을 나타내는 것이다. 그러나 우리가 좁은 의미의 종교로부터 넓은 의미의 종교를 구별하는 것은 도움이 될 것이다. 폴 틸리히는 넓은 의미에서 종교를 "자신의 존재에 대한, 자아와 세계에 대한 자신의 의미와 소외와 유한성에 관한 궁극적인 관심"으로 묘사했다. 한편 그는 좁은 의미에서 종교를 "일단의 상징을 갖는 것으로서 …… 신적인 존재에 대한 추구 …… 신적 존재와 우리와의 관계를 위한 예전적 행위와 교리의 형성"으로 표현했다.[21] '종교적인'에 대한 의미 탐구에 첫 걸음을 내딛는 것으로서 나는 넓은 의미를 택했는데, 이는 궁극적인 관심과 의미를 향한 충동이라고

---

21. Paul Tillich, "Existentialist Aspects of Modern Art" in *Christianity and the Existentialists*, ed. Carl Michelson(New York : Seribner's, 1956), 132.

볼 수 있다. 그러나 동시에 일반적인 의미로 볼 때 어느 누구도 종교적이라고 보기 어렵기 때문에 종교에 관한 좁은 이해는 넓은 이해를 상호교류하며 종교적인 것에 대한 논쟁에서 빠질 수가 없는 것이다. 내가 일하며 살고 있는 미국에서 종교에 대한 이 제한된 좁은 이해는 대부분 유대 기독교적인 자료들로부터 나온 것이다. 비록 동양 종교들의 영향이 커지고 있다 할지라도 말이다. 다른 말로 표현하자면 종교에 대한 넓은 의미와 좁은 의미를 구별하는 것은 가능할지 몰라도 이 둘을 분리시킨다는 것은 불가능한 일이다. 하지만 나의 목표가 궁극적이고 깊이 있는 질문들에 초점을 맞추고 있기 때문에 이 책에서 만큼은 넓은 의미에서의 종교적인 것에 대해 탐구할 것이며, 특히 가르침에 관련된 것을 다룰 것이다. 믿기로는 그와 같은 초점은 나로 하여금 상상력이 넘치는 행위에 몰두하게 할 것이며, 이러한 행위는 깊이와 궁극적인 의미의 이해가 주된 관심사인 탐구에 필수적인 것이라고 생각한다. 뒤에 나올 장들에서 나는 내가 가장 잘 아는 기독교의 전통으로부터 이야기를 이끌어 낼 것이다. 특히 기독교의 성육신(incarnation)[22]과 계시신학으로부터 말이다. 또한 나는 정치신학도 다루게 될 것인데, 여기서는 종교적인 것에 대해 구체적으로 다루게 될 것이다.

특정한 종교적 전통은 그 종교의 특정한 특성을 전면에 내세운다. 그럼에도 불구하고 어떤 특성들은 대부분 사람들에게 종교적인 자기 이해 가운데서 나타나는 경향이 있다. 내가 강조하고자 하는 그 특성들은 신비(mystery)와 신성함(the numinous)과 신비함(the mystical)이다.

신비

신비란 우리가 아무것도 알 수 없다는 것에 관한 것이 아니라 우리가 모든 것을 알 수는 없다는 것에 관한 것이다. 가브리엘 마르셀(Gabriel Marcel)은 그의 유명하며 통찰력 넘치는 신비와 문제 사이의 구분을 우리에게 보여 주었다. 문제란 나의 앞에 전체적으로 드러나 있는 것으로서 나

---

22. 역자주.

의 통행을 방해하는 무엇이다. 이는 내가 볼 수 있는 것이다. 나는 그것(문제)을 피해 가든지, 돌아가든지 아니면 제거해 버릴 수 있다. 그러나 신비는 나를 둘러싸거나 감싸 안을 수 있다. 이는 우리가 피하거나 제거해 버릴 수 있는 것이라기보다는 "내가 사로잡혀 있음을 발견하게 되는" 것이다. 따라서 신비라는 것의 정수는 나의 앞에 전체가 드러나지 않는 것이다. 이는 마치 '내 안에서'와 '내 앞에서' 사이에 그 신비의 의미가 사라지는 것과 같다.[23] 루돌프 오토(Rudolf Otto)는 자신의 고전 거룩함에 관한 아이디어(Idea of the Holy)에서 이와 같은 실재에 접근함에 있어서 신비를 두려움으로 나타냈는데, 신비에 대해서 자연스럽고 인간적이며 적당한 반응은 경외라는 것이다. 그리고 신비는 우리를 자극하고 유혹하여 끌어들이는 매혹이라고도 말한다.[24]

어떤 종교의 전통에서는 신비에 대한 두 가지의 다른 특성들이 더 나타난다. (칼 라너의 신학에서 볼 수 있듯이) 첫 번째 특성은 항상 근본적인 신비로서 이해되는 특성에서 하나님은 이해할 수 없는 타자(Incomprehensible Other)로서 이름지어질 수 없는 분이며, 붙잡은 것으로 느껴질 때는 바로 그 느낌으로 인해서 다시 놓칠 수 있는 분이라는 것이다. 그러나 유대 기독교 신앙에 나오는 하나님의 형상(Imago Dei) 신학으로 인해서 인간은 이해할 수 없는 타자이신 하나님의 형상대로 지음을 받았기에 신비의 일부분이 인생에게도 부어졌다는 것이다. 신의 형상대로 지음받은 우리 역시 신비로운 것이다.

두 번째 특성은 기독교 전통에 보다 중심적인 것으로서 가톨릭 신앙과 동방정교회 내에서는 지배적인 것으로서 라틴어 단어인 *sacramentum*은 헬라 단어인 *musterion*의 번역어이다. 비록 이 두 단어가 세속적인 의미를 갖고 있다 할지라도 기독교 내에 깊숙이 박힌 의미는 감추어지고 보이

---

23. Gabriel Marcel, *Being and Having*(Boston : Beacon, 1951), 27-28.
24. Rudolph Otto, *Idea of the Holy*(New York : Oxford University Press, 1950), 1-40.

지 않는 심오한 실재(profound presence)로서 사람들과 사건들과 사물들 가운데서 보여지고 만져질 수 있게 되는 것이다. 이는 "일상생활의 영역에 속한 말이나 행위나 장소 따위가 우리 존재의 전(whole) 신비를 독특하게 나타내 주는 것일 수도 있다는 것에 대한 지속적인 가정이다. 왜냐하면 이렇게 평범한 행위가 나타나는 현실 속에 어떤 성스럽고 거룩하며 은혜로운 것이 내재하기 때문이다."[25] 스콧(Nathan Scott)이 "신성한 상상력"이라고 명명했던 것으로서, 이 가정들 중에서 가장 경건한 것으로 여겨졌던 것은 기독교의 성만찬(Christian Eucharist)이었다.

신성함

신비에 대한 앞의 묘사는 '신성한'(numinous)이라는 단어를 포함하고 있다. 여기서 우리는 필자가 이 책에서 이끌어내기를 원하는 '종교적인'에 대한 두번째 수식어를 발견하게 된다. '신성한'이라는 말은 우리 인간이 신성(divinity, 神性)의 존재를 인식 내지는 경험할 때 쓰는 말이다. 우리가 신의 존재를 부르는 것은 전 세계적으로나 특수한 공동체의 성격에 따라 다를 수 있지만, (신에 대한) 인식은 보편적이며 그 신은 종종 거룩함과 경외 또는 놀라움의 지경에 있는 존재로서 특성지어지곤 한다. 불가피하게 — 종종 경고도 없이 — 우리는 하나님의 현존 앞에 있는 우리를 발견하게 된다.[26] 어떤 것 혹은 사람이 존재로서 우리를 엄습한다. 어떤 추리나 증거, 논쟁도 이 존재에 대한 우리의 신념을 단념케 하지는 못할 것이다. 단

---

25. Nathan Scott, *The Wild Prayer of Longing*(New Haven : Yale University Press, 1971), 49.
26. 종교경험을 연구하는 The Religious Experience Research Unit at Manchester College(Oxford, England)는 이런 현상을 지난 수년 동안 연구하였다. 다음의 책 참조. Edward Robinson, *The Original Vision*(New York : Seabury, 1983). *Living the Questions*, edited by Edward Robinson(Manchester College, Oxford : Religious Experience Research Unit, 1978) and Timothy Beardsworth, *A Sense of Presence*(Manchester College, Oxford : Religious Experience Research Unit, 1977).

순한 언어로 표현할 때, '신성한'이라는 의미는 '조금 더'라는 의미를 내포하고 있는 것으로서, 우리는 우리의 인생살이 가운데 가장 절묘하게 신성하고 편안하게 느끼는 그 존재의 충만함을 예기치 않게 직면하게 된다. 이렇게 우리를 감싸는 존재를 경험하는 느낌은 우리가 아기를 목욕시킬 때나 맛있는 식사를 할 때, 춤추는 마루 위 혹은 농구장에서, 평화시위를 하는 동안 혹은 부부의 사랑을 나눌 때, 사랑의 편지를 써 내려갈 때 혹은 접시를 닦는 동안에 우리에게 찾아올 수 있다. 우리 대부분에게 이런 순간은 덧없이 지나가는 현존의 종류인 것이다 :

> …… 오직 눈치채지 못한
> 순간, 즉 시간의 안과 밖의 순간
> 태양의 섬광 속에서 상실된 산만이 걸맞는구나.
> 보이지 않는 야생 백리향, 또는 겨울 번개나
> 너무도 깊게 들리는 폭포 음악 소리는
> 어쩌면 전혀 들리지 않는지도 모르지.
> 그러나 당신은 음악이 존재하는 한 음악 그 자체랍니다.
> — T. S. 엘리엇의 "The Dry Salvages" — [27]

비록 덧없이 흘러감에도 불구하고 그 숭고함은 영원성을 지니고 있다. 한번 알려진 것은 결코 알려지지 않을 수 없기 때문이다.

신비함

내가 세 번째로 강조하고 싶은 종교적이라는 것의 특성은 신비함이라는 것이다. 어떤 근본적인 지평에서 모든 사람과 사물이 서로 연결되는 느낌 혹은 신념이나 인식이 바로 그것이다. 신비함에 대해서 정확하게 정의하

---

27. T. S. Eliot, "The Dry Salvages" from *Four Quartets*(New York : Harcourt, Brace, Jovanovich, 1971), 44.

기란 불가능하다. 오늘날 현존하는 신비에 대한 학자 중에서 가장 뛰어난 학자 중의 하나인 하비 이간(Harvey Egan)은 수백 가지의 서로 상충되는 정의가 존재할 것이라고 말했다.[28] 그럼에도 불구하고 내가 모든 이들과 모든 것들의 필요불가결한 연결성에 관해서 언급하는 것이 신비주의의 핵심을 왜곡하는 것이 아니기를 바라며, 오히려 다양한 형태를 취하고 있는 연결성의 인간적인 의미에 호소하는 것이기를 바란다. 즉, 전 우주가 신성을 드러낼 수 있는 우주적 의식, 죽음의 순간에 모든 사물과 인간 영혼이 일체가 되는 깨달음, 미국원주민들의 땅과 하늘과 동물과의 영적 교제, 바위의 틈새에서 피어난 한 야생화의 본질을 아는 것은 다른 모든 것에 대해서 아는 것을 가능하게 해준다는 워즈워드(Wordsworth)의 신비주의 등이다. 그러므로 월터 스테이시(Walter Stace)가 신비주의를 "우리의 감각이나 이성이 관통하지 못하는 모든 사물 가운데서 궁극적인 일체감에 휩싸이는 것"[29]으로서 정의했을 때, 그가 연합 또는 하나됨이라는 개념에 중심을 둠으로써 신비주의에 대해서 말한 것은 참으로 진리에 가깝다는 생각이 든다. 여기서 나의 목적은 종교적인 것의 특성을 강조하는 것이기 때문에 신비적인 면을 포함시켰으며 바로 이 점이 내가 도달하려는 최종 요점이다.

여기서 요점은 다음과 같다 : 내가 신비와 신성함과 신비주의와 같은 단어를 사용하는 것은 어떠한 상황이라 할지라도 — 하나의 종교적인 언어와 같은 특수한 부류의 언어를 말하는 것이며, 이 언어는 종교적인 전통의 상징들과 이미지들을 이끌어 내는 언어인 것이다. 위의 단어(말)들은 오랜 세월 동안 인간이 신에 대해서 묘사한 것으로서 육체와 정신 (혹은 영혼) 가운데 울려퍼졌던 것이다. 이름지을 수도, 말할 수도 없던 하나님에 대해서 말이다. 일상생활의 대화 가운데서 그것들은 비일상적인 하나님의 이름에

---

28. Harvey Egan, *What Are They Saying About Mysticism?*(New York : Paulist Press, 1982), 1.
29. Walter Stace, *The Teachings of The Mystics*(New York : New American Library, 1960), 14.

대한 시도였다. 말하자면 그것은 언어 사용의 특별한 경우였다. 어찌하였든지 그 말들은 그 자체의 논리와 내재된 의미를 갖고 있는 것이다. 확실히 이런 언어를 사용하는 것은 적절하다. 또한 이런 언어의 사용은 다른 언어의 사용과는 구별된다. 나는 여기서 이 점을 특히 강조하고 싶다. 왜냐하면 만일 종교적이라는 단어가 상상력이라는 단어보다 앞에 나오는 것이라면, 상상력에 관한 더 깊은 대화를 위해서 '종교적'에 관한 논의가 꼭 필요하기 때문이다.

더 나아가 가르침을 위해 종교적 상상력을 쏟는다는 것은 공통된 대화의 세계를 가정하는 것이다. 어떤 공통된 이해가 제시되고 — 적어도 논쟁을 위해서가 아니라면 — 논의되지 않으면 이 가정은 이루어질 수 없는 것이다. 일단 공통된 이해가 제시되면, 앞서 시도했던 것처럼 그 이상의 제안들이 나올 수 있다.

첫째, 나는 종교가 상상력에 대해 말하고 상상력을 조율하며 구분하며 심화하고 지도하는 방법을 제공한다고 주장한다. 교육과 관계될 때, 종교적 상상력은 우리로 하여금 교육을 다른 시각으로 볼 수 있게 한다. 즉, 우리가 교사로서 다른 인간 존재와 더불어 머무는 것이 신비의 영역에 머무는 것이라는 가능성을 세우게 해주며, 신비의 영역에 거하는 것으로 과목이 불투명하기 때문이 아니라 우리 인간 자신이 하나님의 형상(Imago Dei)으로서 신비롭기 때문이며, 우리 사이의 상호작용이 유일하게 존재하는 기반인 거룩한 기반에서 일어나기 때문이다.[30] 물리학이나 화학 마케팅 혹은 스포츠, 어떤 과목이든 과목의 교사가 된다는 것은 신성함이 발현되는 상황에 우리 자신을 놓아야 한다는 것이다. 어떤 것이든 모든 것이 신성의 현존에 휩싸일 능력이 있기 때문이다. 인간의 삶에서 신비의 요소를 믿는 것은 가르치는 행위의 사회적, 정치적 차원을 역설적으로 가리킨다. 만물

---

30. Thomas Merton은 일기에 다음과 같이 적는다 : "사람들에게 그들이 모두 태양처럼 빛을 내며 걸어 다니고 있다고 말해 줄 방법이 없다." Michael Mott, *The Seven Mountains of Thomas Merton*(Boston : Houghton Mifflin, 1984), 312에서 인용. 그러나 이와 같은 것은 정확히 신비적인 이해이다.

이 연관된다는 믿음이 가르침의 활동에서 말한 모든 단어 — 그리고 가르침의 활동에 관하여 말한 모든 단어 — 로 하여금 확대하여, 이 우주에 있는 그 밖의 모든 것과 모든 사람에 관해 말한 단어가 되게 하기 때문이다.

종교적 상상력으로서의 상상력

상상력과 종교성의 의미의 일부를 시험적으로 불완전하게나마 탐구하기 시작한 후, 이제는 이 장의 마지막 과제에 도달하게 되었다. 나는 그 분야의 시초가 되는 동시에 대단한 결실을 맺은 필립 휠라이트(Philip Wheelwright)의 저서 *The Burning Fountain*[31]을 참조하여 상상력이 작용하는 방법에 대해 조사하고자 한다. 그러나 또한 나는 휠라이트가 말하는 방법을 그 방법들이 갖는 종교적 차원을 제시함으로써 재해석하고자 한다. 이러한 재해석으로 종교성, 상상력, 그리고 종교적 상상력이라고 지칭되는 특별한 형식의 은사가 처음으로 함께 모인 자리를 조명하고 설명하고자 한다.

휠라이트의 출발점은 곧 나의 출발점이기도 한데, 심리학적인 관점에서의 상상력 탐구가 아니라 시적 혹은 예술적인 상상력 탐구이다. 그는 상상력을 중심으로 네 가지 주요 강조점을 들고 있다. 그리고 그 강조점들의 상호관계가 시작(詩作)으로 들어가는 창조력의 많은 부분을 제공한다고 지적한다. 평가의 방법들이 상호 보완적이듯이 이러한 방법들도 상호 보완적이다. 첫 번째는 직면하는 상상력(confrontative imagination)이다. 이 상상력이 작용하는 방법은 반복되지 않는 철저한 고유성 안에서 대상을 보는 것으로 또 그 대상을 특수화하는 것이다. 대상을 일반화하지 않는 것, 보이는 그대로 대상을 보는 것, 직접적으로 거기에 존재하는 것이 직면하는 상상력의 본질이다. 작용할 때에 직면하는 상상력은 상이한 요소

---

31. Philip Wheelwright, *The Burning Fountain*(Gloucester : Peter Smith, 1982), First published 1968.

들을 즉각적으로 합성하고 융합하고자 애쓰지 않는다. 대신에 그 대상을 강화하고자 한다. 이와 같은 방법의 상상력이 가르침에 사용될 때, 이 상상력이 가르침을 보는 방법은 그 자체가 가르침의 한 부분으로 고유하면서 때로는 아름다운 정수가 되는 것이다. 직면하는 상상력의 구체성에 대해 말할 때, 휠라이트는 시가 사랑이며 구체적인 것만이 사랑의 대상이 된다고 하였다.[32] 이후에 나는 가르침 또한 인간 사랑의 적정한 대상일 수 있고, 최고의 가르침은 "존재론적 온유함"(ontological tenderness)[33]을 소유한 존재의 방법이라는 가능성을 탐구하고자 한다.

두 번째의 상상력의 방식 혹은 형식은 거리를 두는 초연한 상상력(distancing imagination)이다. 초연한 상상력이 작용할 때는, 직면하는 상상력의 경우와는 대조적으로 절제, 규율, 그리고 우리 앞에 놓인 대상에 대한 일정한 조심스러움이 작용한다. 정신적 거리에 대한 기원적인 글인 에드워드 불로프(Edward Bullough)의 논문은 이러한 형식의 상상력을 말하고 있다. 그는 일종의 간격에 대해 말하는데, 현상은 그 간격을 두고 우리의 실제적이고 현실적인 자아와 동떨어지게 관찰된다. 이러한 현실적인 자아와의 유리는 그 현상을 신선함과 일정한 객관성을 가지고 볼 수 있게 해준다.[34] 이 방법에서 야기되는 문제는 지나친 객관성이다. 우리의 실제적이고 현실적 자아와 너무 멀리 떨어지게 함으로써 지나친 간격이 생기기 쉬우며 상상 활동의 회로가 파괴된다. 그러나 초연한 상상력은 그 대상이 그 자체가 될 수 있게 하는 여유를 주기 위해 필요하며, 여기서 예술가의 핵심은 언제나 스타일을 정립하는 능력에 있었다. 예술가는 스타일을 매개로 작업함으로써 침해를 피하고 필요한 규율을 보전한다.

---

32. 위의 책, 35.
33. 위의 책, 38.
34. Edward Bulough, "Psychical Distance as a Factor in Art and an Esthetic Principle," in *A Modern Book of Aesthetics*, edited by Melvin Rader(New York : Henry Holt and Co., 1952). Quoted in Huebner, "Curricular Language," in Pinar, *Curriculum Theorizing*, 235.

세 번째 상상력의 방식 혹은 형식은 상상력에 관한 내용에서 유일하게 다루어지는 경우가 많은 방법이거나 상상 활동 전체와 동일하게 생각되는 것이다. 이 방식은 합성적 상상력(compositive imagination)이다. 이 상상력의 정수는 상이한 요소의 융합이다. 휠라이트는 이 합성적 상상력이 두 개의 상호 보완적인 형이상학적 원칙이 필요하다고 말한다. 첫째 요소는 급진적 상호 침투(radical interpenetration)이며, 두 번째 요소는 급진적 참신함(radical novelty)이다. 급진적 상호 침투는 위에서 설명한 신비주의의 개념과 관련된다. 이름하여 존재하는 모든 것에는 그 밖의 다른 모든 것의 일부가 들어 있다는 것이다. 이 원칙은 상상적인 것이라고 정확히 말할 수 있는 모든 참된 합성의 특징인 연관성(connection)이 성립되도록 — 혹은 발견되도록 허용한다. 두 번째인 철저한 참신함은 첫 번째 요소만큼이나 필요한 것으로, 이 원칙은 참된 창조성, 즉 독창성을 규명하게 해주는 신선함과 참신함을 허용해 준다. 그것은 전에 한 번도 이 같은 방식으로 함께 있어 보지 못한 요소들을 조화시키고 합성하는 힘이다.

우리는 이러한 원칙들을 반 고흐(Van Gogh), 모짜르트(Mozart), 그리고 에밀리 디킨슨(Emily Dickinson)과 같은 예술가에게서 구현될 것을 본다. 농부의 장화는 수세기 동안 존재하여 왔으나 고흐의 그림은 그 장화를 늘 새로이 볼 수 있게 해준다. 모짜르트의 "하프너 세레나데"(Haffner Serenade)는 비록 그 톤이 음악적으로 평범하지만 우리가 전에 들어 본 적이 없는 것 같은 가락을 창조해 낸다. "황야를 결코 본 적이 없다. …… 그러나 히드가 어떤 것인지 안다. ……" 이와 같이 디킨슨은 단순한 단어를 사용하여 우리에게 우리가 어느 곳에 살고 있든지 — 스코틀랜드의 냄새와 느낌, 그리고 풍경을 가져다 준다. 우리가 합성적 형식의 상상력을 사용할 때면 우리도 항상 상호 침투와 참신함이 함께 어우러지는 것을 경험하게 된다. 이러한 상상력의 형태는 우리로 하여금 의미를 발견하게 인도하는 것이다. 휠라이트는 의미에 대해 다음과 같이 적는다 :

……모든 의미는 그 주관적인 상태로 인해 어떤 정신적 민감함을 가진다. 이것

은 연결짓고자 하고 이것과 저것을 연관시키고자 하는 준비상태이며, 단일한 개성, 단일한 의미론적 대상, 아우시아(ousia, 본질적 존재 상태), 의도된 목적을 이룰 때와 같이 이것과 저것을 단일한 관점에서 보고자 하는 준비 상태이다.[35]

마지막으로, 네 번째 상상력의 방법은 원형적 상상력(archetypal imagination)이다. 이 상상력은 특정한 것이 일정한 방식으로 더 보편적인 중요성, 그 자체의 의미보다 더 숭고하고 심오한 의미를 구현한다고 보는 능력이다. '원형'(archetype)이라는 단어는 융의 심리학과 밀접하게 연관이 있다. 그러나 여기서 말하는 것은 철학적인 차원이다. 그 자체가 변하지는 않지만 보여지는 모든 것은 또한 그것이 아닌 다른 것의 출중한 예가 될 수 있다는 것이다. 예를 들어, 문학에서 나온 신화적 인물들과 그들의 개성은 우리에게도 나타난다. 그렇지만 원형적 상상의 특징은 예시가 아니며 더욱이 비유도 아니다. 오히려 특정한 대상을 말하는 태도로 인해 힘들이지 않고도 그 자체에 내재된 세계나 보편적 실재를 드러낼 순다. 이에 적합한 예를 들면, 나는 가르침을 하나의 원형으로 보는 것이 가능하다고 믿는다. 인간의 다른 소명 활동에 대한 출중한 예시가 된다는 것이다. 가르침을 상상적인 활동으로 단정할 수 있을 때 이러한 단정은 상담, 치료, 사회적 변호, 행정과 같은 다른 유사한 활동과는 거리가 있는 법률, 의학, 정치학, 가정 관리, 공학과 같은 분야의 인간 직업에 대해서도 마찬가지이다.

종교적 상상력 : 새로운 해석력

휠라이트의 저서에 기초하여, 이제 이 책의 기본 가정에 대해 말하고자 한다. 상상력을 지칭하는 또 다른 언어가 우리에게 가능하다는 것이다. 그것은 종교적인 언어이다. 나는 종교적 언어를 선택하는 것이 드러냄과 계

---

35. Wheelwright, *The Burning Fountain*, 50.

시의 행위라고 믿는다. 이러한 드러냄과 계시는 우리로 하여금 상상력의 종교적 특질, 즉 표면 아래 존재하는 깊고 심오한 차원을 '보게' 해준다. 언어의 기능이 이 세상에서 우리의 경험에 형식을 부여하는 것이라면, 상상력을 강조하기 위해 종교적 언어를 사용할 때 이것은 우리가 가르침의 세계를 포함하여 이 세계의 중심에 내재하는 신비성과 신성함, 그리고 신비적인 요소를 이해하게 해준다. 나는 상상력이 종교성의 관점에서 탐구될 때, 그 탐구가 교육에 대해 말할 때, 가르침 그 자체 안의 거룩함이 더욱 수월하게 요구되고 쉽게 발현된다고 확신한다. 또한 종교적 언어는 독단적이지 않으며, 파울로 프레이리가 의미론과 단어가 중요하다 한 점은 옳다고 생각한다. 단어 그 자체 안에서 운용되고 박동하는 힘은 불명료할 수도 있고, 또한 드러날 수도 있다.[36]

내 생각에 이것은 중심적이면서 중요한 요점이다. 그리고 종교 교사, 신학교사, 교사들의 교사에게 이 요점은 무엇을 의미하는가? 그 의미는 단지 우리의 사고와 우리가 노력한 모든 우리의 앎이 우리가 사용하는 은유 매개체에 의해 결정된다는 것이다. 우리가 직접 가르칠 때나 교사들을 지도할 때, 어떤 단어들을 선택하는가는 중요하다. 그 증거가 자명하고 풍부함과는 관계없이, 우리가 선택한 은유는 앞에 존재하는 것들을 인지하고 수용하는 능력을 활성화하기도 하고 마비시키기도 한다. 우리가 의지적으로 보지 않으려 하는 것이 아니라 우리가 적합한 언어를 갖지 못했으므로 보지 못한다는 것이다. 이 요점이 중요한 이유는 우리가 선택한 단어가 인식 능력을 마비시킬 수 있을 뿐만 아니라 또한 회복시키기 때문이다.[37] 폴 리꾀르(Paul Ricoeur)는 사람들이 의지에 직접 호소함으로 자극을 받는 것이 아니라고 주장한다. 사람들은 소망하고 행동하도록 자극하는 어떤 인물이나 사물에 감동될 때 경험하는 그들의 상상력으로 움직인다. 단어가 살아

---

36. Freire, *Education for Critical Consciousness*, 96.
37. Elizabeth Sewell, *The Human Metaphor*(Notre Dame : University of Notre Dame Press, 1964) 참조.

나면 회복은 눈 앞에서 일어난다. 교사의 소명은 언어에 살을 입히고 은유에 육신을 입히는 것이다.

그러므로 가르침과 종교적 상상력에 대해 말할 때, 나는 계속하여 직면하는 '초연한', '합성의', 그리고 '원형의'라는 용어를 사용하며, 또한 위에서 말한 교사의 소명에 따라 묵상적(contemplative), 금욕적(ascetic), 창조적(creative), 그리고 성례적(sacramental)이라는 용어도 사용한다. 이 단어들은 원래의 용어에 기초하나 그 원래의 뜻을 침해하지는 않는다. 그러나 원래의 용어를 확장, 확대하며 변화시켜 상상력에 새로운 의미를 부여한다. 상상력에 종교적 의미를 부여하는 것이다. 이 새로운 용어들은 임의적으로 선택한 것이 아니며 실제적으로 그 용어들의 모습을 결정하게 도와준 종교적 전통 — 나의 경우에 종교적 기독교 전통 — 에서 나온 것이다. 그러므로 중요한 것은 나와 다른 사람들은 단어 혹은 용어 그 자체를 인식할 뿐만 아니라 이러한 단어들이 수세기에 걸쳐 종교적 전통을 만들어 온 사람들의 살과 피에 공명할 때, 전통이 이 단어들에게 주는 함축적인 의미와 생기 있는 운용력을 인식한다는 점이다.

이렇게 새로운 인식은 차례로 상상력의 종교적인 성격을 발견하게 해준다. 묵상적인(contemplative)이라는 의미의 상상력의 개념은 대상을 타자(Thou)로 직면하는 것을 말하는 휠라이트의 첫 번째 형식(직면적 상상력)의 철저한 특수성과 강렬함을 보전할 뿐 아니라, 종교활동인 묵상에서의 모든 연상에 전념함으로써 대상을 풍성하고 깊게 만든다. 묵상적 상상력은 묵상적 삶의 적극적 강렬함을 구현하며, 이것은 구체적 현존에 전적으로 개입하는 것을 요구한다. 즉, 존재의 현존에 주의를 기울이고 귀를 기울이며, 그와 함께 존재하며 완전히 현존 안에 존재하는 것이다. 묵상적 상상력은 대상을 자각하게 해주는 정신의 깨끗함과 시야의 명료함을 구현해 준다. 이 상상력은 우리 모두의 내부에 존재하는 신비적인 가능성에 대해 상기시켜 준다.

이와 유사하게 초연한 상상력(distancing imagination)을 재해석하고 확장하여 금욕적 상상력(ascetic imagination)이 되게 하는 것은 종교적인 규율과 제자도에 관련된 모든 이해를 효과적이게 한다. 이러한 이해에는 대상 앞에서 초연해야 할 필요가 있다는 사실을 포함한다. 즉, 존재가 존재하게 해주는 것과 침해를 막기 위해 한 걸음 물러서는 것을 말한다. 금욕적 상상은 특히 교육활동에 중요하다. 가르침의 활동에 내재된 힘은 사람에 대하여 뿐만 아니라 학문의 주제에 대하여서도 종종 조작적이고 강압적으로 사용될 수 있다. 금욕적 상상력으로 활동할 때, 교사는 학생과 그 주제에 대해 다같이 존경을 표시하고 자제심을 행사할 뿐 아니라 지나치게 간격을 넓힐 위험과 일상의 삶에서 지나치게 멀리 떨어질 위험을 피할 수 있다. 금욕적 상상력은 교사가 공감과 호의를 가지고 다른 사람의 요구와 필요를 존중하고 공경하며 가르칠 수 있게 도와준다. 금욕적 상상력은 모든 인간이 갖는 성스러움의 보장자 역할을 한다.

셋째, 합성적 상상력을 창조적 상상력(creative imagination)으로 재해석하는 것은 종교 전통에 새겨져 있는 창조 신학 전체를 가져오는 것이다. 창조적 상상력에 의존할 때, 학습자를 상대하는 교사는 그의 일이 모든 교육적 기회에서 새로운 가능성을 창조하는 것이라고 생각하는 것이 좀 더 수월하게 되며, 다른 사람들이 제시된 자료를 받아들여 자신들 안에서 재형성하고 재창조하는 기회를 항상 제공하게 된다. 이러한 활동이 도달하는 결론은 창조가 가르침의 중심에 있는 한, 마지막 해결방법이라고 여겨지는 것이 일시적인 것에 불과하다는 것이며, 현재의 상태는 항상 변화할 수 있다는 것이다. 인간이 창조주 하나님의 형상으로 만들어졌음을 믿는 사람들에게 창조적 상상력의 사용이 의미하는 것은 모든 사람이 창조자가 된다는 가능성이다. 창조적인 상상력은 그들이 갖고 있는 잠재력을 서로 섬기고 나아가 인류를 위해 사용하도록 인도한다.

마지막으로, 만약 우리가 신비의 의미에 대한 성례와 거룩함, 은혜로움, 그리고 신성함의 현존을 계시하는 능력에 대한 성례를 허용한다면, 휠라이트의 원형적 상상력은 성례적인 상상력(sacramental imagination)으로서 종교적으로 행해질 수가 있다. 성례적인 상상력이라는 시각을 통해 본 가르침은 다른 활동에 대한 출중한 예시가 될 뿐 아니라 또한 가르침 그 자체가 성례가 되어 거룩함이 매개되는 상징적 의식 형태가 된다. 동시에 성례적인 활동으로서의 가르침은 삶의 모든 것, 인간 활동의 모든 것이 성례가 될 수 있음을 지적해 준다. 텔하드의 통찰을 여기에 적용하면, 볼 줄 아는 — 진정으로 볼 줄 아는 — 사람에게는 세상의 어떤 것도 속되지 않다.

다음 장은 묵상적, 금욕적, 창조적, 그리고 성례적인 가르침으로서의 교육활동을 심층적으로 조사하며 종교적 상상력의 작용으로서의 가르침을 탐구하고자 한다.

2
가르침

몇 년 전 "가르침의 종교적 모형"이라는 과정을 가르칠 때 학생들에게 "가르침이란 무엇인가?"라는 질문에 하이쿠(Haiku) 형식으로 답해 보라고 하였다. 여기에 빌 마룬이 답하였다 :

우리는 어색하게 만나네.
그대에게 걷기를 구하나
춤추는 그대를 보네.

빌의 시는 교육활동의 아름다움과 예술성과 깊이를 보여 준다. 시는 항상 나에게 가르침의 행위에 관해 가장 풍부한 이해를 준다고 생각한다. 더 나아가 시는 가르침에 대해 매우 드문 접근방식 혹은 논의방식, 즉 상상의 방식의 예가 된다.

이러한 접근 방식이 드문 경우라는 사실은 여러 관점을 통해 알 수 있다. 예를 들어, 교사 양성을 위한 사범학교에서 사용하거나 혹은 교회학교와 같은 자원봉사적 상황에서 사용되거나 상관없이 초보교사를 위한 개론적 안내서에 제시된 것과 같은 가르침에 대한 관점이 있다. 이러한 안내서에서는 학생들의 요구를 평가하고 목적과 목표를 세우는 데, 그리고 이러한 목적과 목표를 달성하기 위한 학습활동을 계획하는 데 많은 비중을 둔다. 이러한 안내서에서는 가르침이 단지 자전거를 배우는 것처럼 배울 수 있는 기술적 기능으로 가정하는 것 같다. 새로운 교사들이 아이들을 가르치려는 준비를 할 때 그들이 생각하는 가르침에 대한 소개는 기술과 절차, 그리고 연습에 많은 관심이 갖는 방법론적인 과정이 된다. 이러한 접근이 전적으로 불필요한 것은 아니지만, 가르침의 행위에 대한 더욱 폭넓고 깊은 이해를 방해할 수가 있다.[1]

위의 접근법과 정반대로 가르침이 의미하는 바를 전혀 고려하지 않고 자동적으로 가르칠 수 있다고 가정하는 접근법들이 있다. 이러한 가정은 물리학에서 철학에 이르기까지 어떤 과목이든 박사학위의 소지가 그 학문적 완성을 말해 주고, 또한 그것으로 교수법의 완성까지 전제하는 대학과 대학원에서 종종 볼 수 있다. 만약 특정한 학문 분야를 아는 사람은 또한 그 학문을 가르치는 방법까지 안다고 보는 것이다. 나는 첫 번째 접근법과 같은 가르침에 대한 이해로 인해 대대로 학령기의 어린이들이 배움과의 교제에서 실패했다고 생각한다. 또한 대학원생이나 성인 학생들이 대대로 두 번째 방법의 만연으로 인해 심한 무료함을 경험하고 새로운 세계로 들어가지 못했다고 생각한다.

가르침에 대한 위의 두 이해는 사실 별로 다르지 않다. 이들은 동일한 기본 가치관을 갖는다. 즉, 가르침은 그 내용과 방법이 문제라는 것이다. 첫 번째 이해는 방법을 강조하며 두 번째 이해는 내용을 강조한다. 이 두 관점에 대해 가져야 할 의문점은 방법과 내용이 가르침에 대한 일차적 고찰 방법으로서 가장 적합한 것인가에 대한 여부이다. 나는 이 의문에 대해 응답함으로써 이 두 관점이 갖는 한계점을 극복해 보고자 한다. 나는 첫

---

1. 이러한 비판에도 불구하고, 초보교사들뿐만 아니라 경험 있는 교사들에게도 도움이 되는 안내서들이 많다. 아리조나의 Abingdon Press와 The Instroteach Program of Scottsdale에서 출판된 Donald and Patricia Griggs의 연작물을 참조한다. 또한 Richard Curwin and Barbara Fuhrmann, *Discovering Your Teaching Self*(Englewood Cliffs, NJ : Prentice-Hall, 1976) 그리고 Thomas Gordon, *Teacher Effectiveness Training*(New York : Peter Wyden, 1972) 참조.

번째 관점을 전적으로 거부하는 것으로 보이고 싶지는 않다. 첫 번째 관점은 가르침에 대한 전반적 비전에 합당한 점이 일부 있다고 보기 때문이다. 또한 천성적인 가르침의 천재가 존재함을, 즉 우리 가운데 '타고난 교사'가 존재함을 나타내 주는 경험적 증거를 거부하지 않겠다. 더 나아가 리치몬드의 사라 리틀(Sara Little), 예일의 드웨인 휴브너(Dwayne Huebner), 그리고 스탠포드의 엘리엇 아이스너(Elliot Eisner)와 같은 교사 중의 교사가 이룬 지대한 공헌, 그리고 미시건대학의 교육연구센터(the Center for the Study of Teaching)와 같은 연구기관들이 교육연구의 발전에 기여한 공헌 등을 무시하지 않겠다. 나는 절대 교수행위가 사소한 것이라 비난하려는 것이 아니다.

그러나 나는 가르침에 대한 대안적인 비전을 제시한다. 그 비전은 종교적 상상력에 의존하는 것이다. 우리 사회는 가르침의 심층적 차원을 탐구하는 교수 철학이 절실하고, 기술부터 시작하는 것이 아니라 가르침에 관련된 장대함과 신비부터 시작하는 철학을 갈급해 한다고 확신한다. 마르셀(Marcel)의 의견으로 되돌아가서 나는 가르침을 문제로 인식하는 것이 아니라 신비로 보는 것이 훨씬 합당하다고 가정하는 관점으로 향하고자 한다. 윌리암 월쉬(William Walsh)처럼 나는 "너무 많은 교육 문제들이 경외심의 부재로 인해 누추해진 신비"[2]라고 믿는다.

다음에서 말하는 가르침에 대한 설명의 뿌리가 되는 것이 상상력이기 때문에 상상력은 반드시 새로운 시각으로 접근되어야 한다. 하나의 기술적인 기능으로서의 가르침을 말할 것이 아니라 어떤 예술작품을 대할 때와 같은 태도를 가지고 가르침을 대해야 한다고 생각한다. 이러한 태도는 교사를 주체, 행위자, 그리고 공연자로서 보는 적극적인 태도를 말하기보다는 존재하는 것을 보고 존재하는 것이 말하게 허용하는 초기의 준비 상태, 상상적 태도는 처음에 수용의 태도를 내포하고 있다.

---

2. William Walsh, *The Use of Imagination : Educational Thought and the Literary Mind*(New York Barnes and Noble, 1960), 64.

이러한 과정은 교사들 그리고 경력교사들과 함께한 나의 지난 20년 간의 작업에서 나타났다. 우리는 함께한 작업을 통해 가르침이 어떤 창조작업과 유사함을 발견하였다. 처음 이러한 발견은 진흙을 가지고 작업할 때 이루어졌다. 즉, 우리는 진흙을 느끼고, 진흙을 만지고, 진흙으로 장난하며, 진흙이 무엇을 할 수 있고 무엇을 할 수 없는지 알아 낸다. 또한 우리가 진흙에 대해 무엇을 할 수 있고 무엇을 할 수 없는지 알게 된다. 진흙놀이는 이 책의 기본은유가 되어 가르침이 종교적 상상력의 작품이 되는 과정을 쉽게 이해하도록 도와줄 것이다.

이 과정은 (1) 명상, (2) 참여, (3) 형태부여, (4) 출현, (5) 해제의 다섯 단계를 거친다. 그러나 이러한 단계들은 위로 올라가는 계단의 단계와는 다른 개념이다. 이 단계들은 춤에서의 스텝과 같아서 앞뒤로 움직이며 빙 돌거나 쭉 나아가기도 한다. 그리고 회전과 역회전, 리듬, 움직임이 필수적이다.[3] 실제로 각 단계가 다른 모든 단계들 안에 존재한다는 것이 분명하다고 하겠다.

가르침의 패러다임

이 과정은 또한 패러다임으로 제시되기도 한다. 뮤타티스 뮤타디스(mutatis mutadis, 이루어지고 있는 필수적인 변화)라는 이 패러다임은 인간의 다른 행동들을 상징하는 보편성을 가지며, 어떤 엄격함을 요구한다. 또한 이 패러다임은 각 단계가 앞선 단계로부터 비롯된다는 점에서 유기적인 패턴을 가진다. 이 점에서 각 단계는 그 나름대로 종교적 상상력의 방식, 형식 혹은 경로라고 설명된 네 가지 상상력의 형태에 의존한다는 것을 분명히 해야 한다. 탐구에 있어서의 수용의 반영 혹은 수용의 자세는 명상의 작품이다. 엄격함은 금욕주의의 행위이며, 상이한 요소들을 함께 융합하는

---

3. 이러한 단계에 대한 개념은 Judith Dorney의 생각에서 따온 것이다.

것은 창조의 행위이다. 그리고 보편성의 주장은 그 과정의 신성한 특질을 주장하는 것이다.

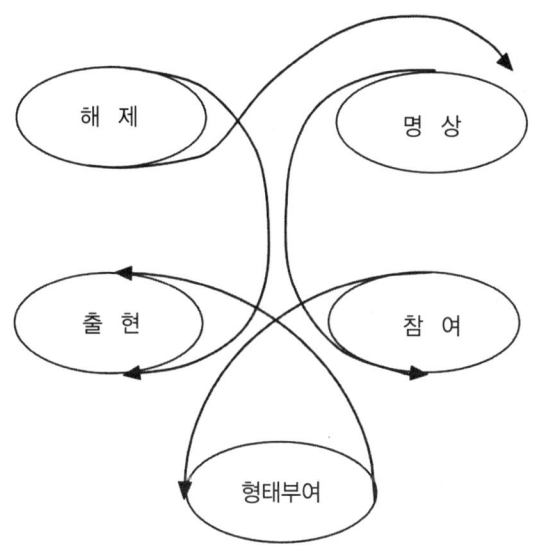

명상

가르침이 종교적 상상력의 작품으로 인식되는 처음 시기는 명상의 시기이다.[4] 명상의 임무는 앞에 존재하는 것을 보는 것으로 가르침의 활동을 시작하는 것이다. 그러므로 우리는 자료를 준비하는 것으로 시작하지 않고, 고요히 존재하는 것으로 시작한다. 이 순간에 우리는 가르침을 당신(Thou)으로 보도록 요구된다. 그럼으로써 가르침에 침묵과 외경, 존경의 자세를 가져다 줄 수 있게 된다.

---

4. 1장에서 사용한 명상적(contemplative)이라는 단어는 상상력이 작용하는 특정한 방식을 나타내 주는 질적 혹은 특징적 의미를 갖는다면, 명상(contemplation)은 그 자체의 직접적이고 역동적 활동으로 생각하면 된다. 이 두 단어는 서로 연관되어 있지만 뚜렷히 구별된다.

전통적인 종교 용법에서 명상(contemplation)이라는 용어는 전혀 산란함이 없는 실존에 대한 인식을 의미한다. 즉, 깨어 있는 동시에 선입견, 편견, 그리고 해석으로부터 자유로운 정신 상태 혹은 영혼의 상태를 말한다.[5] 팅커 크릭의 순례자(Pilgrim at Tinker Creek)의 유명한 구절에서 애니 딜라드(Annie Dillard)는 이 순간과 관련된 중요한 내용을 전해 준다. 이 구절은 전체를 인용할 가치가 있다.

피츠버그에서 자라던 예닐곱 살 무렵, 나는 소중한 일 페니짜리 동전 한 닢을 가지고 나와 다른 사람들이 찾을 수 있게 숨겨 놓곤 하였다. 그것은 이상한 충동이었지만, 지금은 슬프게도 더 이상 그 충동에 사로잡히지 않고 있다. 어떤 이유에서인지 나는 일 페니짜리 동전을 항상 도로로 통하는 인도의 같은 곳에 숨겨 놓았다. 그 동전을 쥐방울나무의 뿌리 틈새나 혹은 보도블럭의 한 부분이 떨어져 나가 생긴 구멍 속에 잘 숨겨 놓았다. 그리고 분필을 가지고 인도의 양끝에서 시작하는 커다란 화살표들을 그려 그 동전이 있는 방향으로 인도하였다. 글자를 배운 후에는 화살표의 앞쪽에 깜짝 선물 혹은 이쪽에 돈이라는 표시를 하였다. 나는 이렇게 화살표 그리는 일을 할 때면 이런 식으로 세상이 주는 공짜 선물을 받게 된 첫 번째 운 좋은 행인을 생각하면서 매우 신이 났다. 그러나 나는 절대 숨어서 살펴보지 않았다. 곧장 집으로 간 후 이 일에 대해 더 이상 생각하지 않았다. 그리고 몇 달이 지나면 나는 또다시 다른 동전 한 닢을 숨기고자 하는 충동에 사로잡히곤 하였다.
아직 일 월의 첫째 주일이다. 좋은 계획이 있다. 나는 보는 것에 대해 생각하고 있었다. 볼 것이 많이 있다. 포장 안 된 선물이거나 공짜 깜짝 선물들이다. 이 세상에는 넉넉한 손이 던져 준 일 페니짜리들이 여기저기 흩어져 쌓여 있다. 그러나 — 이것이 핵심이다 — 동전 한 닢에 누가 기뻐할 것인가? 당신이 화살표 하나를 따라가서 강둑에 꼼짝 않고 웅크려 물위에 번지는 잔물결의 떨림을 보고 굴 속의 사향쥐의 새끼를 보는 선물을 받는다면, 이 광경을 그저 싸구려 동전 한 닢으로

---

5. Gerald May, *Will and Spirit A Contemplative Psychology*(San Francisco Harper & Row, 1982), 25.

생각하고 슬프게 일어날 것인가? 누가 너무 허약하고 피곤하여 동전 한 닢 집을 의욕도 없다면 이것은 비참한 빈곤이다. 그러나 당신이 건강한 가난함과 단순함을 수양하여 동전 한 닢으로도 하루가 즐겁다면, 사실 이 세상이 동전 속에 파묻혀 있는 까닭에 당신은 그 가난함으로 평생 그와 같은 날들을 사는 셈이다. 아주 단순하다. 우리가 보는 것이 우리가 얻는 것이다.[6]

우리가 보는 것이 우리가 얻는 것이다. 어떤 면에서는 이것이 사색의 본질이다. 다시 말하면 가난과 단순함의 건강한 미덕을 길러 우리를 볼 준비가 되게 하고, 그 후에 보는 것이 희망, 가능성 그리고 미래를 위해 필요한 조건이라는 것을 발견한다. 만약 우리가 이러한 보는 것(명상)으로부터 가르침을 시작한다는 개념으로 돌아갔을 때, 우리가 무엇을 발견하는가?

나는 먼저 가르침의 핵심에서 인간의 본질적 합일을 발견한다고 말하고 싶다. 교사는 다른 인간 존재 앞에서 그들의 처분에 맡겨진 자신을 발견한다. 이 다른 인간 존재 또한 배우고 알고, 그리고 지도받을 준비를 한 채 교사 앞에 선다.[7]

이러한 상황은 학교에 처음 나온 초등학교 일학년 학생들을 대했을 때 가장 분명해진다. 그들의 눈은 빛나고 연필은 잘 깎여 있으며, 교사의 보살핌에 자신을 맡길 때, 그들의 몸에서는 신뢰가 넘쳐 나온다. 어른들 또한 이러한 상황에 있을 수 있다. 오랜 대학원 시절에 어떤 학기든지 개강 첫날 "어떠하십니까?"라는 질문에 "좋습니다."라는 종류의 대답을 하지 않는 사람들을 만난 적이 없다. 이 대답은 (가르치고 배우고자 하는) 준비상태로 인해 학생들이 교사를 일종의 당신(Thou)으로 보는 명상적인 순간을 상징한다고 생각한다. 교사 또한 학생을 학생으로만 보기 전에 당신으로 여기기를 희망하는 생각이다. 또한 이는 함께 배우고 공부하는 협력자의 공동체가 창조될 것이라는 희망을 상징한다.

---

6. Annie Dillard, *Pilgrim of Tinker Creek*(New York : Bantam, 1974), 15-16.
7. 이러한 인간적 현존은 기계가 교사로서의 인간을 교체하는 것을 반대하는 주장 중의 하나이다.

그러므로 명상의 제1목적은 인간의 공동체가 희망의 공동체로 합일하는 하나의 작품으로 가르침을 보는 것이며, 고유한 인간으로서의 철저한 특수성을 각자 지닌 사람들의 합일로 가르침을 보는 것이다. 가르침의 첫 순간(명상)은 멈추어 서는 것이다. 시간을 가지는 것이며, 관련된 개인들의 특성을 받아들이는 데 필요한 각성을 말하는 것이다. 우리가 보는 것이 우리가 얻는 것이다. 그러나 가르침에는 교사와 학생이라는 두 요소가 있으며, 또한 세 번째 요소로 소재(subject matter)가 항상 존재한다. 앞의 두 인물들은 서로에게 말을 하기 위해서만 만나는 것은 아니다. 그들은 제3의 요소를 앞에 두고 모이는 것이다. 메이 사톤(May Sarton)의 말을 빌리면 이 요소는 "한 순간에 우리를 하나의 전체로 융합한다."[8] 이 세 번째 요소의 존재로 말미암아 학습에 필요한 물리적 거리가 우리에게 허락된다. 모든 전형적인 학습에서처럼 그룹토의는 투박하게 보이지만 진실을 담고 있으며, 가르침에서의 세 번째 요소의 절대적 필요성을 잘 설명해 주고 있다. "자, 오늘은 무엇에 관해 말해 볼까요?"라고 말하는 데서 나타나듯이 전형적인 그룹토의는 세 번째 협력자, 즉 소재가 없을 경우 생기는 공허함을 잘 포착해 준다. 제3의 협력자가 없으면 가르침을 위한 필수조건이 붕괴되는 것이다. 명상이 가르침에 부과하는 차원은 이 제3의 요소가 존재한다는 사실이 아니다. 오히려 명상의 소재가 또한 당신(Thou), 즉 제3의 협력자임을 깨닫게 해준다는 것이다. 학습자가 모든 희망과 꿈, 능력과 신념을 가진 자기 스스로의 존재이어야 하는 것처럼 교육적 행위에서 다루어진 내용 또한 스스로 그 자체가 되어야 한다.

이러한 깨달음은 교사들에게 교육상황에 대한 몇 가지 실마리를 제공한다. 이 깨달음은 교사(제1협력자)에게 제시된 사물을 있는 그대로 보도록 지시하며 사물을 해석하고 분석하며 설명할 때 신중을 기하도록 지시한다. 동시에 이 깨달음은 학습자(제2협력자)가 소재(제3협력자)에게 익숙해질

---

8. May Sarton, *The Small Room*(New York : W. W. Norton, 1976), 217.

수 있는 공간을 허용한다. 이 공간으로 학습자는 최초의 명상을 시도할 수 있게 된다. 시작 시점에 있을 때(모든 교육적 사건을 시작의 능력으로 보는 것이 가르침을 보는 한 가지 방법이기도 하다), 평이한 앎은 잠시 속도가 떨어지고 무지함이 등장하여 고요하게 만남을 일어나게 해주는 일차적 수용적 움직임을 구한다. 지나치게 빠르게 소재를 설명하고자 하는 움직임은 그 소재를 가리는 결과를 불러 올 수 있다.

가르침 그 자체, 관련된 사람들, 소재, 이것들이 명상의 처음 세 가지 대상들이다. 여기에 한 가지가 더 언급된다. 가르침의 행위는 환경에 대한 명상을 요구한다. 즉, 가르침이 일어나는 상황이나 맥락에 대한 명상을 말한다. 이것은 단지 물리적 환경이나 의자, 책상, 카페트, 온도, 그리고 시간과 같은 일상적 요소들만을 의미하는 것이 아니라 사회적, 정치적, 그리고 경제적 환경을 의미한다. 경험 많은 교사들이 이와 같은 명상의 측면을 확인하기 위해 사용하는 방법이 시각화이다. 마음의 눈으로 등장할 장소를 그려 그 장소에 함께 등장할 사람들을 그려 보는 것이다. 가르침의 이와 같은 요소는 엘리엇 아이스너(Elliot Eisner)가 "묵시적 커리큘럼"[9]이라고 부른 것이다. 여기서의 나의 관심은 이 묵시적 커리큘럼을 가르치는 행위의 한 요소로 보자는 것이다. 이것은 가르치는 행위의 필수적인 협력자로서 가르침의 대상이며, 함께 가르치는 대상이요, 때로는 반대로 가르치는 대상이 된다. 다시 말해 환경에 대한 자각, 고요, 관심, 존경이 있어야 한다는 것이다.

참여

가르침 과정의 두 번째 움직임은 참여라고 이름 붙일 수 있다. 뒤로 한 걸음 물러서서 고요히 있어야 하는 의무를 수행한 후, 교사는 반드시 가르침의 상이한 성분들(혹은 요소들)을 한 데 모아 재창조 되도록 촉매작용을

---

9. Elliot Eisner, *The Educational Imagination*(New York : Macmillan, 1979), 74ff.

해야 한다. 참여의 의미는 소재에 뛰어들기, 소재와 씨름하기, 소재와 함께 뒹굴기 등이다. 참여는 구체적인 사물에 명상적 상상력이 나타나게 하며, 창조적(합성적) 상상력을 활성화한다. 조각가가 진흙을 느끼고, 만지고, 시험하고, 알아가며, 명상하는 것으로부터 그들의 손과 손가락에 진흙을 묻히는 것(참여하는 것)으로 움직여 가는 것처럼 교사들도 반드시 소재를 바라보고 감정하는 것으로부터 소재와 부딪히는 상호작용, 상호교류의 활동적인 작업으로 나아가야 한다.

그러나 여느 예술작업에서와 같이 가르침에서도 참여의 단계는 주저되는 단계이다. 화가인 벤 샨(Ben Shahn)은 참된 참여를 막는 세 가지 방해물을 말한다. 첫째 방해물은 '딜레땅띠즘'(dilettantism)으로 매우 진지한 문제를 진지하지 않은 태도로 손대 보는 것이다. 둘째는 우리 자신의 창조성에 대한 우려이다. 셋째는 예술가에 대한 잘못된 관념이다.[10] 이 방해물들이 반드시 극복되어야만 참된 참여가 가능하다.

참된 참여를 위해서 우리는 먼저 소재의 본질과 의미를 진지하게 받아들여야 한다. 그렇지 않으면 딜레땅띠즘이 되고 만다. 교사들에게 참여는 가장 깊고 심오한 단계에서 소재를 다룰 때 시작된다. 즉, 소재를 사랑해야 하는 것이다. 설명을 하는 것이 쉽지 않지만 그 예는 제시할 수 있다. 제임스 월리(James Worley)는 다음의 시에서 교사를 약혼한 연인으로 묘사한다.

> 아시죠? 그는 나에게 아무것도 가르치지 않았어요.
> 잠깐! 초서, 에드먼드 스펜서, 단테
> 그가 기회주의자에 관해서 말하기를
> (아니면 단테가 기회주의자에 대해 말한 것을 말하기를)
> 지옥에서도 환영받지 않았다니요?
> 내 가슴에 깊이 새겨지네요.
> 그가 가르쳤다면(그것이 그의 지혜이지요)

---

10. Ben Shahn, *The Shape of Content*(New York : Vintage, 1957), 17-29.

내가 기억하는 것은 하나도 가르치지 않았어요.

"지금까지 알고 있는 가장 훌륭한 선생님은 누구인가?"
누가 물을 때 — 혼자 묻는 말일 때도 많지만 —
왜 그의 생각이 가장 많이 날까요?
스타일, 그를 생각나게 하는 것은 스타일의 속임수이죠.
아니요. 속임수가 아니에요.
그의 스타일은 필연적으로 불가피하게,
숫고양이가 기지개를 켜듯이, 참새가 이를 찾듯이 우아하게 펼쳐지는 것이죠.
그처럼 그는 책상 위에서 시간을 보내다가
자꾸자꾸 — 얼마나 자꾸자꾸인지 —
단테, 초서, 세익스피어, 밀톤의 사단과
우리 눈앞에서 사랑에 빠졌네요.
그가 진정 우리에게 가르쳐 주고저 한 것은
부끄럼 없는 반가운 억누를 수 없는 사랑.
아니요, 틀렸어요. 우리는 우연히 마주친 거죠.
행운으로 그에게 마주쳤거나 아니면 누가 그에게 밀어붙인 거죠.
그는 사랑에 빠졌기 때문에 사랑에 빠졌어요.
우리는 그의 이러한 사랑으로 횡재를 한 셈이죠.[11]

- 마크 반 도렌(1946) -

이러한 방법으로 소재를 이해하기 위해서는 무엇이 필요한가? 나는 먼저 '소재'(subject matter)라는 용어가 갖는 모호함을 인식하는 것이라고 말하고 싶다. 윌리암 월시(William Walsh)의 말을 인용한다.

---

11. James Worley, "Mark Van Doren(1946)," in *Christian Century XCVI*, 33(October 17, 1979), 1006.

교양 있는 지성과 학문에는 필연적인 관계가 있다고 가정되는 경우가 많다. 대학의 교수들이 특히 갖기 쉬운 생각이다. 그러나 이는 의심스러운 가정이다. 이 가정은 소재를 다루어져야 할 분야, 닳도록 읽어야 할 책, 혹은 쪼개어야 할 어떤 덩어리로 보는 등 다분히 물질주의적인 사고방식에 그 기반이 있다. 또한 소재를 이중적 개념이 아닌 단일 개념으로 보는 습관 역시 이 가정을 뒷받침해 주고 있다. 그러나 소재라는 용어는 두 가지 의미를 감추고 있다. 서로 관련이 있으면서도 각기 뚜렷한 두 가지 의미를 함께 지닌다. 소재는 발원적, 정의적 개념에 관한 유기적 조직으로 인간이 주장하여 언어로 표현된 인간의 실존에 관한 실마리들의 체계이다. 다른 한편으로 소재는 의미의 세계, 자연의 질서, 물리적 과정, 사건의 유형 혹은 앞선 소재들이 생각하게 해준 감정들의 조직이다. 소재는 현실의 미궁이며, 이 현실의 미궁 속을 통해, 그리고 그 미궁의 이해를 위하여 어떤 특정한 담론이 실마리가 되어 인도하는 것이다.[12]

월시는 제1의 의미에서의 소재가 우리로 하여금 제2의 의미에서의 소재를 이해하기 위한 능력을 주지 않는다면 그 목표를 이룰 수 없다고 주장하면서 결론을 맺는다. 불행하게도 현재의 교육이 정확히 너무나 많이 그대로 하고 있는 내용이다. 가르치는 행위의 의미가 단지 소재를 제시하기 위하여 계획된 일련의 과정이나 방법들로 이해된다면, 그리고 소재가 발원적, 정의적 개념에 관한 유기적 조직으로 인간의 실존에 관한 실마리의 체계로 가정될 뿐 그 이상의 것이 아니라면, 그러한 목표 달성의 실패는 불가피한 것이라고 생각한다.

그러나 소재가 의미의 세계, 자연의 질서, 물리적 과정, 사건의 유형, 그리고 '현실의 미궁'이며 실마리의 체계가 그 미궁을 지향하기 위해 계획된 것이라면, 그때 소재에 대한 풍부한 의미가 나타난다. 이 풍부함은 우리의 창조성에 대한 우려(위에서 언급한 참여에 대한 두 번째 방해물)를 줄이는 데 도움을 준다. 이 풍부함은 주제가 그 스스로의 특성, 불가침성, 발언할 힘

---

12. Walsh, *The Use of Imagination*, 55–56.

을 가질 수 있게 해주기 때문이다. 교사인 우리 자신의 창조성만이 작용하고 있는 것이 아니다. 다른 말로 표현하면 교사나 학생 누구도 모든 것을 감당해야 할 필요는 없다는 것이다. 소재는 또한 학습과정의 협력자가 된다. 소재의 의미를 찾는 일에 착수하게 되면 그 이상이 발견된다. 여기에서는 '소재'라는 용어가 실마리 체계, 그리고 현실의 미궁이라는 두 가지 의미를 갖는다는 월시의 의견으로부터 시작하여 제3의, 그리고 제4의 의미를 제안하고자 한다.

소재의 세 번째 의미는 앞의 두 가지 의미를 초월하며 그 기반이 되고 또한 그 이상이면서 본질적으로 그 둘과 관련되어 있다. 즉, 인간이 주체이며 더 나아가 파울로 프레이리(Paulo Freire)가 우리에게 가르쳐 준 의미에서 문제가 되는 주체라는 것이다. 프레이리에 따르면 참된 인간의 실존은 정확히 이 점에 달려 있다. 그의 탁월하고 실로 창의적인 교육철학에서 참된 실존은 자유를 요구하며, 그 자유에 이르게 하는 앞선 갈등은 자신의 현실에 대한 구경꾼이 되는 것이 아니면 세상을 향해 스스로의 활동을 주도하는 배우, 즉 참여한 배우가 되는 것 사이의 갈등이다.

인간에게 있어서 중요한 결정은 목소리를 내느냐 아니면 침묵 속에 묻혀 있느냐 사이의 결정이며, 이름을 붙이느냐 아니면 남이 이름을 붙여 주느냐 사이의 결정이며, 객체로 남아 있느냐 아니면 주체가 되느냐 사이의 결정이다. 프레이리의 비전의 핵심은 여기에 있다. 즉, 인간을 인간으로 만드는 것은 우리 각자에게 주체가 되어야 하는 존재론적 소명이 있다는 것이다. 즉, 그의 의식 안에서 세상과 분리될 수 있고, 그 세상에 대해 작용하며, 그 세상을 또한 하나의 주체로 만드는 과정에서 세상을 변화시킬 수 있는 사람이 주체이다.[13]

소재의 네 번째 의미를 살펴보기 전에 반드시 되돌아봐야 할 것은 샨(Shahn)의 세 번째 방해물인 예술가가 되는 것에 대한 오해이다. 만약 가

---

13. Paulo Freire, *Pedagogy of the Oppressed*(New York : Herder and Herder, 1970), 12-13, 20ff.

르침을 소재를 단순히 실마리의 체계로서 다루고 넘겨 주고 전달하는 것을 의미하는 것으로만 생각한다면 교사가 되는 것이 무엇인지에 대해 잘못 이해하고 있는 셈이다. 사실, 가르침은 그 이상이다. 가르침은 주체, 즉 인간 주체가 스스로에게 전달되는 상황을 창출하는 것이다. 그러므로 소재에 대한 참여가 주체로서의 인간에 대한 참여라고 이해할 때, 우리는 또한 명상적 순간이 참여의 순간과 통합되는 양상을 이해하게 된다. 참여의 순간에 주체가 되어야 한다는 우리의 존재론적 소명이 우리로 하여금 세상에 대해 참여하게 요구할 뿐 아니라 또한 한 걸음 뒤로 물러서서 세상을 보는 우리의 시각을 바라볼 것을 요구한다. 주체적인 존재로서 소재에 참여할 때에, 우리는 또한 명상적인 주체가 된다.

위의 논의에 기초하여, 소재의 마지막 네 번째 의미를 살펴보기로 한다. 이 네 번째 의미는 유대교 전통과 기독교 전통에 다같이 일치하며, 인간사에 늘 역사하며 그 성스러운 현존으로 모든 사람을 존재하게 하는 창조자의 신성에 대한 믿음이다. 이 믿음을 표현하는 신학적인 교리는 "존재 중의 존재"(the Being of being)라는 구절이 될 것이다. 그러나 여기에서의 논의에서는 주체성의 주체성(the Subjectivity of subjectivity)에 대해 말하는 것이 좀 더 합당하다고 본다. 즉, 실존하는 모든 사물과 모든 사람이 그 실존을 스스로 존재하는 존재(the One Who Is)에 참여하는 것으로부터 이끌어 낸다는 믿음이며, 존재하는 인간의 주체성은 모두 하나님의 주체성의 온전함, 풍부함, 그리고 그 깊이 속에 존재하고 거하고 그 안에서 창조되었음을 이유로 존재하고 있다는 믿음이다.[14]

마틴 부버의 교육에 관한 고전을 다시 읽을 때마다 나의 관심을 사로잡는 것은 이 마지막 주체에 관한 설명이다. 부버는 인간이 할 수 없는 것을

---

14. 여기서의 주체성이 연달아 있는 주체들 중의 네 번째가 아니라는 것을 지적할 중요성이 있다. 여기서의 주체성은 다른 주체성 안에 있고 그들에 대한 것이며, 그들을 능가하고, 그들을 관통하는 주체성이다. 즉, 모든 다른 주체성을 총괄한다고 볼 수 있다.

할 수 있는 존재를 섬기고자 하는 내면의 종교적 충동을 발견하는 교육자에 대해 말한다. 교육자는 *imitatio Dei absconditi sed non ignoti*, 즉 보이지 않지만 알 수는 있는 신성의 모방이다.[15] 우리는 다시 한번 가르침의 거룩함과 만난다. 명상의 자세로부터 우리는 교사가 — 모든 방법을 통한 소재에의 참여를 통해 — 모든 실존하는 존재의 주체성 때문에 존재하는 신성한 이미지를 구하고 완전하게 하며 나타내 주는 창조주 하나님이 부르고 찾고 요청하는 존재임을 발견한다.

형태부여

내가 아는 위대한 교사들 중의 한 분인 유니언 신학교에서 나의 스승이었던 마리 툴리(Mary Tully)에게서 한번은 진흙으로 하는 단순한 훈련을 받았다. 우리는 먼저 진흙을 가지고 놀면서 그 진흙의 성질을 발견하였다 (예를 들어, 진흙은 한참 늘어나다가 끊어지게 된다. 공기에 너무 많이 닿으면 굳어진다). 그리고 나서 우리는 두 눈을 가리고 계속 진흙을 다루었다. 우리는 진흙을 명상하였고 참여하였으며 이제 진흙과 상호 교류하며 형태를 부여하는 순간이 되었다. 우리가 두 눈을 가렸을 때 툴리는 다음과 같은 지시를 내렸다. "여러분이 손에 잡고 있는 진흙 덩어리 안에 한 형태가 존재하고 있어요. 여러분은 형태를 찾아 내야 합니다. 그 형태를 찾을 때에는 진흙과 상호 교류를 해야 합니다. 이미 존재하는 형태를 부과해서는 안 됩니다. 시간을 가지고 집중해서 진흙과 함께 작업하세요. 또한 진흙이 여러분과 함께 작업하도록 해주세요. 시간이 되면 한 형태가 잡히고 있는 것을 보게 될 것입니다. 그 형태를 느끼고 감지하며 직감하게 될 것입니다. 그렇게 되면 안대를 풀고 거기서부터 작업을 하세요."

나는 다른 사람들과도 같은 훈련을 해 보았지만 한치의 의심 없이 마리 툴리가 옳다는 것을 알게 되었다. 형태는 발견되기를 기다리며 존재하고 있다. 진흙의 은유가 우리에게 가르쳐 주는 것은 가르침의 활동에서 형태

---

15. Martin Buber, *Between Man and Man*(London : Kegan Paul, 1947), 103.

를 잡고, 알려 주고 형성하며 형태를 부여하는 일의 본질이다. 진흙 은유는 교사와 학생들이 재료를 함께 다루며, 그 재료를 명상하고, 그에 참여하며, 할 수 있는 모든 노력을 기울이라고 가르친다. 그러나 진정한 형태부여가 있으려면 형태 자체의 정확한 성질에 대한 기존의 절대적 확신이 있어서는 안 된다는 것을 가르쳐 준다.

나는 형태부여가 가르침의 역설적 중심이라고 여겨진다. 이 때는 소재의 준비, 소재에 대한 기존의 지식과 이해가 실마리 체계로서 매우 중요한 때인 동시에 모든 배움이 예기치 못한 어떤 것을 생산하는 순간이기도 하다. 그리고 기존의 지식, 완결된 지식이 필요하다는 것이 역설이 된다. 이 순간 교사의 존재는 매우 중요하다. 교사는 매우 직접적으로 행동한다. 그러나 부버의 표현을 빌리면 교사의 관여는 "이상한 역설"을 통해 이루어진다. 교사는 제시할 내용을 실제 세상으로부터 조심스럽게 선택하고 준비한다. 그러나 "세상에서 선택한 것으로 하여금 다른 사람을 매개로 하여 한 사람에게 영향을 미치게 하는 것이 교육의 의미라면, 이런 일이 일어나는 사람은 그 자신을 통해 그 일이 일어나게 만드는 것이 아니라, 이상한 역설에 휘말리게 된다.[16] 부버는 항상 "다른 편에서, 저 건너에서 작용의 대상이 되는 다른 영혼의 표면으로부터"라는 선택을 하며, 이 선택을 준비하며 제시해야 하는 것이 역설이라고 결론을 짓는다. 이 때의 영혼은 개념적이고 고안된 영혼이 아니며 살아서 교육자를 대면하며 또한 교육하고 교육받는 일반적인 상황에서 교사와 함께 서 있는 개별적인 고유 존재의 구체적인 영혼이다.[17]

가르침의 순간 중에서 형태부여만큼 상상력의 활용에 의존하는 것도 없을 것이다. 상상력의 힘은 형태부여를 가능하게 할 뿐만 아니라, 형태부여 방식의 가르침은 교사가 그것이 가능하다고 상상할 때만, 그리고 이것이

---

16. 위의 책, 99.
17. 위의 책, 100.

가르침이라고 상상할 때만 가능하다. 교사가 가르침을 단지 생각이나 사실, 그리고 암기해야 할 개념을 전수하는 것이라고 믿는다면, 가르침은 실패로 돌아간다. 워즈워드의 표현을 빌리면, 형태부여 단계에서 인간은 자신이 띠는 형태에 대해 집착한다. 그러나 잊지 말아야 할 점은 인간이 어둠 속에서 두 눈을 가린 채 추구하고 더듬어 찾는 형태는 '완결된' 사고(불어로 pensée pensée)가 아니며 만들어지고 있는, 주어지고 있는, 겪어 가고 있는, 살아 있는 사고와 현실(불어로 pensée pensante)이다. 오직 "우리가 보는 관점, 우리가 파악하는 차원, 안정시키는 틀, 우리의 경험을 정의하고 분류하는 항목"이라는 형태들만이 주어질 수 있다.[18] 다시 말해, 형태는 우리의 생각이 아니며 우리의 개념이 아니며 우리의 배움이 아니다. 형태는 그러한 생각들의 기반이며 배움의 뿌리이며 우리 삶의 토대로 사랑, 정체성, 죽음, 의도, 운명, 용기, 그리고 희망이다.

종교적 상상력의 활동으로서의 가르침에서 형태부여의 순간은 우리의 창조적 상상력이 내용이나 소재의 윤곽을 잡는 순간이며, 형태부여는 소재를 통합하려고 시도하는 방법이다. 우리가 예술가가 되고, 창조주가 되며 교사가 되는 위험을 감수하기 때문에 새로운 형태가 생기게 된다. 형태부여로부터 가르침 과정의 네 번째 단계인 출현이 비롯된다.

출현

다음의 구절은 적어도 영어권에서는 가장 잘 알려진 것으로 교사와 학생의 협력에 관한 것이다.

> 선생님이 나에게 모자를 가져다 주었고, 나는 내가 따뜻한 햇볕 속으로 들어갈 것을 알았다. 만약 말 못할 감동이 생각이라고 불릴 수 있다면, 이 생각에 나는 기쁨으로 뛰고 깡충거렸다. 우리는 우물 정자를 뒤덮은 인동덩굴의 향기에 매혹되어 우물로 가는 길을 걸어내려 갔다. 누군가 물을 긷고 있었고 선생님은 나의 손

---

18. Walsh, *The Use of Imagination*, 36.

을 물이 나오는 주둥이에 갖다 대었다. 차가운 물이 내 손으로 뿜어져 나올 때, 선생님은 다른 한 손에 물(water)이라는 단어를 처음에는 천천히, 그리고 또 빠르게 썼다. 나는 꼼짝하지 않고 서서 모든 관심을 선생님의 손가락의 움직임에 쏟았다. 갑자기, 나는 어떤 잊고 있던 희미한 의식을 느꼈다. 사고가 돌아오는 전율이었다. 그리고 언어의 신비가 다시 내게 드러나는 것을 느끼게 되었다. 나는 그때 w-a-t-e-r가 나의 손에 흘러내리는 어떤 시원하고 좋은 것을 의미하는 것을 알게 되었다. 그 살아 있는 단어는 나의 영혼을 깨웠으며 그 영혼에 빛과 희망과 기쁨을 주었고 해방시켜 주었다. 아직 장애물은 있다. 사실이다. 그러나 시간이 지나면 이 장애물들은 치워질 것이다.[19]

이 글에서 헬렌 켈러는 가르침의 과정에서 새로운 어떤 것이 탄생하며 학습자에게 주어진 형태를 소유하게 되는 지점인 출현의 순간을 표현한다.

출현은 시험적이라는 특징과 힘을 모은다는 특징, 소유의 시작이라는 특징이 있다. 그러나 완전성과 안전성의 특징은 없다. 이러한 이유로 출현은 "알 것 같다고 생각해"라고 했다가 "모르겠어"가 되고, 또 다시 "알 것 같다고 생각해"로 반복되는 특징을 갖는다(예를 들어 엘리자 둘리틀이 아스코트 경주에서 너무 조급히 '바른 영어'를 말하도록 강요될 때를 생각해 보자. 엘리자는 아직 알지 못했다. 엘리자에게 진정한 출현의 순간은 ― 마이 페어 레이디는 한 교사와 학생의 이야기임을 기억하자 ― 그녀가 "스페인에서 비는 주로 평원에 머문다"라는 잊지 못할 선언을 할 때이다. 그리고 그 때에 헨리 히긴스가 "그녀가 알았어. 이런, 그녀가 알았어"라고 말할 수 있다).

출현의 순간은 대부분 헬렌 켈러나 엘리자 둘리틀의 경우처럼 극적이지는 않다. 그런데도 가르침의 행위가 그 완성으로 가는 움직임을 가리켜 준다. 어떤 새로운 것이 막 탄생하려 한다는 것, 무엇인가 앞서 사라진 것과 연결되었다는 것, 그러나 지금 이 순간에, 이 학습자에게서, 이 상황에서

---

19. Helen Keller, *Story of My Life*(Garden City, NY : Doubleday, 1936), 23-24.

소재가 스스로의 생명으로 미래를 위해 개선되고 재고안 되어 존재하고 있다는 것을 모든 출현상황은 말해 준다. 출현은 경외스럽다는 말로 가장 잘 표현할 수 있다. 출현이 일어나는 것은 절대 통제되거나 예측할 수 없으나 출현의 발생은 꼭 일어나며, 되돌릴 수 없으며, 그리고 탄생과 다르지 않다. 출현은 새 생명의 전령이다.

가르침에서 일시성과 리듬이 출현에서 만큼 뚜렷이 증거되는 경우는 없을 것이다. 출현의 순간에 일어나는 일은 예측하는 것과는 상당히 다를 수 있다. 존 듀이(John Dewy)는 "모든 교육적 오류 중에서 가장 큰 오류는 사람들이 공부하고 있는 것들을 공부하고 있는 순간에 배운다고 생각하는 것이다."라고 말하였다.[20] 좀더 진지하게 말하면, 출현의 순간은 내적인 조건을 가진다. 즉, 출현은 학기로 제한되는 스케줄에 맞추어 일어나거나 시험이나 압력에 의해 일어나지 않고 자신의 시간에 맞추어 발생되어야 하는 것이다. 그리스인 조르바(Zorba the Greek)가 이 점을 이해하는 데 도움이 될 것이다.

> 나는 어느 날 아침, 고치에 구멍을 내고 나올 준비를 하고 있는 순간의 번데기를 나무 껍질 속에서 발견하였던 기억이 났다. 나는 잠시 기다렸다. 그러나 나오는 데 너무 시간이 많이 걸렸다. 나는 조급해졌다. 나는 몸을 굽혀서 입김으로 따뜻하게 데우려 하였다. 되도록 빨리 데워 주자, 내 눈앞에서 생명보다 더 빨리 기적이 일어나기 시작하였다. 고치가 열리고 나비가 천천히 기어 나왔다. 나는 그 날개가 접히고 구겨진 것을 보았을 때의 공포를 잊을 수 없을 것이다. 불쌍한 나비는 온몸을 떨며 날개를 펴고자 애를 썼다. 나는 몸을 굽혀 나의 숨결로 나비를 돕고자 하였지만 허사였다. 나비는 천천히 고치에서 나와야 했으며, 날개 또한 점진적인 과정을 통해 펼쳐져야 했다. 이제 너무 늦었다. 나의 숨결은 나비가 온통 구겨진 채 제 시간보다 앞서 나오게 강요하였다. 나비는 필사적으로 노력하였으나 몇 초가 지난 후 나의 손바닥에서 숨을 거두었다.

---

20. Eisner, *The Educational Imagination*, 74에서 인용.

나는 그 작은 몸통이 나의 양심을 누르는 가장 큰 무게라고 믿는다. 지금 나는 자연의 법칙을 침해하는 것이 죽음을 면치 못할 죄라는 것을 깨닫는다. 우리는 서둘러서는 안 된다. 우리는 조급해서는 안 된다. 우리는 영원의 리듬을 믿고 순종해야 한다.[21]

이 글의 깊은 뜻은 분명하다. 너무 많은 압력이 너무 빨리 가해지면 자연의 법칙, 가르침의 법칙, 영원의 리듬의 법칙을 침해한다는 것이다. 그러나 이 글은 또한 특히 젊은 세대를 맡은 사람들에게 용기를 준다.

당신이 4학년 선생님이거나 초등학교 선생님이거나 혹은 유치원 교사라 할지라도 4학년에서 초등학교에서 혹은 유치원에서 모든 것을 다 해야 하는 것은 아니라는 확신을 갖는 것은 좋은 일이다. 마찬가지로 당신이 윤리 교수라 할지라도 죄에 대해 꼭 판결해야 하는 것은 아니다. 당신이 엄마, 아빠, 할아버지, 할머니일지라도 삶에 대해 꼭 판결해야 하는 것은 아니다.

출현은 침묵 속에서 일어난다. 그리고 그 뿌리가 자라고 있는가를 살펴보기 위해 식물을 계속 잡아당기는 것은 폭력이다. 출현은 우리의 시간이 아닌 신성의 시간에 일어난다. 출현은 보장할 수 있는 것이 아니다. 참으로 출현은 새 생명이 탄생하기 위해서 교사가 슬픔과 회한의 시간을 살아야 할 것이요, 어둠 속에 머물러야 할 것이요, 심지어 비탄과 죽음의 시간을 살아야 할 것임을 상기시켜 준다. 그리고 교사가 그렇게 한다면 가르침 과정의 마지막 순간은 꼭 일어나게 된다.

해제

가르침 과정의 마지막 단계의 이미지를 알기 위해 진흙 작업으로 다시 돌아가 보도록 하자. 진흙으로 새 생명을 형성할 때(두 눈을 풀고 우리 눈앞

---

21. Nikos Kazantzakis, *Zorba the Greek*(New York : Simon and Schuster, 1952), 120–121.

에 생명이 일어나고 있음을 볼 때), 커다란 유혹이 우리를 가로막는다. 우리는 계속 작업하라는 유혹을 받는 것을 알게 된다. 선을 하나 더 긋고 디자인을 하나 더 만들고 구멍 하나를 더 깊이 파라는 유혹이다. 이렇게 되면, 형태를 잡는 창조적인 행위에 — 종교적인 활동으로서의 가르침에서처럼 — "더 이상은 할 수 없어."라고 말해야 할 순간, 그리고 그냥 두는 것이 옳은 일이 되는 순간이 있음을 깨닫는 것이 중요하다. 이 순간이 해제의 순간이다. 해제는 더 이상 할 수 없다는 것, 어떤 가치가 있던 간에 새로운 존재가 세상 속으로 보내졌다는 것, 교사에게 요구되는 움직임, 순간이나 단계가 그 움직임의 중단이며, 휴식이고 비움이라는 것을 인정한다.[22]

수영교사들은 특히 그 책임이 무거울 때 신입생의 배를 손으로 강하고 안정되게 받치고 가르치기 시작하는 수가 있다. 그러나 훌륭한 수영교사라면 그들이 결국 언젠가 손을 떼야 좋은 일이 일어남을 알고 있다. 해제는 가르침에서 우리가 손을 떼는 순간이다. "이제 나의 시간이 아니라 여러분의 시간이에요."라고 말해야 하는 순간이다. 출현의 경우와 마찬가지로 슬픔은 해제의 순간에 필수적일 수 있다. 사실 해제는 겸손을 배우기에 좋은 순간이다. 노자가 한 말을 빌리면, 위대한 교사는 사람들이 알아보지 못하지만 그 다음의 위대한 교사는 사람들이 존경하고 칭송한다. 그 다음의 위대한 교사는 사람들이 두려워하며 가장 나쁜 교사는 사람들이 증오한다. 위대한 교사의 일이 다 끝났을 때 사람들은 "아, 우리가 해냈구나."라고 말한다. 해제의 순간에 학습은 새로이 창조된 매체로 영원히 들어간다. 그리고 인간의 반응, 거룩한 반응은 "선생님이 하셨어요."가 아니라 "아, 우리가 해냈어요."이다.

나는 해제의 순간이 거룩하다고 주장한다. 왜냐하면 세상의 종교생활을 반영하기 때문이다. 해제는 무욕의 상태이자 욕망 성취의 상태가 되는 사토리(satori)와 가깝다. 해제는 궁술의 선(禪)에 가깝다. 선에서 궁사와 화살은 하나이다. 여기서는 교사와 소재가 하나이다. 해제는 또한 선의

---

22. Gabriel Moran, *Religious Body*(New York : Seabury, 1974), 162-163.

Hsing-Hsing Ming에 가깝다. 여기에서는 당신이 몸을 움직이지 않음으로써 고요해지고자 한다면, 당신이 이루는 고요함은 항상 움직인다라고 말한다. 해제는 유대교에서 안식일을 온전히 지키는 것과 같다. 유대교에서는 움직임의 중단으로 세상이 다시 창조된다. 해제는 나사렛 예수가 알고 있는 겸허(kenosis)로 온전한 비움이다. 예수는 죽음에 순종하게 되도록 자신을 비웠다. 해제는 단순함의 순간이다. 애니 딜라드(Annie Dillard)의 건강한 단순함이며, "어떤 것보다 결코 싸지 않은" 엘리엇(T. S. Eliot)의 참되고 또한 완전한 단순함이다.

그러나 해제는 가르침의 마지막 순간이기는 해도 정점의 순간은 아니다. 해제는 휴식의 순간, 비움의 순간, 그리고 고요함의 순간이다. 그러한 순간이기에 해제로부터 새로운 명상의 순간이 시작되어서 금욕적, 창조적, 성례적 작업이 다시 한번 시작되는 것이다.

다시 시작하게 하는 필요성은 어디에 있는가? 왜 계속되는가? 이에 대한 해답은 이 책의 나머지 부분에서 탐구될 것이다. 가장 단순하게 답해본다면, 가르침의 과정은 상황의 끊임없는 요구 때문이다. 더 간단히 말해서, 세상의 끊임없는 요구로 인해 계속되어야 한다. 이후의 장에서 나는 종교적 상상행위로서의 교육이 세상을 재창조하는 힘이라고 주장할 것이다. 지금은 이러한 확신의 근거에 초점을 맞추면서 노벨상 수상자인 라게르크비스트(Par Lagerkvist)의 말을 인용하고자 한다. 그의 시적 통찰력은 우주적 소명을 말해준다.

> 내 마음의 동요는 결코 사라지지 않으리.
> 결코 평화를 얻지 못하리.
> 결코 삶과 화해하지 않으리, 죽음과도
> 나의 길은 끝나지 않으리.[23]

---

23. Par Lagerkvist in *Even ing Land/Aftonland*, translated by W. H. Audenand Lief Sjoberg, orig. 1953(London : Souvenir Press, 1977), 141.

라게르크비스트는 그 이상의 말을 할 필요가 없다. 그러나 교사는 안식일의 평정을 가진 해제의 순간에 세상의 동요를 들을 수 있는 가능성을 허락하는 내부의 역동성이 있음을 인식해야 한다. 해제의 평화 속에서 교사는 평화를 얻지 못한 인간 주체들의 고뇌를 듣는 능력을 가진다. 해제가 상징하는 화해의 순간에 교사는 그가 지상에서 일어나는 삶 혹은 죽음과 화해할 수 없음과 세상이 재창조를 고대함으로 교사의 길이 끝나지 않음을 깨닫는다.

교사들은 재창조의 소명을 가졌으므로 길을 계속 가야 한다. 계속 갈 때에 도중에 새로운 정류장을 발견한다. 가르침은 종교적 상상력에 중심을 둔 소명이므로 그 정류장은 성육신이다. 제3장에서는 가르침의 과정에서 그러한 성육신의 본질을 살피고자 한다.

3
성육신

이 책의 주제는 수년 동안 나와 함께 하였다. 내가 항상 의아하게 생각했던 점은 종교교육과 종교적 교육 분야에서 종교가 아닌 심리학이나 과학 혹은 사회학이 주요 해석 범주가 된다는 것이다. 그 자명한 예를 들자면, 종교 교사들이 그들의 일을 이해하기 위해서 성경 기록 그 자체보다 발달이론에 더 의존한다는 사실이다. 그러므로 나에게는 항상 종교에 근원을 두고 교육을 종교적 행위로 보는 생각을 전개하고 싶은 욕구가 있었다.

교육에 대해 갖는 태도는 가르칠 때 우리가 취하는 행동에 영향을 주고 결정케 한다. 예를 들어, 가르침은 소재(subject matter)의 준비, 소재의 정리, 혹은 소재의 구성이라고 말할 수 있으며, 그것이 가르침의 전부라고 믿는다. 그러나 종교적 관점에서 성육신(incarnation)이라는 은유를 사용할 때, 우리는 가르침 활동을 달리 생각하고 그 은유가 그 활동에 영향을 주는 가능성을 만들기 시작한다.

그러므로 나는 가르침을 소재의 성육신이라고 주장하겠다. 성육신은 신학에서 많이 들리는 단어이다. 이 단어는 나사렛 예수라는 인물 안에서 하나님 말씀이 육신을 입는다는 기독교 교리에 가장 비슷하게 공명하리라고 생각한다. 이 교리를 모르는 사람도 이 단어가 종교적 사고에 뿌리내리고 있기에 그것을 들을 때, 그 듣는 태도에 희미하나마 영향을 끼친다(옥스퍼드 영어사전에는 하나님이 그리스도 안에서 성육신된다는 이 교리가 성육신이라는 용어의 "가장 초기 의미이며 또한 현재까지도 가장 일반적인 의미"라고 적혀 있다). 예를 들어, 1960년대 중반까지 가톨릭 의식에서는 (오늘날에는 크리스마스 낮 미사의 복음으로 선포되는) "마지막 복음"(Last Gospel)의 미사 종결 부분에서 "말씀이 육신을 입어 우리 가운데 거합니다"(Et verbum caro factum est et habitavit in nobis)라는 말씀을 암송하며 전체 회중이 세상을 변화시키는 성육신 사건에 대한 믿음을 증거하기 위해 무릎을 꿇는다.

문자 그대로의 의미 '육신을 입는다'와 관련된 첫 번째 종교적 의미에서 성육신의 다른 은유적인 의미가 발생하였다. 그러므로 성육신의 뜻은 먼저 유한한 형태 혹은 구체적 실현의 가정이며, 둘째 어떤 특질, 성질 혹은 원리가 육신의 형태로 나타난 인물, 즉 살아 있는 유형이나 대표 혹은 구체화이다. 가르침이 소재의 성육신이라고 말할 때, 나는 이 두 가지 의미에 다같이 의존한다. 종교적 상상력의 작품으로 이해되는 가르침은 소재의 성육신이며 구체화이고, 소재에 형태와 살을 입히는 것이다. 실마리의 체계가 되는 관념이나 개념, 그리고 아이디어, 이 실마리들이 지향하는 심층의 의미, 소재가 되고 소재가 되어가는 것이 존재론적인 소명인 실존 속의 소재 참여자, 존재 중의 존재라는 정체성으로 모든 실존하는 만물을 지탱해 주는 신비에 이르기까지 이들을 구현하고 구체화하며 형태와 살을 입히는 것이 교육이다.

소재의 성육신이 가르침인 것을 달리 말하면, 가르침은 형태의 창조이다. 사는 형태를 구체화시키고 살을 입히는 사람이다. 그러나 형태가 임의적인 유기적 요소는 아니다. 모든 예술가는 형태가 내용의 개념에 불과하지 않다는 것을 안다. 형태는 내용의 실제적 구체화인 것이다. 형태는 주제에 기초한다. 형태는 재료들을 서로 관련지어 정렬시키는 것이다. 경계와 한계를 정하는 것이며 규율이고 질서이자, 필요에 따라 모양을 결정하는 것이다.[1] 그러나 소재는 다채로운 가능성을 가지고 있으므로, 교사가

---

1. Ben Shahn, *The Shape of Content*(New York : Vintage, 1957), 81.

가르치기 위해서는 한가지 형태만을 알아야 하는 것이 아니라 그 내용을 알고 있어야 한다. 한 소재를 알게 하고 싶을 때, 즉 그 소재에 '접근 가능하게' 하고 싶을 때[2] 교사는 반드시 그 가르침이 구현할 수 있는 다양한 가능성들을 집약해야 한다. 이 요구는 인간이 알고 이해하며 배우는 방법의 범위가 매우 넓기 때문에 다른 한편으로 사람들이 배우고자 하는 것, 즉 소재도 그 본질에 진실한 방법으로 형태를 이루고 구체화되며 구현되고자 하는 내적 욕구를 갖고 있기 때문에 시급한 것이다. 그러므로 소재 형태에 대한 설명과 예시한 이 장의 중심 내용으로 들어가기 전에 앎의 주체의 범위와 그 앎의 주체가 배우고 싶어하는 내용의 내적 욕구에 관해 몇 가지 설명을 하고자 한다.

앎의 주체

앎의 주체는 구체적 경험, 묵상적 관찰, 추상적 개념화, 적극적 실험 등 다양한 학습방법을 가지고 있다. 이 방법들은 학습행위의 다른 측면들이다. 학습행위는 아래의 표가 나타내는 바와 같은 학습고리라고 말할 수 있다.[3]

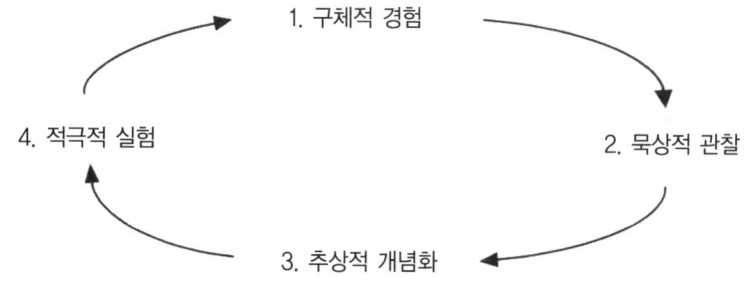

---

2. Mary Boys, "Access to Traditions and Transformation," in *Transformation and Tradition in Religious Education*, edited by Padraic O' Hare(Birmingham : Religious Education Press, 1979), 9 – 34.
3. David A Kolb and Ronald Fry, "Towards an Applied Theory of Experiential Learning," in *Theories of Group Process*, edited by Cary Cooper(New York : John Wiley and Sons, 1975), 33ff 참조.

다른 사람들이 배우도록 교사로서 돕고 있음을 발견할 때마다 나는 이 학습고리의 네 가지 학습방법을 의식한다. 구체적 경험은 스케이트나 수영 혹은 무용과 같이 신체적 관련 활동이어야 할 필요는 없다. 강의라든가 관념의 분석이나 소개를 듣는 것일 수도 있고 심포지엄에 참여하는 것일 수도 있다. 구체적 경험이 어떤 것이든지 소재의 초기 지칭, 소재의 발생, 소재의 구체화로 학습과정을 시작한다. 이 구체화에서는 일정한 지점에서 분별을 도와주는 묵상적 관찰의 기회가 따르게 되며, 구별하고 고찰하고 함께하게 된다. 이러한 묵상은 다시 사람들을 추상적 개념화로 옮겨 가게 하며, 구체적 경험을 뒷받쳐 주는 가설이나 일반론을 세우게 한다. 개념화는 다시 적극적 실험으로 나아가게 한다.

학습고리의 각 단계들은 그 이전 단계에서부터 발생할 뿐만 아니라 실제로 앞선 모든 단계들에서부터 발생한다. 따라서 학습고리의 네 번째 단계인 적극적 실험은 학습의 절정이 아니다. 오히려 바로 전 단계인 추상적 개념화에서 이어지는 단계이며, 같은 논리로 적극적 실험이 우리를 구체적 경험으로 이끄는 것이다. 이렇게 하여 학습주기가 다시 시작되는 것이다. 위의 과정은 우리가 학습하는 가운데 자연스럽고도 습관적으로 발생하는 것이다. 예를 들어보자. 아침에 일어나서 오늘이 토요일임을 깨닫고 차츰 모든 의무로부터 벗어난다. 이것은 내가 선택할 수 있는 가능성을 생각하게 만든다. 나는 지금 "만약 지금 쇼핑을 한다면 그 후에는……" 혹은 "지금 영화를 보러 간다면 그렇다면……" 아니면 "병원에 가려고 한다면 그 때는……" 등과 같은 어떤 원리, 판단 혹은 가정에 따르는 각 가능성들을 생각한다. 그 가능성들을 개념화한 후 적극적 실험을 결정한다.

물론 그 과정이 매우 극적일 때도 있다. 세 아이의 어머니인 뉴튼에 사는 주부, 루이스 브루인이 1970년대 초 어느 날 보스톤 글로브지(紙)를 펼쳐 든 때를 생각해 보자. 그녀는 "미합중국 중립 캄보디아 폭격"이라는 제목을 읽었다. 루이스 브루인은 그 기사를 이야기할 때, 그 제목에 관해 생각했던 것이 생각난다. 그녀에게 그 제목은 어떤 의미가 있을까? 그 제목이 그녀에게 요구하는 것은 무엇일까? 퀘이커 교도로서 그녀는 그 제목과 무슨 관계가 있을까?(묵상적 관찰) 그녀는 원칙 하나를 정한다 : "나는 이것에 반대한다. 만약 내가 행동한다 해도, 만약 어떤 행동을 취한다 해도 변화가 일어나지 않을 수도 있다. 그러나 어떤 행동도 하지 않는다면 변화의 가능성은 전혀 없을 것이다"(추상적 개념화). 그래서 그녀는 무언가를 했다. "한 시민으로서 나는 반대한다."라고 말하는 방법으로 매사추세츠의 뉴튼 센터에서 워싱턴 DC까지 행진하기로 결정하였다(적극적 실험).

대체로 이러한 과정이 보편적이기는 하나, 학습을 할 때 우리는 이 과정의 각기 다른 측면을 강조한다. 예를 들어 구체적인 활동을 강조하는 것이 편한 사람이 있다. 우리의 감각을 사용하여 다른 대상을 만나고 만지고 탐구하며 이해하는 데에 시간을 할당한다. 혹은 관찰하고 기다리며 묵상하면서 시간을 보내기를 원하기도 한다. 조용한 존재일 때 우리의 배움은 주로 관찰에 의존한다. 개념적으로 상당히 발달한 다른 일부 사람들은 그 선호하는 학습방법이 개념, 관념, 일반원칙을 깨닫는 것임을 안다. 마지막으로, 그 학습관행의 특징이 무언가를 시도하고 실용주의자가 되는 사람들이 있다. 그들은 무엇은 되고 무엇은 안 되는지 판단하면서 가장 잘 배운다. 누가 무엇을 배우는가에 따라 학습고리의 시작점이 다르다는 것을 알 수 있다. 누구나 구체적인 경험에서부터 시작하지는 않는다. 그러나 이 네 가지 단계를 다 거치지 않는다면 우리의 배움은 완전하지 않다. 여기에서 두 가지 원칙을 이끌어 낼 수 있다. 하나는 학습자를 위한 것이며 다른 하나는 배울 소재를 위한 원칙이다.

첫째, 아무도 구체적 경험만을 통해서 배우지 않는다. 우리는 각자 학습고리의 네 가지 단계를 모두 통해 배울 필요가 있다. 사실, 우리는 더 많은 방법으로 소재에 다가감으로써 더 풍부하게 배운다. 오직 한 가지 방법만을 사용할 때 우리가 배우는 것은 빈곤해지고 제한된다. 다른 방법에 비해 어떤 한 가지 방법에 대한 문화적 편견이 클 수 있다. 그러나 한 가지만을 강조하는 문화는 틀림없이 패배하고 만다. 그러므로 교사가 고려해야 할 것은 여러 다양한 방법으로 소재를 구현하려고 노력함으로써 모든 학습자가 인간 학습 능력의 전 영역을 발달시킬 수 있게 하는 것이다.

동시에 둘째 원리는 우리의 특정한 성향과 하부 문화 혹은 유전적 성질에 알맞은 학습방법에 대한 개인적 선호가 있기 때문에 다른 방식보다 어떤 한 가지 방식을 통해서 특히 잘 배운다는 사실을 일깨워 준다. 우리는 시각적인 사람일 수도 있고 촉각적이거나 운동감각적인 사람일 수도 있다. 우리는 느린 사람일 수 있고 재빠르거나 그 중간인 사람일 수도 있다. 우리는 몽상가일 수도 있고 혹은 행동가일 수도 있다. 5세 정도의 어린이를 생각해 보자. 그는 구체적인 것과 실험적인 것에 훨씬 편안해 한다. 과거와 현대에 어떤 문맹 사회가 있다면 그들은 앎의 방법으로서 말보다 시각과 감각에 더 가치를 둘 것이다. 묵상적 몽상가라면 추구와 묵상, 그리고 고요함의 영역에서 편안해할 것이다. 각 사람들이 많은 학습방법을 사용한다고 해도 어떤 자연적이고 역사적인 편견이 어떤 한 가지 방법을 다른 것보다 더 많이 사용하도록 조절한다. 그러므로 모든 학습자들은 그들의 자연적 방식 안에서 격려되어야 하며 다른 사람들의 유형에 임의적으로 맞추려 하지 말아야 한다.

배움의 내적 요구

앎의 주체가 다양한 학습방법을 필요로 하는 것과 같이 소재의 본질도 다양한 형태를 요구한다. 어떤 소재는 개념으로 가장 잘 구현된 반면 그렇지 않은 것도 있다. 상대성 이론은 하나의 이론이다. 논리적 실증론(logical positivism)은 철학적 개념이다. 사르트르(Chartres)는 이와 반대로 성당이다. 보여지는 소재이며 예배의 장소로 경험하고 돌을 만져 봄으로써 연구될 수 있는 소재이다. 음악은 듣기 위한 것이다. 강의가 집단 과정(group process)의 힘을 이해하는 최선의 방법은 아니다.

좀 더 복잡하게 말하면, 소재로서의 인간처럼 모든 다른 소재들도 다양한 관점으로 접근할 때 이점을 얻는다. 그러므로 모든 소재들(모든 인간이나 관념)은 그 스스로의 제한점을 나타낸다. 즉, 학습자에 대해 자체적인 내적 요구를 한다. 모든 소재들(모든 인간이나 관념)은 복합적인 구체화와 여러 번의 성육신으로 이점을 얻는다. 이제 이러한 성육신과 형태 중 몇 가지를 살펴보기로 하자. 모든 것을 완전히 설명할 수는 없으므로 내가 생각하기에 종교적 행위로서의 가르침에 상상력을 집중시킬 가능성이 가장 많은 몇 가지 형태에 중점을 두기로 한다. 그것들은 (1) 언어적 형태 (2) 대지 형태 (3) 구체화된 형태 (4) 발견을 위한 형태 등이며, 다섯 번째 형태인 예술적 형태는 7장과 8장에서 언급되고 예시될 것이다.

가르침을 위한 구현 형태

언어적 형태

가르침에서 말은 많은 양상을 가진다. 첫째는 은유(隱喩)로서의 말이다. 은유에 집중하다 보면 말이 처음에는 추상적 개념이 아닌 것을 알 수 있다. 말은 기본적으로 자신이 아닌 것을 상징하기 위해 창조된 청각적 소리이다. 근본적으로 모든 단어는 은유이다. 시인이나 신화의 창조자는 가장 풍요롭고 짜임새 있는 단어를 찾으며, 우리의 앎의 방식이 그 앎의 매개가 되는 재료에 의해 결정된다는 인식으로부터 예술적 출발을 한다. 추론의 방법이 되는 앎에 대한 접근법은 관념과 개념, 기술에 관심을 집중하면서, 자료에서 가정(hypothesis)으로 또 결론으로 움직여 간다. (그러나 가정 그 자체는 직관과 직감의 영역에 더 많이 속하고 있다.) 상상력과 직관을 강조하기 시작하면, 이것이 추상적인 형태로 개념이나 관념 혹은 사상을 나타내는 것보다 더 낫거나 가치 있다고 은근히 내비치게 되는 수가 많다. 나는 이 생각을 지지하는 바는 전혀 아니다. 그러나 나는 교사가 그들의 가르침에서 관념 그 자체에 부여하는 중요성만큼이나 그 관념을 표현하기 위해 선택한 매개체에도 동등한 중요성을 부여하기를 강조하기 바란다. 내가 이 점을 강조하는 이유는 매개체가 관념을 구체화하고 형태가 내용의 모양이라는 확신이 있기 때문이다.

예를 들어, 나는 "재에서 솟아오른 불사조" 같은 느낌이라고 말하거나 혹은 "힘든 시간이었어. 그러나 지금은 나아졌어."라고 말할 수 있다. 문제는 이 말들을 똑같은 방법으로 이해할 수 있느냐는 것이다. "그녀는 복숭 아야." 혹은 "그녀는 정원이야."라고 말할 때, 그녀를 똑같이 이해하게 될 것인가? "나는 정신적으로 폐색되었어."라고 말할 수 있다. 아니면 "나의 정신이 깊은 땅속에서 길을 잃은 지하수맥같이 나를 순간적으로 메마르게 만들고 그 수맥이 새로이 나타날 것을 희망하게 만든다."고 한 워즈워드식 표현과 같은 불모의식을 말할 수도 있다. 그렇다면 이 말들이 같은 방식으로 이해될 것인가? 나는 내 자신을 어떻게 이해할 것인가?

청년들을 가르치는 많은 교사들은 말의 형식에 관한 문제에 관심이 매우 크다. 그들은 우리 사회, 특히 청년 문화 속에, 생명을 저버리는 폭력적인 은유가 널리 퍼져 있음에 경악한다. 사람들은 자신들이 '태워 없애다'(burned out), '쓸어 버리다'(wiped out), '날려 버리다'(blown away), '결단내다'(shattered), '소모하다'(wasted) 등 말의 객체가 됨을 이야기한다. 이러한 예들은 우리에게 불안감을 일으키는 오늘날의 은유의 한 특징으로 기계적이고 무감각적 용어가 우세하며, 풍부하고 살아 있는 인간적 은유보다는 비인간적 이미지와 상징을 사용한다. 윌리엄 블레이크(William Blake)는 우리의 앎에 미치는 기계적 은유의 영향에 대해 "베이컨과 뉴튼, 음산한 쇠 껍질을 써, 앨비언에 내리치는 쇠 채찍과 같은 공포가 걸려 있네."라고 표현한다. 쇠 채찍! 엘리자베스 시웰(Blizabeth Sewell)은 우리가 은유의 영향력을 알려고 한다면, 쇠 껍질을 쓰고 인류 위에 떨어지려고 하는 대륙간 핵탄두 미사일을 일종의 자기 이해로 상상하면 된다고 말한다.[4]

이와 같은 은유의 중요성은 경외심을 가지고 말을 사용해야 하는 교사들에게 자신의 은유에 대해 조심스러운 주의와 검토를 해야 하는 의무를 부과한다. 교사의 일이 말을 통해 형태를 부여하는 것이라면 형태부여를 위한 말의 선택은 임의적이어서는 안 된다. 그 선택은 도덕적 의무라고 할

---

4. Elizabeth Sewell, *The Human Metaphor*(Notre Dame : University of Notre Dame Press, 1964), 37(Note : Sewell은 Blake의 시를 인용한다).

수 있다. 우리가 쓰는 말이 내포하는 의미는 그처럼 중요하다. 또한 말의 형태에 관심을 기울다는 것은 언어의 상상적 사용에 대하여 탐구할 의무가 있음을 말해 준다. 그 한 예를 들자면 윌라이트(Philip Wheelwright)가 구분한 '속기 언어'(steno-language)와 '표현 언어'(expressive language)에 대해 연구해 보아야 한다.[5] 우리는 또한 랭어(Langer)가 구분한 추론적 형식과 표상적 형식의 의미에 대해서도 알아 보아야 한다.[6] 그리고 몇 가지 은유들을 선택할 수 있는 시네틱스(synectics, 창조적 문법 해석)의 영역에 나온 예시와 모델의 종류들을 익혀 두어야 할 필요가 있다.[7] 은유 가운데서 첫째로 의인화가 있다. '사물이 되어 보는' 유희이며, 이 유희에서는 조사되고 불려지는 대상이 항상 1인칭이 되어 말하는 기회를 갖는다. 예를 들어, 찰스 디킨스(Dickens)는 이것을 매우 효과적으로 이용하였다. 이로써 우리는 그의 책 「크리스마스 캐럴」 중에서 과거의 유령이 어떤 모습인지 쉽게 상상할 수 있다. 또 한 가지 예는 로버트 샘플즈(Robert Samples)의 글에서 볼 수 있다 :

제2차 세계대전 중, 그리고 그 후에 미공군 장교들은 에스키모인들이 복잡한 항공기를 너무도 수월하게 잘 정비하는 것을 보고 놀랐다. 에스키모인들의 세심한 기술을 조사한 결과 그들은 항공기를 살아 있는 것으로 생각한다는 것이 드러났

---

5. Philip Wheelwright, *The Burning Fountain*(Gloucester, Peter Smith, 1982), 3-4, 73-101. Wheelwright는 그 구별이 결코 절대적이지는 않지만, 대체로 속기 언어가 흑백의 문자 그대로의 언어인 반면 표현 언어는 그 농담과 종류가 다 갖추어진 총천연색 시적, 다중적, 역설적 언어라고 지적한다.
6. Suzanne Langer, Philosophy in a New Key, 3rd ed., orig. 1942(Cambridge : Harvard University Press, 1969). 특히 pp. 79-102에 이르는 제4장 "추론의 형식과 표상형식"에 주목하라. 추론형식은 일반적으로 담화의 모양을 갖추며 순차적이고 번역 가능하다. 표상 언어는 때로 드라마, 소설, 그리고 시에서처럼 구어로 표현될 때도 있지만 대개 예술의 모양을 갖는다. 순차적이기보다는 한 번에 표현되어 다중의 해석이 가능하다.
7. William J. J. Gordon, *Synectics*(New York : Harper & Row, 1961) ; Gorge M. Prince, *The Practice of Creativity*(New York : Harper & Row, 1970) 참조.

다. 그들은 순환계, 신경계, 그리고 그밖의 모든 것을 인정하고 그들이 대사에 대한 신비한 경외감을 가지고 '치유'의 행위를 거행하는 일에 접근하였다.[8]

의인화는 이라 프로고프(Ira Progoff)의 일지 작성법에서 큰 힘을 갖는다. 이 일지 작성법은 우리의 신체, 일, 우리의 과거가 스스로 말하도록 형식을 부여하는 아름다운 기술이다.[9] 프로고프의 지혜를 빌어 말하자면 내가 가르치는 방법을 가르치면서 배운 것이 우리 자신의 가르치는 법이 말하게끔 요구할 때 가장 성과 있는 기회를 갖는다는 것이다.

우리가 쓸 수 있는 두 번째 은유는 '압축된 극적 대립'(compressed conflict) 혹은 '책표제' 은유이다. 이것은 두 단어로 이루어진 구절로서 조사되고 있는 대상과 관련된 역설이나 그 정수를 모두 포착한다. "변덕스러운 조화", "예기된 경악", "습관적 계시", "낯익은 놀라움", "졸라대는 충족자" 등과 같은 구절이 사용될 수 있다. 이러한 말의 유희가 시도하는 것은 전혀 연관되지 않는 두 개의 은유를 합함으로써 그 둘 사이의 유사점을 발견하는 것이다(합성적 상상력의 작용).[10] 예를 들어, "어떻게 펑크난 타이어가 전보와 비슷할 수 있는가?", "숨겨진 출중함은 무엇을 말하는 것인가?", "죽은 탄생, 투명한 커튼은 무엇을 표현한 것인가?", "이러한 유사함을 발견한 후, 연구 대상이 되는 소재에 대해 무엇을 말할 수 있는가?" 등이다.

가장 강력한 은유는 아마도 가장 단순한 비교 은유, 혹은 직접 비유가 될 것이다. 우리에게 가장 많은 영향을 미쳤던 교사를 생각할 때, 우리로 하여금 현실 전체를 볼 수 있게 해준 비교 은유의 예시와 이미지, 그리고 그 사용이 생각날 것이다. 로즈마리 래드포드 루더(Rosemary Radford Ruether)는 그녀의 선생님인 로버트 파머(Robert Palmer)에 대해 말하면서 다음의 이야기를 한다 :

---

8. Robert Samples, *The Metaphoric Mind*(Reading : Addison Wesley, 1976), 91.
9. Ira Progoff, *At a Journal Workshop*(New York : Dialogue House Libraly, 1975).
10. Prince, *Creativity*, 80.

내게 신학적 사고를 처음 가르쳐 준 사람은 믿는 이교도인 파머 선생님이었다. 그는 신학적 사고를 '신화 형성적' 사고 정도로 생각했을 것이다. 그를 통해서 나는 비본질적인 교리로서가 아니라 인간 실존의 살아 있는 은유로서의 종교적 상징의 의미를 발견하였다. 대학 1학년 인문학 수업 중 그의 말에서 '죽음과 부활'이 다른 사람의 삶과는 아무 관련 없이 2000년 전에 일어났다고 생각되는 어떤 일에 대한 한 특유의 진술이 아니라는 것을 깨닫게 되었으며, 그 때의 흥분을 지금도 기억한다. 죽음과 부활은 내적 변화와 재탄생, 갱생된 삶의 신비를 말하는 은유라는 것이었다. 파머 선생님은 예수가 아닌, 아티스(Attis)나 디오니소스(Dionysos)에 관해 말하고 있었다. 나는 처음으로 11년 간의 가톨릭 교육이 결코 제시하지 않았던 기독교 상징에 대한 새로운 방향제시를 알게 되었다.[11]

플라톤의 동굴 우화(allegory of the Cave)는 비교 은유이다. 하이데거의 위대한 보살핌의 신화(myth of Care)도 비교 은유이다. 그러나 비교 은유가 항상 거창한 것은 아닙니다. 야구에서 그 증거를 보기로 하자.

한 선수가 홈에 서 있다. 그는 매우 기묘한 옷을 입고 9대 1의 승산을 마주하고 있다. 몇 가지 가능성은 있으나 모두 어려운 것들이다. 한 가지는 이 선수가 아웃되거나 더 심하면 게임에서 퇴장하는 것이다. 다른 하나는 희생타가 필요하다는 것이다. 아니면 도루에 그치고 말 수도 있다. 비록 결과가 긍정적이라고 해도 그는 땅을 바라보면서 먼지를 뒤집어쓴 채 발목을 삐어가며 목숨을 다해 달려야 할 것이다. 항상 긴장을 늦추지 않아 등은 굽고 팔은 아프고 땀은 얼굴을 타고 내릴 것이다. 태양이 타오르거나 혹은 비가 내릴 것이다. 게임이 취소되더라도 내일이면 다시 열릴 것이다.

왜? 왜 이 모든 것은 겪어야 하는가?
홈으로 돌아오기 위해서.

---

11. Rosemary Radford Ruether, *Journeys*, edited by Gregory Baum(New York : Paulist, 1975), 41.

비교 은유는 언어 형태의 중심이다. 모든 상상력 있는 교사의 레퍼토리에는 비교 은유가 풍부해야 한다.

대지 형태

우리는 언어 형태의 은유를 통해서 뿐만 아니라 단어에 들어 있는 아이디어나 개념을 통해서 뿐만 아니라 세상 그 자체를 통해서도 아는 존재이다. 소리, 바위, 불, 향내와 같은 구체적이고 감지할 수 있는 실제의 것들을 통해서 안다. 여기서 대지 형태라는 용어를 사용할 때, 이 세상 자체 우리의 어머니이자 우리의 고향인 대지가 우리에게 제공하는 형태에 관심이 모이게 된다.

대지 형태는 물질 안에서, 물질을 통해 가르친다. 이것은 육체와 감각이라는 우리의 물질성을 통해 우리에게 향하는 제1단계적, 그리고 상호적 주장이다. 이제 다룰 세 번째 형태(구체화된 형태) 또한 우리의 육체적 능력에 좌우된다. 그러나 여기에서는 우리의 수용적 학습 능력이 아니라 대지의 구체적 교수 능력에 관심을 모으고 싶다.

대지의 모든 부족의 현명한 남녀들, 신화 창조자와 샤만, 힌두교 교도사와 랍비, 설화가와 조각가, 예술가와 전례주의자들은 이 세상 자체의 것들을 통해 가르쳐 왔다. 그들은 우리의 감각이 세상으로부터 배우게끔 조절되어 있음을 안다.

> 우리는 나의 지식에 대한 관심에 대해 말하고 있었다. 그러나 대개 그러했듯이 두 가지 상이한 경로를 가고 있었다. 나는 경험을 초월하는 학문적 지식을 말하고 있었고, 그는 이 세상의 직접적 지식에 관해 말하고 있었다.
> "주위의 세상에 관해 아는 것이 있습니까?"라고 그가 물었다.
> "온갖 것들을 알고 있지요."라고 대답하였다.
> "주위의 세상을 느껴 본 적이 있는가라고 하는 말입니다."
> "할 수 있는 한 주위의 세상에 관해 많은 것을 느낍니다."
> "그것으로 충분하지 않죠. 전부를 느껴야 합니다. 그렇지 않으면 세상은 그 감

각을 잃어버리죠."[12]

이러한 종류의 이해가 교육에 대해 의미하는 것은 분명하다. 일반적으로 개념적 형태를 통해 생각하고 배우는 것에 더 우위를 두고 있으나 우리 인간 유기체들은 — 우리가 그들에게 말하는 것이 중요하기는 해도 — 대지 그 자체가 제시하는 물질을 통해 배우는 것을 고집한다. 언어적 형태와 대지 형태를 가르침 과정의 동료로 만들면 우리는 가늠할 수 없을 정도로 풍요로워진다. 우리는 대지의 물질들에게 그 자체의 생명이 있음을 알며, 대지에 속한다는 것이 무엇을 의미하는지 알게 도와주는 우리의 선생님, 대지를 경외하게 된다.

화가 놈 가보(Naum Gabo)는 "나는 형태를 어디에서 얻는가?"라고 묻는다.

> 나는 내 주위 어디에서나 내가 보고자 하는 때, 보고자 하는 장소에서 형태를 발견한다. 내가 마음만 두면 바람에 흘러가는 찢어진 구름 조각에서도 형태를 본다. 언덕과 도로의 벗은 바위에서도 보며 나무와 이파리의 푸른 덤불 속에서도 본다. 지나가는 증기기차의 연기나 헐어빠진 벽 표면에서 형태를 잡기도 한다. 그 형태의 출현은 갑작스러운 것일 수도 있고 순식간에 사라질 수도 있다. 그러나 끝났을 때, 그 형태들은 나에게 영원히 지속되는 이미지를 남긴다.[13]

풀과 유리, 바람과 연기, 돌과 소리, 나무와 포도주를 우리의 교사로 안다는 것은 우리와 대지의 처음 관계가 지배 관계라는 잘못된 개념, 그리고 무엇이든지 오직 우리의 것이라는 잘못된 개념에 의해 손상된 관계를 고쳐 준다는 것이다.

---

12. Carlos Casteneda, *A Separate Reality Further Conversations with Don Juan* (New York : Simon and Schuster, 1971), 4.
13. Naum Gabo, in Brenda Lealman and Edward Robinson, *The Image of Life*(Oxford : Religious Experience Research United and CEM Press, 1980), 13-14.

상상력 있는 교사라면 가르침에 이용하기 위해 대지 형태의 폭넓은 레퍼토리를 익히 알고 있어야 한다. 그 레퍼토리는 광대하다고 하지만 네 가지 기본형태로 표현될 수 있다. 각 형태의 이름은 대지 자체의 기본 요소들 중의 하나, 즉 물, 흙, 불, 공기에서 따온다.

가르침에 통합하는 기본 대지 형태 중 첫째는 물이다. 상상력 있는 교사는 물이 중심이 되는 상황이라면 무엇이든지 이용할 수 있다. 그것은 대양의 해안일 수도 있고 바닷가 아니면 호숫가일 수도 있다. 부슬비, 폭우, 소나기 아니면 고대했던 단비일 수도 있다. 식사 전 손 씻기, 아침 저녁으로의 목욕하는 것일 수도 있다. 아주 늙은 사람 혹은 아주 어린 사람의 몸을 씻는 것일 수도 있으며 인간 눈물의 수분일 수도 있다. 교사는 학생들과 함께 물을 이해하는 촉매로 비 오는 날을 이용할 수도 있지만 그 때를 기다릴 필요는 없다. 화분과 꽃이 학습 환경에 존재하는 이유는 그 환경을 향상시키기 위해서이다. 이러한 경우 물에 대한 필요성은 — 더 미묘하기 때문에 — 더욱 강렬하다. 교사는 화분과 꽃이 싱싱하게 유지되기 위해서 물이 필요하다는 것에 관심을 모을 수도 있다. 물이 없다면 죽음이 있을 뿐이다.

대지의 두 번째 기본 형태는 먼지, 점토, 땅, 토양, 사막, 바위, 언덕, 계곡, 산 등의 모든 형태의 흙이다. 대지 형태에는 또한 우리의 피난처가 됨을 나타내는 이미지가 포함된다. 우리가 서 있는 땅, 우리 조상들의 묘지, 우리가 하려고 하는 일, 그리고 되려고 하는 일에 대한 기대로 — 모든 피조물이 그러하듯이 — 신음하며 돌아가는 혹성 등이 그 이미지이다. 거의 50억 년이나 다른 이들과 공유하고 있는 지구, 우리가 잘 때 우리를 붙잡아 주고 우리가 깨어 있을 때 우리를 받아 주는 부모와 선생님인 대지, 우리를 한 번도 실망시킨 적이 없지만 우리는 자주 실망시킨 친구인 대지, 이 또한 대지가 우리에게 관계에 대해 상기시켜 주는 내용이다.

아메리카 인디언들은 대지에 대한 이와 같은 풍부한 감각을 결코 잃어버린 적이 없다. 이 감각은 1854년 조약에 서명하려고 준비 중인 부족회의에서 "이 대지의 모든 부분은 우리 종족에게 신성한 것이다. 반짝이는 소나무 잎 하나하나, 모든 모래 해변들, 어두운 숲 속의 모든 안개, 모든 숲 속의 빈터, 그리고 윙윙대는 곤충은 우리 종족의 기억과 경험 속에서 신성하다."라고 한 시애틀 추장(Chief Seattle)의 웅변적 표현에 잘 나타난다. 시애틀 추장은 교육이 이러한 확신에서 이루어져야 한다고 분명히 알고 있었다.

> 그대의 자녀들에게 그들 발 밑의 땅이 우리 조상들의 재라는 것을 가르쳐 주어야 합니다. 그들이 대지를 존중할 수 있도록, 이 땅이 우리 종족의 생명으로 인해 비옥하다는 것을 말해 주시오. 우리의 자녀들에게 대지가 우리의 어머니임을 가르쳤듯이 그대의 자녀들에게도 가르쳐 주시오. 대지에 생기는 것은 무엇이든지 대지의 자손들에게도 생깁니다. 땅에 침을 뱉는 것은 그들 자신들에게 침을 뱉는 것입니다. 우리는 이것을 압니다. 대지는 사람에게 속한 것이 아닙니다. 사람이 대지에 속한 것입니다. 우리는 이것을 압니다. 한 핏줄이 한 가족을 묶어 주듯이 모든 만물은 연결되어 있습니다.[14]

우리가 교육에 반드시 통합시켜야 할 세 번째 기본 대지 형태는 불이다. 대지 위에 사는 모든 거주자 대부분에게 불은 난방, 조명, 보호, 그리고 요리를 위해 쓰인다. 종교적 의식에서는 어둠을 몰아내며 번제물을 드리고 신성의 임재와 그 장소를 나타내기 위해 항상 불의 힘에 의존해 왔다. 그러므로 종교적 의식이 시작하기 전에 초에 불을 붙이고 그 마지막에 불을 끄는 것은 "기억하시오. 그대는 거룩한 땅 위에 서 있습니다."라고 말하는 것이다. 교육 상황을 (우리가 특별한 식사 때에 그러하듯이) 촛불을 켜는 것으로 시작하면 도움이 될 수 있다. 불은 교사가 학생들의 정신과 영혼을 밝혀 주고자 하는 의도의 상징이 될 뿐만 아니라 더 중요한 것은 "여기 또한 그대들이 거룩한 땅 위에 서 있습니다."라는 말을 상징한다.

---

14. Chief Seattle, in A. D. 9, 5(May 1980), 30 – 31. 이 영성은 "세상에 대한 경멸"을 주장하는 영성과 상이하다.

마지막 대지 형태는 공기 혹은 바람, 숨결 혹은 영이며, 이 형태가 없다면 우리는 말할 수 없다. 가르침의 신체적, 인간적 측면은 우리가 말을 해야 하고 숨을 차례로 들이마셔야 함을 요구한다. 우리가 배우고자 한다면, 산소는 인간 유기체에게 적당한 한도 내에서 필수적이다. 많은 초등교사들이 학생들에게 신체운동을 통해 공기와 호흡이 필요하다는 것을 알게 한다. "자, 일어나세요. 손을 어깨에 올리세요. 자, 숨을 들이쉬고 내쉬고……. 하나 둘 셋 넷……." 내가 아는 신학대학원 교수는 수업 중에 학생들과 함께 규칙적으로 숨쉬기를 한다. 다른 많은 교사들도 침묵의 시간을 가진 후에 수업을 시작하는데 이것은 기도하기 위한 것이 아니라 공기를 교육 행위의 동맹군으로 끌어들이기 위한 것이다.

내 생각에 이러한 대지 형태의 중요성은 다중적이다. 우리가 가르칠 때 우리가 거하는 환경이다. 무엇에 관해 생각한다는 것과 그 무엇 안에 존재한다는 것에는 차이가 있을 수도 있지만, 그 둘을 분리할 수는 없다. 최선의 가르침에서는 이 둘을 통합한다. 즉, 깨어 있는 삶의 매순간 우리가 존재하는 곳에 관해 생각하는 것이다. 그러므로 첫째 단계에서 우리에게 육체적인 생명을 주는 물, 흙, 불, 공기와 화합하는 것이 중요하다. 두 번째 단계에서 인간생활의 동료로서 우리의 일상을 함께 하는 대지 형태의 원시적인 특성이 우리가 서로 연결되었을 뿐만 아니라 모든 존재와도 기본적으로 연결되었음을 상기시켜 준다. 우리가 대지 형태에 다가가고 다루고 만지는 태도는 책, 연필, 분필, 기름, 차, 연고, 마루, 시계, 종과 같은 인공적으로 제조된 물건을 다루는 태도에 기반이 된다. 이러한 물건들은 끝없이 열거할 수 있다. 그러나 대지 형태의 원형적이고 성례적인 특성은 확실하다. 가르침은 항상 제3자의 중재를 통해 이루어진다. 제3자는 흙, 호흡, 불, 그리고 눈물과 같이 대지에 속한 것이다.

더 나아가 대지 형태는 가르침이 일어나는 일차적인 장소를 상기시킨다. 장소들은 사람들의 공동체, 특히 가정, 작업환경, 체육과 예술적 환경, 자발적이거나 의식적으로 계획된 상황 등이다. 학교교육은 그 최선의 경우에 항상 인간 가르침의 한계적 예가 된다. 대지 형태들은 교실에서는 항상 다루어지지 않더라도 일상에서는 다루어진다.

마지막으로, 대지 형태는 종교적인 민족의 영성 안에서 지속적으로 일어나며 모든 종교적 의식에 중심이 된다. 숨쉬는 공기의 선함을 말하는 프라나(prana), 안식일을 준비하기 위해 켜는 촛불, 예수의 기적 중에 장님의 눈을 뜨게 한 침 섞인 흙, 수면 위에서 숨쉬고 창조를 있게 한 하나님의 영, 오순절 불의 혀로 온 하나님의 영, 그 어떤 것에 대해 말하든지, 대지의 사물에서 거룩과 신성과 가르치는 능력을 보는 것이 종교적 의식(意識)인 것이다.

도로시아 소엘(Dorothea Soelle)은 정신은 맑지만 말에 힘이 없는 죽음을 앞둔 한 경건한 노인에 대해 말하고 있다. 그가 말할 수 있는 것은 — 그는 그 말을 반복하였다 — "모든 것, 모든 것, 모든 것이었다. 그는 이 말을 입술에 담고 죽었다. 이 말은 전체성을 확인하는 상징이며 일종의 공식이다……. 모든 것을 긍정하고 어떤 것도 또한 누구도 잊거나 빼먹지 않는 그러한 경건함이다."[15] 이 말은 또한 존재하는 것은 무엇이든지 가르칠 능력이 있음을 아는 지혜와 다른 사람과 교사의 관계를 맺는 사람들이 가져야 할 경건 모두를 말해 주는 공식이다.

구체화된 형태

로보트 샘플즈(Robert Samples)는 그의 출중한 저서 「은유 정신」(The Metaphoric Mind)에서 인간이 쓰는 은유 방식을 몇 가지 말하며, 그 방식들이 마음의 풍경이라고 하였다. 그 중 하나를 '통합적 은유'(the intergrative metaphoric)라고 불렀으며, 인간의 신체적, 그리고 정신적 속성이 그들 밖의 물체, 과정, 조건에 대한 직접적 경험으로 연장될 때 일어난다고 하였다. 통합적 은유 방식은 샘플즈가 말하는 '익숙해짐'(getting into it)이 필요하다.[16] 여기서 말하는 구체화된 형태는 소재의 세 번째의

---

15. Dorothea Soelle, *Death by Bread Alone*(Philadelphia Fortress, 1978), 138.
16. Samples, *The Metaphoric Mind*, 92ff.

유형으로 우리에게 가르침이라는 종교적 행위에 상상력을 실을 수 있게 해주며, 이러한 신체적, 정신적 교류를 절대적으로 필요로 한다. 가르침의 형태로서 구체화된 형태는 전인간의 신체적, 정신적 관여를 필요로 하는 방법으로 가르침이 이루어지는 형태이다. 물론 세상에 있다는 사실로 인해 사람들은 신체적으로 존재한다. 그러나 여기서 내가 말하는 것은 신체적인 것이 가르침의 수단이자 성분이 되는 가르침의 형태이다. 마주한 것이 무엇이든지 만지고 맛보고 흉내내고 듣고 극화하는 것, 즉 감각적 흡수가 관건이다. 완전한 흡수가 되려면 좀 더 신체적이어야 한다. 이러한 흡수는 보는 사람에게 분명해야 한다는 점에서 처음에는 뚜렷이 신체적이 아닐 수도 있다. 감각적 흡수는 전적으로 명상적일 수 있으며 아니면 반성적인 관찰자의 방식으로 일어날 수도 있다.

가르침이 소재의 성육신이라면 모든 소재의 삶과 죽음은 가르침에서 당연히 관심을 가져야 한다. 인간존재(교사)들이 일차적이고 가장 불가항력적인 성육신의 형태이므로 교육상황에 있는 모든 사람들이 그 자신의 존재로 인해 인간이 된다는 것의 의미, 살고 죽는다는 것의 의미를 가르친다는 사실을 부정하지 말아야 한다.

내가 재직하고 있던 학교의 한 프로그램에서 어느 날 저녁 지역 주민들에게 나의 '영적 여정'에 관해 말해 달라는 요청을 받았다. 준비하면서 나는 나의 삶을 하나의 신화로 소개하고 싶은 생각이 들었다. 그 생각이 오만함의 경계에 있는 것은 아닌가 싶기도 하였으나, 철학하는 친구인 조안마리 스미스(Joanmarie Smith)와 같이 생각해 보면서 나의 생각이 인간 경험에 토대를 두고 있음을 깨달았다. 우리의 위대한 시인과 교사들이 탐구해 온 경험말이다. 나는 모든 사람의 삶이 신화적임을 깨달았다. 괴테(Goethe)도 그러한 위대한 생각을 하였다. 이것은 우리가 연극, 소설, 위인전에 끌리는 이유이다. 우리는 우리 각자의 삶이 다른 사람에게 삶에 대해 무언가를 말해 줄 수 있다는 인간적 의식을 갖고 있다. "어떻게 지금 당신의 모습으로 되었습니까?"라고 누가 물었을 때, 그 질문이 관음증이나 참견에 의한 것이 아님을 우리는 안다. 질문은 "당신의 삶이 나의 삶에 관해 나에게 말하고 있는 지점은 어디입니까?" 혹은 "당신의 삶이 나의 삶에 대해 무엇을 말해 줄 수 있습니까?"라고 말하는 것이다.

언어적으로 아니면 의식적으로 이 질문을 하지 않았다고 하여도 분위기가 묻어나고 있다. 어린이들은 부모, 다른 성인들, 또래들을 지켜봄으로써 인간이 되는 요령을 찾고 있다. '역할 모범'(role model)이라는 용어가 남용될지는 몰라도 인류는 그 시작부터 자신의 역할을 수행하고 있는 다른 사람들을 관찰함으로써 인간 주체성의 본질을 배워 왔다. 우리의 인간됨에는 성(sexuality)이 포함되어 있으므로 우리는 삶과 죽음의 의미뿐만 아니라 성의 의미도 가르친다. "여자라는 것은 어떤 것인가요? 남자라는 것은 어떤 것인가요?"라는 질문에 한 가지 대답만이 있는 것이 아니다. 우리의 다양성 때문에 그 대답도 셀 수가 없다. 성육신(구체화)이 가르침의 중심이라면 성, 그리고 인간의 욕구, 매혹, 완전성에 관해 성이 상징하는 신비도 가르침의 중심이다.

인간이 일차적인 구체화된 형태이지만, 구체화된 형태가 인간만을 말하는 것은 아니다. 구체화된 형태가 요청하는 신체적 정신적 관여는 우리에게 확장된 것처럼 창조된 다른 요소에도 확장된다. 육체적 관여를 통해 배울 수 없는 소재는 존재하지 않는다. 어린이들은 성인들보다 이 점을 잘 알고 있다. 예를 들어, 음식에 완전히 몰입한 어린아이를 관찰해 보라.

- **완두콩** : 접시에 납작하게 뭉그러뜨린다. 포크 등으로 콩을 누른다. 포크를 세워 들고 콩을 핥는다.
- **으깬 감자** : 으깬 감자 위를 평평하게 다독인다. 몇 개의 구멍을 판다. 구멍을 웅덩이나 연못이라고 생각한다. 그 웅덩이에 고깃국물을 채운다. 포크로 그 웅덩이들 사이에 수로를 만들고 고깃국물이 흘러가는 것을 본다. 완두콩으로 장식한다. 먹지 않는다.
- **다른 방법** : 으깬 감자의 중앙에 커다란 구멍을 판다. 케첩을 붓는다. 감자가 핑크색이 될 때까지 젓는다. 완두콩을 먹는 방법으로 먹는다.
- **아이스크림 콘** : 두 덩이를 얹어 달라고 말한다. 아이스크림 가게를 나갈 때

위의 덩어리를 떨어뜨린다. 운다. 남아 있는 덩어리를 핥아서 콘 밖으로 아이스크림이 녹아 내려 손에까지 묻게 한다. 콘의 테두리 부분에서 아이스크림이 평평하게 되면 핥기를 멈춘다. 콘의 밑부분을 먹어 구멍을 내고 거기에서 나머지 아이스크림을 빨아먹는다. 안에 아이스크림이 묻은 콘만 남으면 차의 앞 유리에 남겨 둔다.[17]

이 예들이 말하는 요점을 놓쳐서는 안 된다. 이 예들은 어린이들이 그들의 신체성의 전 영역을 통해 소재에 관여하는 뛰어난 능력을 말해 주고 있다. 또한 구체화된 형태가 암시하는 행동의 종류에 대해서도 말해 준다.

발견을 위한 형태

이 마지막 형태를 명명하면서 나는 이 장에서 제시된 형태들을 완결하고(예술적 형태는 7장과 8장에서 다루어질 것이다), 4장의 주제를 예상해 보고자 한다. 발견 혹은 발견함을 위한 형태라는 것은 어떤 특별한 목적을 염두에 두지 않고 계획된 가르침의 방법, 그 결과로 무엇이 있을지 알지 못하는 가르침의 방법을 말하는 것이며, 그 계획 자체에서 새로운 이해, 예기치 못한 이해가 분명해지게끔 만들어진 가르침의 방법을 말한다. 이러한 방법을 종교적인 용어로 말하면 계시가 된다.

발견을 위한 형태는 특징상 '무엇이 일어나는지 보기' 위해 세워진다. 이것이 이 형태의 목적이다. 테니스 강습이 테니스를 치는 것을 목표로 하고, 그리스어 강습이 그리스어를 배우는 것을 목표로 하듯이 그 이름이 나타내는 것처럼 발견된 형태는 그 결과를 미리 판단하지 않고 발견되기 위해 존재하는 것을 발견하는 것을 목표로 한다. 나는 모든 학습에 이러한 특징이 존재함을 감지하며 진실로 찬미한다. 더 나아가 나는 이 특징이 항상 존재하기를 희망한다. 그러나 발견을 위한 형태에서는 학습과정의 우

---

17. Delia Ephron, *How to Eat Like a Child and Other Lessons in Not Being a Grownup*(New York : Viking, 1978), 1-5.

연한 부산물에 불과한 것으로서가 아니라 형태의 목적으로서 이 특징을 강조하고자 한다.

발견을 위한 형태에는 길모퉁이에서 꽃을 나누어 주기, 주머니에 달랑 1달러만 가지고 낯선 도시에서 사흘을 지내기, 외국에서 온 방문객 혹은 종교나 사회 계층이 다른 방문객이 되어 보기 등과 같은 상황의 고안이 따른다. 이러한 상황들은 모두 발견을 위한 형태가 되며 관련된 사람의 상상력이 그 한계가 될 뿐이다. 이러한 형태의 아름다움에 대한 개인적 경험은 몇 년 전 "미학과 종교교육"이라는 과정에서 광대에 관한 수업을 하면서 더욱 굳어졌다. 이 수업에 대해서는 후에 자세히 설명할 것이지만 다음의 예는 여기에서 적절한 내용이 된다.

때는 크리스마스 직전, 수업의 지도자는 캐롤 브링크(Carol Brink)였다. 브링크는 간단한 구두 설명을 통해 광대가 갖는 비언어적, 상징적, 비이성적 측면에 대해 상기시키면서, 우리에게 헐렁한 의상을 입고 서로의 얼굴에 죽음의 흰색 칠을 한 후 그 위에 새 생명의 생김새를 그려 보라고 말하였다. 그리고 우리에게 안전한 교실을 떠나 두세 명씩 짝을 지어 밖으로 나가 우스꽝스러운 행동을 해 보라고 하였다. 진지한 대학의 캠퍼스에서 진지하게 학문에 몰두하는 시간에 우리 자신을 걸고 모험을 해 보라는 것이었다. 우리 대부분은 돈과 음식, 과일, 그리고 사탕(허쉬 키세스와 투씨롤)을 나눠 주기로 하였다. 음식이 다 떨어지자 우리는 우리가 만난 사람들 머리 위에 손을 올리고 침묵의 축복을 내려 주었다. 우리와 만난 어린이들은 우리를 당장에 알아차렸다(헤스첼〈Heschel〉에 의하면, 그들은 '그들이 아는 것을 본 것'이 아니라 '그들이 본 것을 알았던' 것이다).[18] 어린이들은 캠퍼스에 있는 광대 때문에 놀라지 않았으며 놀랄 수도 없었다. 잔디밭 일을 하던 일꾼들도 개발 담당 부총장처럼 우리를 알아차렸다. "광대들이 여기 있는데요. 말을 하지 않습니다."라고 누군가가 말하자 부총장은 "말을 안 한

---

18. Abraham Joshua Heschel, *The Prophets*, vol, 1, orig. 1955(New York : Harper & Row, 1962), xi.

다면 광대들이 아니지"라고 대답하였다.

  하지만 우리가 다른 사람들에게 미친 영향을 평가할 방법은 없다. 우리는 그들에게 어떤 영향을 준다는 의도가 아니라 다만 그 예리함, 침묵, 새로움, 그리고 발견을 서로 나누어 보기 위함이었다. 그 때문에 우리가 만나 축복해 주었던 한 나이든 학생에게서 이틀 후에 받은 편지는 각별히 계시적이었으며 참된 '발견'이었다. 그 편지는 다음과 같다 :

> 수요일 오후의 어릿광대들에게
> 예기치 못한 장소에서 찾은
> 그대의 우스꽝스러운 미소 띤 얼굴
> 내 하루의 경이로운 빛남이었네.
> 그대가 내게 준 투씨롤
> 나를 구원한 것은 아니었지만
> 길을 따라 한 걸음 더 나아가게 해주었네.
>
> 여기 계절은 외롭고
> 내가 믿는 것은 오직
> 그 계절을 사는 사람이면 내 말의 뜻을 알 수 있다는 것
> '축복' 받은 것들은 모두 절박해.
> －논문, 학기말 시험, 교회학교의 야외극－
> 그리고 강림절/성탄절의 의미는 무대를 떠나네.
>
> 그런데 그대가 출입구를 통해 걸어 왔네.
> 나는 그대의 길을 막는 대신
> 그대가 찾은 조그마한 선물을 받았네.
> 그대의 말 없는 광대의 축복은
> 나의 고백을 이끌어 냈네.
> "더 높은 지대"를 밟고 가게 되었노라고.
>
>   －마샤－

나는 이 이야기가 발견의 형태에 존재하는 가능성을 잘 설명해 주기 때문에 이 이야기를 한다. 또한 그 수요일 오후에 우리가 발견한 것처럼 우리가 배우기 위해 나설 때 가능한 것을 항상 발견하지는 않기 때문에 이 이야기를 한다. 나는 또한 가르침이 그 최선의 상태에 있을 때 무엇이 일어나는지에 대한 은유로서 이 이야기를 한다. 소재의 성육신은 그 결과가 계시 되게 하는 방법으로 소재를 존재하게 하는 것이다. 이제 종교적 상상력 활동의 하나로서 교육 개념의 근본이 되는 계시를 탐구해 보기로 하자.

4
계시

 4장은 일상 언어, 신학, 그리고 교육학 등에서 발견되는 계시의 이미지에 의거하여, 교육 행위를 종교적 상상력의 하나로 쉽게 이해하기 위한 것이다. 먼저 몇 가지 계시의 순간들을 설명하고, 가능한 계시의 의미들을 탐구하는 것으로 시작한다. 그 다음에 이 장의 중심 주제인 교육에서 소재의 계시를 육성하는 방법을 다룬다. 그리고 "계시의 방향은 무엇인가?"라는 질문에 답함으로써 결론을 맺는다.

계시의 순간들

 나는 가르침이 소재의 계시로 인도해 줌으로 소재의 성육신이라고 주장하였다. "소재의 계시는 어떤 것인가?"라는 질문에 답하면서, 우리는 이 글에서 몇 가지 계시의 순간들을 접할 수 있었다. 로버트 파머의 수업에서 로즈마리 레드포드 루더가 경험한 "위대한 흥분의 순간"은 그녀를 '깨닫게' 하였으며, 군대가 성공적으로 사용한 지도가 알프스 산맥 지도가 아닌 피레네 산맥 지도였음을 발견한 중위, w-a-t-e-r를 이해한 헬렌 켈러, 'rain'을 올바로 발음한 엘리자 둘리틀, 그리고 손바닥에 놓인 죽은 나비를 들여다보는 카잔차스키스의 주인공 등을 통해 우리는 계시의 순간들을 접할 수 있었다. 이 순간들은 각각 특별하게 표현된다. 켈러는 "나는 사고가 돌아오는 전율을 알았다. 사고는 나의 영혼을 깨웠다."라고 하였으며, 헨리 히긴스는 "그녀가 알았어. 이런, 그녀가 알았어."라고 하였다. 또한 루더는 "나는 처음으로 알게 되었다."라고 하였다. 이 모든 말들은 계시의 과정을 표현한 것이다. 벤 도렌(Van Doren)의 월리(Worley)는 다른 예를 보여 준다. 엘리엇의 예를 들면, "그것은 '무심의 순간'이다. 너무 깊은 무심의 순간이라 음악이 전혀 들리지 않으나 당신이 음악인 것이다……." 카잔차스키스는 "그것은 그르칠 수 없는 법이며 영원한 리듬이다."라고 하였다.

삶에서 일어나는 그와 같은 계시의 순간을 잊어버리는 사람은 드물며 그와 같은 방법으로 소재를 구현하지 못한 교사도 드물다. 계시의 의미를 교육과정의 본래적인 것으로 이해하고자 한다면, 여기서 멈추고 — 교사 실습생에게도 이쯤에서 멈추라고 충고하는 것이 현명하다 — 우리 자신의 삶 속의 그와 같은 순간의 구현을 성찰하는 것이 현명하다. 나의 제자 중 가장 묵상적인 학생인 아트 쿠빅(Art Kubick)은 그가 박사과정을 마쳤을 때 형태의 계시가 일어나는 것을 인식하였다. "그 과정의 후반부에서 배움은 완전히 새로운 것을 발견하는 것이라기보다는 오래된 친구를 다시 만나는 것이며 이미 가지고 있는 믿음을 심화하는 것이었다."라고 하였다. 위의 모든 것에는 시간이 지남에 따라 밝혀지는 신비감이 있다. 천천히 그러나 민첩하게 밝혀지는 그 신비감은 점진적 성장에 대한 경외이며 순식간에 경이로움으로 가득 차고 기쁨으로 놀라는 능력이다.

계시의 세 가지 의미

계시적인 경험에 대해 묵상하였다면 이제 "계시의 어떤 의미들이 이러한 경험의 밑바닥에 있는가?"라는 문제를 살펴보자. 다시 말해, 계시의 의미는 무엇인가? 이 질문은 여러 각도에서 살펴볼 수 있다. 우리 일상의 언어에는 보편적, 원형적, 혹은 성례적 계시의 의미가 있다. 우리는 계시라는 용어를 밝혀진 어떤 것, 벗겨지고 걷힌 어떤 것을 말할 때 쓴다. 계시의 순간은 갑작스러운 "알았다!"라는 말과 더불어 알게 되는 깨달음의 특징이 있다. 계시는 개명의 근원이며 전에 알지 못하고 깨닫지 못한 어떤 것이 밝혀지는 근원이다. 현실은 우리 눈앞에 있었다 — 우리는 현실을 바라보고 있었으나 그것을 미처 보지 못한 것이다. 앞의 말의 요점을 다시 말해보면 다음과 같다.

> 보는 습관과 이와 함께 일어나는 정신 작용이 우리의 시력을 망치고 있다. 우리의 시력은 앎으로 가득 차 있으며, 우리가 보는 것을 알지 못한다는 것을 절감하지 못한다. 우리가 명심해야 할 원칙은 우리가 아는 것을 보는 것이 아니라 우리가 보는 것을 알아야 한다는 것이다.[1]

우리가 보지 못하는 경우는 형태(구현 혹은 성육신)와 그 계시의 순간이 함께하지 않기 때문이다. 일반적으로 이해하기에 계시가 지식의 한 형태로서 항상 담론이나 대화를 통해 드러나는 특징을 가진다는 점이 특히 교사들의 관심을 모은다. 그러나 나는 우선 계시가 근본적으로 신학적이거나 기독교적 용어라기보다는 일상의 대화에서 흔히 사용되는 용어라는 점을 지적하고 싶다.

또한 동시에 계시는 신학과 종교에 중심이 되는 단어이다. 이러한 맥락에서 계시의 의미는 교육의 의미에 대해 시사하는 바가 있다. 가브리엘 모간의 계시의 종교적 의미에 관한 연구는 많은 의미를 던져 준다. 그는 몇몇 저서에서 계시가 종래의 생각과는 달리 진리의 덩어리, 진리의 창고, 그 기록이 아니라고 말하며 성경적 기록은 더욱 아니라고 하였다. 오히려 종교적 혹은 신학적 개념으로서의 계시에 대한 이해는 의식적이고 수용적이며 귀 기울이고 주의깊은 인간들에게 스스로를 드러내는 신성이라는 데서 시작해야 한다. 알지 못하는, 이름 붙일 수 없는 말로 다 형용 못하는

---

1. Abraham Joshua Heschel, *The Prophets*, vol. 1(New York : Harper & Row, 1962), xi.

신비라고 알려진 이 신성의 계시는 사건이나 인물, 혹은 공동체, 사물, 언어 등 참으로 모든 계시적 피조물을 통해 매개된다. 그러나 계시의 과정이 일어나는 경로는 일차적인 초점이 아니다. 이 경로는 매개에서는 필수적이나 이차적 역할만을 수행한다.[2]

이 말을 다소 바꿔 표현하면 계시는 두 개의 주요 요소를 가진 과정이지만 그 두 개의 요소는 신성과 신성하게 계시된 진리나 사건 혹은 지혜가 아니며 오히려 계시하는 신성과 귀 기울이고 응답하는 인간인 것이다. 계시는 주체들, 즉 알고 있는 주체들 사이의 계시이다. 계시는 사람 사이의 만남이다. 계시는 인격적 관계 사이에서 일어나는 것이다. "실재는 관계이다. 만남은 계시이다."[3] 이 말은 또한 계시가 현세적이며 사회적임을 의미한다. "인간은 계시하며 계시되는 것은 인간이다. 인간은 인간으로 존재함을 통해 계시하며 계시를 통해 그들은 인간이 된다."[4]

이러한 관점에서 계시에 관한 신학적 교육 상황에서 조차 "무엇이 계시되느냐?"고 질문한다면, 기독교 신학의 전체 전통에서는 계시된 것은 궁극자(the ultimate)라고 가르치며 계시하다라는 동사의 직접 목적어는 신성/인간성/실재라고 가르친다. 기독교, 유대교 혹은 불교 혹은 성경에 계시가 있다고 말하기보다는 기독교, 유대교 혹은 불교 혹은 성경이 계시이며 개인적인 용어로 말하자면 현존하는 존재(beings-in-the-present)의 드러냄을 의식하거나(현존하는 존재의 드러냄, 즉 계시의 사회적 관계적 구성 요소를 의식하거나) 그 드러냄에 참여하는 사람들의 공동체라고 말하는 편이 더 정확하다. 이것은 궁극적으로 계시가 일시적이라는 점과 어린이와 성인의 육체적이고 개인적이며 공동체적인 삶에서 지금 이 외에는 일어나

---

2. Gabriel Morgan, *Theology of Revelation*(New York : Herder and Herder, 1966), *Catechesis of Revelation*(New York : Herder and Herder, 1966), *The Present Revelation*(New York : Herder and Herder, 1972) 참조.
3. Gabriel Morgan, "Revelation and Community," in Gabriel Morgan and Maria Harris, *Experiences in Community*(New York : Herder and Herder, 1968), 75.
4. 위의 면.

지 않는다는 사실을 가리킨다. 계시는 또한 인간이 아닌 동물의 세계에서도 일어나고 있으며 모든 대지의 형태들에게서 일어나고 있을 수도 있다.

이 간략한 설명에서도 이것이 교육에 대해 시사하는 점을 알 수가 있다. 즉, 관계적 삶의 기본적 중요성이 그것이다. 또한 신성한 신비/인간/우주로 계시되어지는 것을 이해하는 데서 알 수 있는 소재에 대한 다중 형태적 관념, 창조의 모든 요소들을 소재의 성육신을 위한 형태로 전유하는 것, 시간이 감에 따른 점차적인 인식이 그것이다. 소재의 성육신을 통해 소재를 계시하는 것으로 교육을 이해하는 것은 종교적 교리로서의 계시와 일치한다. 교리는 성례적이며, 원형적이고, 다시 말해 종교적 상상력의 표현이다.

계시의 일상적이고 신학적인 의미 외에 교육적 사상에 포함된 제3의 의미가 있다. 몇 가지 예를 들면 「앎에 관하여」(On Knowing)라는 저서에서 제롬 부르너(Jerome Bruner)는 다음과 같은 가설을 제안한다 :

> 내가 근거로 하는 가정은, 나름대로 흥미를 가진 학생이 발견하든 혹은 자신의 분야에서 첨단을 가는 과학자가 발견하든, 본질적으로 그 발견이 증거를 재배열하거나 변화시켜 그 증거를 넘어 새로운 통찰력으로 나아갈 수 있게 해주는 것이라는 가정이다. 증거에 대한 부가적인 사실이나 한 단편이 이러한 대대적 변화를 가능하게 할 수 있으며 새로운 정보에 의존하지 않고도 가능한 경우가 많다.[5]

다시 말해, 계시는 보장할 수 없으나 증거할 수 있는 것이다 :

> 적어도 플라톤의 메노(Meno) 이래 인식해 온 바처럼 교사란 알지 못하는 자를 가르치는 자이기보다는 학생의 마음에서 소재를 재창조하는 자이며 이러한 재창조의 기술은 무엇보다 학생이 이미 잠재적으로 알고 있는 것을 인식하게 만드는 것이다. …… 이것이 학생보다 교사가 질문을 더 많이 하는 이유이다.[6]

---

5. Jerome Bruner, *On Knowing*(Cambridge : Belknap Press of Harvard University, 1962), 82-83. Bruner가 말하는 재배열하고 변화시키는 증거는 여기서의 구현이다. 증거를 넘어 새로운 통찰로 나아가는 것은 여기서의 계시이다.

그러나 역설적으로 교사가 학생의 질문에 대답하기를 거부함으로써 제시의 가능성을 일깨우기도 한다. 다음에서 그러한 교사의 예를 볼 수가 있다.

> 제 자 : 부처가 수세기 전에 살았던 싯다르타 고타마 그 이상이라면 부처의 참된 본성을 무엇입니까? 대답해 주십시오.
> 스 승 : 꽃피는 매화나무 가지니라.
> 제 자 : 스승님, 제가 묻고 또 진정 알고 싶어하는 것은 부처가 무엇이냐? 하는 것입니다.
> 스 승 : 푸른 바다를 유유히 헤엄치는 금빛 지느러미를 가진 분홍 물고기니라.
> 제 자 : 경외하는 스승님, 부처가 무엇인지 말씀해 주시지 않으렵니까?
> 스 승 : 밤하늘에 차갑고 조용히 떠 있는 보름달이 검은 풀밭을 은빛으로 바꾸는구나.[7]

로저 헤젤톤(Roger Hazelton)은 위의 학생과 교사와의 관계에 대해 말하면서 대화 또한 온전히 이들의 관계와 같다고 말한다. "위의 제자가 학비를 되돌려 받으러 갔는지는 알려진 바 없지만, 어쨌든 이러한 방법이 열성적인 학생을 대하는 교육방법인가?"[8] 그러나 헤젤톤은 그 대화의 본질을 계시로서 묵상하고 있다.

그러나 그 스승이 보기와는 달리 제자가 대답하기 불가능한 질문을 하였음을 일깨우고자 하였다고 생각해 보자. 부처의 본질은 상식적인 용어로 정의되는 중립적이고 공공연한 사실이 아니다. 그와는 반대로, 부처의 본질은 오직 기민하고 깊은 인격적 민감성에게만 열려 있는 축복된 실재와 관계가 있다. 그러므로 학생

---

6. Northrop Frye, *The Great Code*(New York : Harcourt, Brace, Jovanovich, 1981), xv.
7. Roger Hazelton, *Ascending Flame, Descending Dove*(Philadelphia : Westminster, 1975), 64.
8. 위의 책, 64-65.

은 실재이든 상상의 것이든 그 자신의 경험 안에 드러나는 세상의 풍요로운 세세한 모습과 놀라운 다양함에 좀더 감정을 기울여 밀접하게 관심을 가짐으로써 대답을 찾는 것이 나을 것이다. 매화나무 가지와 유유하게 헤엄치는 물고기 혹은 꽉 찬 보름달을 추상적 개념으로만 이해할 것이 아니다. 이들은 사물의 표면 아래 존재하는 더욱 생생하고 큰 실재에 대한 자각을 일깨우는 역할을 할지도 모른다. 보는 것이 아는 것이 되며 아는 것이 믿음이 된다.[9]

눈을 뜨게 하는 것, 실재이든 상상이든 경험 안에서 드러나는 세계, 사물의 표면 아래 존재하는 실재에 대한 자각, 언어 형태, 대지 형태, 구체화된 형태, 발견을 위한 형태, 이러한 것들이 계시에 속한다. 그렇게 되면 보는 것이 아는 것이 되고, 아는 것이 믿음이 되며, 배움은 계시가 된다.

마지막 예를 들면, 리즈 대학의 교육학 교수인 윌리엄 월시 교수(William Walsh)는 교육과 계시에 대해 내가 아는 한 가장 통찰력 있고 시적인 표현을 하고 있다. 그는 배움에는 심리적인 차원 이상의 것이 항상 존재한다고 주장한다.

> 배움은 항상 계시된 어떤 것이며 또한 수행된 어떤 것이다. 계시로서의 배움은 일부 사람들을 꺼리게 만들기 충분한 플라톤적이며 기독교적인 색채가 있는 관념이다. 그러나 그 관념들에게 거슬리는 것이 있다 하더라도 교사들에게 중요한 것은 배움에는 적어도 일상의 경험에 의해 증명된 부정적인 증거가 틀림 없이 포함되어 있음을 깨닫는 것이다. 배움은 보장할 수 없다. 모든 협조적인 상황이나 노력이 있다 하더라도 배움이 보장된다고 믿는 것은 인간을 틀림 없는 적응 유기체로 보는 것이며, 교육을 환경의 교묘한 조작으로, 그리고 배움을 구체적 상황에 적합한 반응을 생산하는 것으로 보는 것이다……. 인간의 존엄성은 우리에게 실패의 가능성을 용납하라고 요구한다. 교사의 소명은 신비 앞에서의 경외감을 포함하며, 학습자의 역할에는 사건을 고대하는 인내와 고요를 수반한다. 학습은 경이로움에서 시작하여 겸손으로 계속되며 감사로 끝나야 된다. 감사는 주어진 어

---

9. 위의 책, 65.

떤 것 앞에서만 느껴지는 적절한 감정이다. 감사는 은혜와 상관한다.[10]

교육 : 소재의 계시를 양성함

계시가 제시하는 앎의 종류는 소재를 넘겨 주거나, 정보를 전하는 것으로 또한 교사가 '아는' 것을 '모르는' 누군가에게 말하는 것으로 이루어지는 것이 아님을 분명히 해야 한다. 여기서 제안하는 소재의 계시는 '부정적 능력(negative capability)'을 사용함으로써 이해할 수 있다. 부정적 능력은 키이츠(Keats)가 세익스피어에 관해 사용한 말이며, 사실이나 이유를 애써 찾지 않으면서 불확실성, 신비, 그리고 의심 가운데서 살아가는 능력을 나타낸다. 계시를 양성하고자 하는 사람은 반드시 종교적 상상력의 모든 역할을 수행해야 한다. (어둠과 침묵의 탐구자인) 명상가, (엄격함과 초연함을 발휘하는) 금욕주의자, (존재론적인 유연함으로 개혁하는) 창조자, (모든 곳에든, 어떤 곳에든 존재하는 신비, 그리고 아무 데에도 존재하지 않는 신비의 존재에 대해 민감한) 성례가 되어야 한다. 직접적인 의사소통이 아닌 간접적인 의사전달로 접근해야 한다.

간접적 의사

전달교사의 일이 종교적 상상력의 하나라고 생각하는 교사, 그리고 계시를 양성하고자 원하는 교사들이 선택하는 중심적 방법이 간접적 의사소통이라고 생각한다. 간접적 의사소통이라는 용어는 쥐렌 키에르케고르(Sören Kierkegarrd)가 사용함으로써 잘 알려져 있다. 키에르케고르의 연구가 교육에도 유익하므로 그에게 다분히 의거하여 그 출발점을 삼고자 한다. 그리고 나서 그의 저술이 인도하는 방향과 또한 그의 저서가, 특히 가르침의 핵심이 "질문을 제기하는 것"이라고 말할 때, 오늘날의 교육에

---

10. William Walsh, *The Use of Imagination : Educational Thought and the Literary Mind*(New York : Barnes and Noble, 1960), 65.

대해 어떤 독창적인 생각을 산출할지에 대해 말하고자 한다.

사라 리틀(Sara Little)이 그녀의 보석 같은 교육서인 「마음먹기」(*To Set One's Heart*)에서 지적했듯이 간접적 의사소통이라는 용어는 키에르케고르가 거의 기술적으로 소유하고 있기에 키에르케고르와 매우 밀접하게 연관되어 있다.[11] 그럼에도 불구하고 나는 간접적 의사소통이 좀 더 보편적으로 주장되기를 희망한다. 그러한 보편적 주장을 성취하기 위해서는 제임스 화이트힐(James Whitehill)이 20년 전에 한 분석이 가장 도움이 되리라고 생각한다. 그의 분석은 키에르케고르의 연구를 확장하여 다른 상황에서 적용하기 때문이다. 화이트힐의 분석에서는 의도, 내용, 방법, 그리고 전달자와 수신자의 관계라는 의사소통의 네 가지 측면을 이끌어 낸다.[12]

간접적 의사전달의 요소

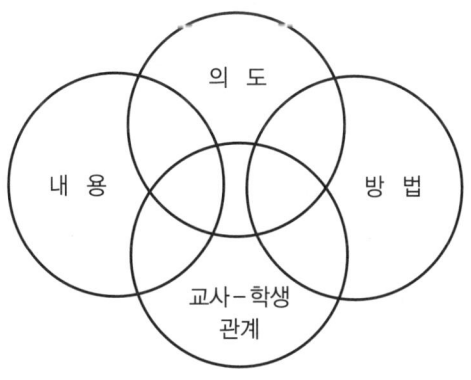

---

11. Sara Little, *To Set One's Heart*(Atlanta : John Knox, 1983), 59 - 60.
12. James E, Whitehill, "The Indirect Communication : Kierkegaard and Beckett." in *Art and Religion as Communication*, edited by James Waddell and F. W. Dillistone(Atlanta : John Knox, 1974), 79 - 93. 또한 Edward Robinson. "Loneliness and Communication," in *Theology LXXXⅢ*, 693(May 1980), 195 - 203 참조. Kierkegaard의 원문을 보려면 Sören Kierkegaard, *Concluding Unscientific Postscript*, translated from the Danish by David Swenson : Introduction by Walter Lowrie, orig. 1941(Princeton, NJ : Princeton University Press, 1968) 참조.

의도

　의도와 관련하여 상상력의 역할은 매우 중요하다. 교사가 그들이 무엇을 하고 있다고 상상하느냐, 무엇을 하고 있다고 가정하느냐, 무엇을 하고 있다고 생각하느냐, 그리고 무엇을 하려고 의도하느냐는 그들이 실제로 하는 것에 배어들어 색깔을 입히며 결정한다. 키에르케고르는 먼저 의도에 관해 이야기하면서, '(스스로 기독교인이라고 생각하는) 그의 청취자가 기독교인이라고 생각하는 미몽과 그들이 신성을 '알 수' 있다는 미몽에서 깨어나게 하려 한다. 키에르케고르는 의사전달자가 청취자를 마주하였을 때, 의사전달자의 목적이나 의도는 반드시 청취자(의사전달의 수신자)가 엄격한 요청을 받고 있음을 깨달을 수 있도록 그를 대면하는 것이어야 한다고 말한다. 그 요청은 키에르케고르의 용어로 표현하면 청취자로 하여금 의사전달에 대한 그의 관계가 긍정적일 것인가 아니면 부정적일 것인가를 선택하게 촉구하는 '실존적 가능성'(existence possibility)을 말하는 것이다. 그러한 선택을 할 때, 청취자는 스스로의 주체성을 선택한다. 즉, 청취자는 제공된 가능성, 다시 말해 '실마리 체계'로서의 소재에 대해 찬성하거나 반대하는 선택의 요구를 받는 것이 아니다. 오히려 그는 가능성(소재)에 대해 어떤 관계를 가질 것인가를 선택하라고 요청받는다. 키에르케고르에 의하면 청취자는 제시된 형태의 이해를 통해, 또한 자아와 관련한 형태의 전유를 통하는 이중적 묵상을 통해 이러한 선택을 한다.

　전달자와 수신자라는 말 대신 교사와 학생이라는 말을 쓴다면 교사의 의도는 학생들의 선택 능력을 각성시키려는 노력임을 알 수 있다. 이러한 의도에서는 청취자(학생)의 자유와 선택이 능동적으로 되기 때문에 키에르케고르는 이것을 윤리적 능력이라고 하였다. 그에 의하면 교사는 이 윤리적 능력이 활발해지기를 원하며 학생들이 자신을 알고 주체성을 가지고 선택할 수 있도록 능동적으로 만들기를 의도한다. 교사의 의도는 다음과 같이 네 가지 시각에서 볼 수 있다 :

1. 사고의 각성
2. 긴장 유발
3. 윤리적 반응의 환기
4. 주체성의 교류를 열기

이 분석은 직접적 의사소통에 대비한 간접 의사소통의 간략한 개요라고 할 수 있다. 직접적 의사소통에서 교사가 의도하는 것은 내용을 사실이나 정보의 형식으로 전달하는 것이다. 그러나 그러한 의도에는 왜 내용 전달이 있는가 하는 문제가 항상 깔려 있음을 생각해야 한다. 즉, 교사가 상상하는 것이 그의 의사전달의 결과로 발생할 것이라는 사실이다. 다시 말해, 직접 의사소통과 간접 의사소통의 관계는 상반 관계가 아닌 협력 관계가 될 수도 있다는 것이다.

우리 문화에서는 간접 의사소통의 원리와 일치하는 의도 표출의 예를 많이 볼 수 있다. 다음의 예에서처럼 우리는 교사에게서 활동 중인 금욕적 상상력의 규율과 간격을 본다. 마틴 부버(Martin Buber)는 다른 교사들에게 '일하지 않은 것처럼' 일하라고 청하며, 만약 의사소통이 참견의 몸짓으로 이루어진다면 학생들을 망치게 된다고 일깨운다.[13] 실비아 애쉬톤-워너(SylviaAshton-Warner)는 뉴질랜드에서 마오리족 아이들을 가르치며 그들에게 자신의 책을 만들면서 자신의 실재를 창조해 보게 한다.[14] 시오네이드 로버트슨(Seonaid Robertson)은 예술을 통해 어린이들과 청소년들에게 새로운 자각을 일깨워 주고자 한다.[15] 파울로 프레이리는 특별히 극빈자들 가운데 비판적 의식을 심어 주기 위해 교육한다.[16] 과거에도 예수, 부처, 모하메드, 그리고 모세와 같은 이러한 교사들이 많았다.

---

13. Martin Buber, *Between Man and Man*(London : Kegan Paul, 1947), 90.
14. Sylvia Ashton-Warner, *Teacher*(New York : Simon and Schuster, 1963).
15. Seonaid Robertson, *Rosegarden and Labyrin*(London : Routledge & Kegan Paul, 1963), 107.
16. Paulo Freire, *Education for Critical Consciousness*(New York : Seabury, 1973).

이러한 교사들을 인용하는 이유는 간접 의사소통이 여러 가지 교수법 중의 하나에 불과하다는 인식을 반박하기 위함이다. 간접 의사소통은 의도를 이루기 위한 유일한 방법이라는 것이다. 오히려 간접 의사소통에서 볼 수 있는 의도를 모든 가르침에서 볼 수 있어야 한다. 소재가 무엇이든지 교사는 학습자가 그 주제와의 관계를 발견하게 해주는 방법으로 형태를 구현하도록 노력해야 한다. 그러면 관계는 요구가 만들어지게 하고 선택이 제공되게 하며 행동의 과정이 주장되게 한다. 만약 다른 사람의 자유와 선택에 대한 철저한 존중이 있는 상황에서 교육이 이루어지면, 그 다른 사람은 요구에 응답하고 선택하며 행동을 시작하는 내부의 힘을 발견할 수 있게 된다. 학습자의 반응은 긍정적일 수도 있고 부정적일 수도 있다. 그러나 한 번 시작되면 학습고리는 완성된다. 학습자(수신자)는 자아 내부의 힘, 자신의 주체성으로부터 일어나는 힘, 그리고 행동하고 또 행동하지 않을 능력과 역량에 이르게 된다.

그러므로 교사의 4중 의도는 학생 안에서 살아 있게 된다. 먼저, 사고가 잠을 깬다 — 학생들은 돌아오는 사고의 전율을 느낀다. 둘째, 긴장이 만들어진다. 학생은 자신이 현상에서 밀려나고 — 때로는 비이성적인 방법으로 안락함에서 쫓겨나 불편함으로 내몰려진다(부버는 교육자를 시험하는 것이 학생과의 갈등에 있다고까지 말하고 있다).[17] 셋째, 학생의 심층부에서 확신이 일어난다. 무엇인가를 한다는 확신(무엇이 되고, 무엇을 꿈꾸고, 무엇을 고대하며, 아니면 무엇이 일어나게 허락한다는 확신)뿐만 아니라 도덕적, 윤리적, 종교적으로 무엇인가를 하는 소명을 받았다는 확신이 일어나게 된다. 마지막으로 학생은 실존 가능성을 갖는다. 학생이 응답하면, 그 학생은 자신의 주체성 이상의 것이 드러남을 본다. 그 학생은 자신에게 제시된 것, 존재하게 된 것과 주체성의 교제를 하고 있음을 안다. 이것이 간접 의사전달의 측면에서 볼 때, 교사가 희망하는 것이며 의도하는 것이다.

---

17. Buber, *Between Man and Man*, 110.

내용

의도는 내용과의 특별한 관계를 전제로 하며, 이것이 간접 의사소통의 두번째 측면이다. 직접 의사소통에서는 내용의 이미지를 포착하는 것이 상대적으로 쉽다. 교사는 사실과 정보, 원리와 데이터, 그리고 과정을 마음 속에서 알고 있다. 나는 신체로 보여 주는 기술이 있다(예를 들면, 스케이트 타기나 바이올린 연주와 같은). 학생과 나는 동시에 보고 서로 그 내용을 점검하여 내용이 상응하는지 알 수 있다. 가르침의 대부분 아니면 거의 전부 또는 시작 시점에서 이러한 이미지를 가정해야 하며, 또한 그러지 않을 이유도 없다.

우리의 세계는 내용에 대한 구체적이고 기술적인 비전이 없으면 돌아가지 않는다. 그러나 여기에서 멈추거나 여기에 우리의 비전의 한계를 두는 것은 실패하는 것이다. 우리의 의도가 다른 사람들에게 그들의 힘(실존 가능성, 교제에서의 주체성)을 주장하도록 돕는 것이라면, 교사는 모든 기술적 이미지 밑바탕에 있는 내용을 본질적으로 포착하기 어렵고 모호하며 신비의 영역에 있는 것으로 볼 필요가 있다. 즉, 우리가 완전히 알 수 없는 것으로 볼 필요가 있는 것이다. 내용은 더욱 심오한 어떤 것의 매개체이다. 직접 의사소통에서 우리는 오해를 피하고 실수가 없도록 가능한 한 충분한 명료성을 확보할 수 있다. 그러나 간접 의사소통에서는 내용이 더 많다. 내용은 각 주제의 고유성만큼이나 다를 뿐만 아니라 어린아이가 말하는 것처럼 "알지만 말 못하는" 곳에 가장 깊은 지식이 있기 때문이다. 종교적 상상력은 그 정의에 의해 이해한 지식, 구체화된 지식, 사람들이 거하는 지식으로서의 완전한 내용을 옹호한다. 종교적 상상력은 신비를 지지하며, 모호성과 역설을 지지한다. 종교적 상상력은 어둠 속에 "나의 반쯤의 휴식에" 서 있다. 그 휴식에서

> 앎이 잠시 속도를 줄이고
> 알지 못함이 조용히 들어온다.
> 스스로임을 견디며……[18]

'스스로임을 견디는' 내용은 '계시를 견디는' 내용이다. 전달이 발생한다는 것은 수신자에게 내용을 전달하는 것이 아니라 — 본질적으로 실존하고 책임감 있으며, 도덕적이고 종교적인 주체로서의 수신자 — 스스로에게 전달하는 것이다.

방법

교사의 의도는 내용을 고착되고 안전하며 질서 있고 알 수 있으며 납득할 수 있는 것으로 만들려는 시도로부터 벗어나게 하면서 표현하는 것이다. 동시에 이 내용은 깊은 관심을 불러일으킨다. 어떤 방법이 이러한 관심을 불러일으킬 것인가? 이 말은 교사가 될 수 있는 한 모호한 태도여야 한다는 주장에 반하고 있다(내가 말하는 바에 대해 비난을 하여도 기꺼이 감사를 표하겠다).

3장에서 언어, 대지, 구체화, 발견 등의 형태를 들어 형태의 성육신을 규정하고 논의하면서 방법에 관하여 일부 설명을 하였다. 이제 방법이 되는 활동 전부를 말하고자 한다. 가면의 이용, 암행(incognito), 아이러니, 유머, 여담[19]이 있으며, 연조(soft-focus), 간접화법, 배리적 단언(paralogical assertion)과 가벼운 단언과 같은 표현적인 언어의 형식이 있다.[20] 사라 리틀은 우화, 드라마, 영화, 침묵, 내적 성찰을 덧붙인다.[21] 7장과 8장에서는 이러한 방법이나 형식의 존재와 실행에 대해 많이 다루고 있다. 종교의 영역에서는 지식이 직접화법으로 쉽게 전달되지 않기 때문에 위의 방법만이 사용 가능한 교육방법이 되는 경우가 많다. 죽음, 삶, 탄생, 고통을 포함하는 모든 현실은 종잡을 수 없는 언어를 본질적으로 뛰어넘는 것이다.

---

18. From Theodore Roethke, "How Can I Dream Except Beyond This Life?" from "The Abyss," in *Collected poems*(London : Faber, 1968), 189.
19. Whitehill, "The Indirect Communication," *Art and Religion*, 83.
20. Wheelwright, *The Burning Fountain*, 84-96.
21. Little, *To Set One's Heart*, 61.

그러나 키에르케고르는 방법에 대한 실마리를 좀더 제공한다. 첫째 실마리는 교사가 수신자(학생)가 위치한 '장소'로 가는 것이 필수적이라는 것이다. 이 실마리는 상대방이 있는 곳을 찾고, 거기에서 시작하고자 하는 금욕적 상상력을 사용할 것을 요구한다.

> 돕고자 하는 참된 노력은 겸손에서 시작한다. 돕는 자는 반드시 돕고자 하는 사람 아래로 자신을 낮추어야 하며 돕는 것이 군림자가 아닌 종이 되는 것임을 이해해야 한다. 또 돕는 것이 열망이 아닌 인내를 의미하는 것을 알아야 하며, 돕는 것이 그가 그르며 상대방을 알지 못한다는 비방을 당분간 견디어 내야 한다는 의미임을 알아야 한다.[22]

내 생각에 이 첫째 실마리는 정치적인 의미가 있다. 교사로서 상대방의 장소로 간다는 것은 그 상대방의 모든 장소로 간다는 것을 의미한다. 학습자들은 그들의 정신적, 인격적 '장소'에서 존재할 뿐만 아니라 물리적 장소에도 존재한다. 교사가 학습자 자신뿐만 아니라 학습자의 총체적인 환경을 다루지 않는다면, 간접 의사소통은 — 어떤 철학이라도 그럴 수 있듯이 — 엘리트적이고 난해하다는 비난을 받을 수밖에 없다. 그러므로 가르침의 소명은 특정한 장소에서의 가르침을 의미한다. "학습자가 있는 장소"로 가는 것은 때로 배고픔, 억압, 빈곤, 그리고 경제적 결핍과 같은 고단한 현실을 고려하게 한다. 이럴 때 간접 의사소통은 식품협동조합을 설치하고 의료봉사를 제공하며 식사를 제공하고 직업을 찾아주는 등의 불공평을 누그러뜨리는 자세를 취할 필요가 있게 된다.

그러나 언어가 인간 삶의 예술적 형태를 이루기 위해 선택되었다면 또한 언어가 교사가 제공할 수 있는 실존 가능성의 형태라면, 그 언어는 학습자에게 적합하여야 하며 또한 그들이 사용할 수 있는 것이어야 한다. 예

---

22. Kierkegaard, quoted in Whitehill, "The Indirect Communication," *Art and Religion*, 83.

를 들어, 미국에서 흑인 여성들은 "모든 여성은 백인이고 모든 흑인은 남성"이라는 형태가 아닌 다른 언어 형태를 요구하고 있다.[23] 모든 여성들은 남성의 경험을 통해 번역하지 않아도 되는 형태를 요구하기 시작하고 있다. 아시아인, 라틴계 미국인, 아프리카인, 그리고 오세아니아인들은 '대륙' 하면 서부 유럽을, '아메리카' 하면 미합중국을 의미하는 나토 세계에 살고 있지 않다. 근동과 중동은 지구의 어떤 곳에서는 동쪽이 아니다. 결국 형태는 학습자의 경험과 일치하고 조화를 이루는 부분이 있어야 한다.

종교교사라는 특별한 경우, 방법이 갖는 이러한 측면은 매우 두려운 것이지만 창조적인 의미를 함축한다. 1960년에 죽었다고 선언되었던 '신'은 현재도 많은 사람들에게는 죽었다. 소재로서의 신성은 인간 실재의 본질을 표현하기 위해 좀 더 적합하고 또 전유 가능한 형태가 절실하게 요구된다. 아직은 우리의 상상뿐인 초월적 신성은 사물의 핵심에 자리하며 표현되기를 고대하고 있을지도 모르며, 신성의 낡은 이미지들은 묻어 버릴 필요가 있을지도 모른다. 또한 세계의 종교가 취한, 특히 식민주의와 가부장제도에 의해 결정된 많은 형태들은 죽었다. 특히 자신의 전통이 아닌 다른 심오한 전통에서 오는 지혜를 거부하는 종교적 비전은 매장될 수도 있다.

이것은 방법의 문제에 어떤 의미를 주는가? 키에르케고르의 간접 의사소통을 선두로 내용의 모든 측면이 "마치 제시되지 않은 것처럼" 제시될 수 있고, 교사가 "마치 행동하지 않은 것처럼" 행동한다면 모든 것은 하나의 질문으로 접근될 수 있다는 것을 알 수 있다. 방법의 진수는 질문의 제기가 될 것이라는 말이 맞을 수 있다. (내용에 대한) 지지를 즉각적으로 요구하지 않을 것이며 요구하지도 못한다. 오히려 교사와 학습자는 다같이 질문자로서 만족하며 서로에 대해 또한 소재에 대해 질문을 제기하게 된다.

---

23. Gloria T. Hull, Patricia Bell Scott, and Barbara Smith, *All the Women Are White, All the Black are Men, But Some of Us Are Brave*(Old Westbury, NY : The Feminist Press, 1982).

그렇다면 참된 질문은 무엇인가? 단편적 지식에서 시작되는 실재, 질문의 형식에 필연적으로 나타나는 것도 아닌 실재를 탐구하는 것이 아닌가? 사랑, 탄생, 친밀, 고뇌, 전쟁, 질병, 악에 관한 문제가 아닌가? 복합적 문제, 즉 인간의 삶 그 자체와 관련된 덧셈과 불규칙 동사와 같이 단순해 보이는 소재가 아닌가? 모든 소재가 바로 "우리의 세계에 형태를 어떻게 부여하는가?"라는 질문에 답하려는 시도가 아닌가? 인간이란 그 '존재함'에서 존재에 대한 의문을 가지는 존재라는 말이 옳지 않은가? 햄릿의 "사느냐 죽느냐 그것이 문제로다"라는 대사를 들을 때 뒤따르는 불안하고 어색한 웃음은 — 우리가 우리의 실존에 맞설 때 완전히 벌거벗고 있는 듯한 느낌을 경험하게 되는 것과 같이 — 인간 내면의 저 밑바닥을 건드리는 것에서부터 나오는 것은 아닌가?

 선불교에서 교사는 의문을 역설로 쓸어 버리는 것으로 가르침의 자격을 보여 준다. 단순히 질문에 대답하는 것은 그 질문이 이루어진 정신적 단계를 고작시키는 위험이 있다. 무엇인가는 보류되어 더욱 훌륭하거나 더욱 완전한 실존의 가능성을 귀띔해 주어야 한다. 이것이 없다면, 앎과 알지 못함으로 나아가는 것은 중단된다. 「자홍색」(The Color Purple)에서 앨리스 워커(Alice Walker)는 질문을 제기하는 것에 가르침의 정수가 있다는 것을 웅변적으로 말하고 있다.

> 나는 우리가 생각하기 위해 여기 있다고 생각해요. 생각하고 묻기 위해 큰 것들에 관해 생각하고 큰 것들에 관해 묻다 보면, 우연히도 우리는 작은 것들에 대해 알게 되지요. 그러나 큰 것들에 대해서는 처음보다 더 알게 되는 것도 아니에요. 그는 더 생각하면 할수록 더 많이 사랑하는 것이라고 말했어요.[24]

 질문을 제기하는 것이 가르치는 행위의 중심이라는 나의 주장은 매우

---

24. Alice Walker, *The Color Purple*(New York : Washington Square press, 1982), 247.

중요하다고 생각한다. 방법의 예비적, 부가적 단계로, 교사는 학생이 존재하는 데까지 간다. 그러나 교사가 거기에 갈 때에 요청되는 행위는 질문을 일으키고 제기하는 것이며 학생과 함께 그 질문 앞에 거하는 것이다.

교사 - 학생 관계

간접 의사소통의 마지막 측면은 교사와 학생의 관계이다. 앞에서 나는 종교적 상상력을 가르침의 행위를 계시로서 통합시켜야 한다고 주장하였다. 이러한 통합은 종교 교사와 학생을 생각할 때 매우 중요하다고 생각한다. 관계를 (교사는 그 매개자인) 하나의 대면이라고 한 키에르케고르의 생각이 옳을 수도 있지만 나는 그 대면의 방향이 침묵 속에 서 있는 수신자만을 향한다는 생각에는 찬성하지 않는다. 나는 좀 더 풍요로운 입장에서 그 관계를 볼 수 있다고 생각한다.

나는 교사와 학생을 두 개의 분리된 개체들 사이의 관계로 보는 대신 종교적 상상력의 렌즈를 통한 관계로 볼 수 있다. 종교적 상상력은 서로를 공동체로 이끌어 앞서 말한 주체성의 교제 안에서 서로 나누게 한다. 종교적 상상력이 관계에 집중된다면, 교사와 학생은 네 가지 상상력의 길을 따라 함께 걷고 있음을 알게 될 것이다.

먼저, 교사와 학생은 공동 명상자이다. 소재는 그들 앞에 실존의 가능성으로 서 있으며, 바라보는 자(묵상자, 경배자)의 기본 태도는 경외이다. 또한 교사와 학생은 주체이기도 하여서 서로 실존 가능성으로서의 당신(Thou)으로 관계를 맺는다. 소재(즉, 자신들)에 관한 그들의 선택, 즉 그들의 관계가 부정적일 것인가 아니면 긍정적일 것인가에 대한 선택은 상대 주체와 그 주체성을 본질적으로 타인, 이방인, 심지어 적으로 보느냐(부정적 관계) 아니면 상대를 자매나 형제로 보느냐(긍정적 관계)에 대한 선택이다. 이 선택은 명상에서 시작하며 이러한 기본 명상이 없다면 어떻게 다른 실존 가능성들이 선택될 수 있는지 상상하기 어렵다.

교사와 학생의 두 번째 관계는 금욕적 관계이다. 그 관계에는 존중이 있어야 하며 또한 조작에 대한 거절, 간섭에 대한 거절(부버의 말처럼, 간섭의 몸짓으로도 그 교사는 실패한다), 상대방이 물을지도 모르는 질문에 대답하는 것에 대한 거절이 있어야 한다. 다시 말해, 교사와 학생은 서로 이용하지 말아야 한다는 것이다. 가르침에서의 이와 같은 금욕적 부분은 교사와 학생이 그들 앞에 있는 것, 즉 가르침의 제3요소인 지식을 바라볼 수 있게 하여 의미를 캐내려는 의욕, 규율, 땀, 눈물로서 어떤 침해 없이 가르침에 접근할 수 있게 한다.

세 번째 관계는 공동 창조의 관계이다. 교사와 학생은 서로에 대해 철저한 호기심을 가지고 접근해야 한다. 그들의 관계에는 신비감과 모든 것이 서로 연결된다는 믿음이 있어야 한다. 교사와 학생은 서로를 대면해야 하지만 또 하나 대면해야 할 것이 바로 내용이다. 모든 종류의 연관성을 직감하면서 그 내용을 직면할 때 마치 그 전에 한 번도 보지 못했던 것을 보는 것처럼 보이야 힌다(이것은 어린아이들이 항상 지니고 있는 통찰력이다). 자유로이, 그리고 존경심으로 질문이 제기되면, 교사와 학생 모두는 창조자이며 창조적 존재라는 것을 발견하게 된다. 처음 대하는 소재는 고유한 주체들에 의해 접근됨에 따라 각각 다르게 보여지며, 새로운 실존 가능성으로 발견·창조되기 위해 대기한다. 참된 창조성을 자신의 것으로 돌리고자 하는 충동은 교사들이 거의 항상 갖는 것이며, 이를 의식하여 토마스 머튼(Thomas Merton)은 이슬람 신비주의자들의 글을 빌려와 초심자들에게 경고를 하고 있다.

> 확립된 것만을 존중하는 자를 피하라.
> 그들의 마음은
> 작은 얼음 세포들이니라.[25]

---

25. Thomas Merton, in Michael Mott, *The Seven Mountains of Thomas Merton*(Boston : Houghton Mifflin, 1984), 300–301.

공동의 창조자가 되기를 거부하는 교사들은 자신이 성취한 것들만을 존중하고 자신이 가르치고 있는 사람들에게 공동 창조자의 역할을 인정해주지 않는다. 관계에서 네 번째 요소는 서로에 대한 성례로서의 교사와 학생(또한 내용)이다. 성례로서 교사와 학생은 나름의 방식으로 다양한 우주의 영광과 은혜를 상상하며 그 밑에 존재하는 무한히 다양한 실존의 가능성들을 상상한다. 모든 동화작가들, 심리학자, 무당, 랍비, 힌두교의 교부들은 실재의 한 가닥을 집어들고 그것을 끝까지 따라가 보면 결국 우주의 중심에 이르게 된다는 것을 알고 있다. 서로에게 성례가 되는 관계에 있을 때 주체들은 이러한 실마리가 되어 주는 가능성을 갖는다.

계시 : 무엇을 향하는가?

이 장의 마지막 문제는 계시의 방향에 관한 것이다. 소재의 계시가 일어나게끔 소재가 구현되고 살을 입었다면, 그 다음에는 무엇이 일어나는가? 그 방향은 어디인가? 그러한 가르침은 무엇을 목적으로 하여야 하는가?

다시 부버의 말을 의지하자. 부버에 의하면, 인간성의 정체에 대한 고정된 시각을 가진 문화에서 또 보편적 합의와 일반적으로 승인된 기준이 있는 시대에서의 교사는 보편적 타당성의 '인물'을 세우고 "이것이 너희가 갈 길이다."라고 말할 수 있다고 한다. 부버는 '신사'가 그 첫째 인물이며, 그 다음이 '기독교인', 그리고 셋째 인물이 '시민'이라고 하였다. 그러나 이러한 인물들이 모두 다 사라진 문화에서 우리는 무엇을 해야 하며 어디로 가야 하는가? "모든 인물들이 산산이 흩어졌을 때 어떤 인물도 현재 인간들을 지배하고 결정하지 않을 때에 형태를 이루기 위해 남겨진 것은 무엇인가? 하나님의 이미지 이외는 아무것도 없다.[26]

소재의 계시는 신성한 이미지의 형성으로 향한다. 계시는 신성한 이미지를 묵상하며, 규율과 존경으로 그 이미지에서 물러나와 그 이미지를 새

---

26. Buber, *Between Man and Man*, 102.

롭게 창조하려고 용감하게 시도하며, 그 이미지를 모든 얼굴에 있는 한 얼굴로, 모든 삶에 있는 한 생명으로, 모든 희망 속에 있는 한 희망으로 본다. 이 장에서 논의한 것들이 옳다면 우리는 이 얼굴의 완전한 모습은 볼 수 없다. 모든 종교 전통에서는 신성을 면전에서 완전히 보는 사람은 더 이상 살아갈 수 없음을 단호하게 말하고 있기 때문이다.

그래도 우리는 이 신비로운 이미지의 윤곽을 언뜻 볼 수 있다. 그리고 이미지는 언뜻 본 그것으로 이미 우리를 지배한다. 다음 장은 이러한 이미지의 윤곽을 그리고, 그 윤곽에 살을 입히며, 그 이름을 발음해 보는 방향으로 다루어질 것이다. 물론 그 이름들은 새로운 것이 아니며 이미 아는 것이다. 그러나 이름들은 여기에서 가르침의 좌표로, 가르침의 의로움에 대한 상징으로, 가르침의 진리에 대한 기준으로 다루어질 것이다. 그 이름들은 교제로 이끄는 권능의 은총이며, 정의와 평화로 이끄는 재창조이다.

소재의 계시로 인도하는 성육신으로서의 가르침에서는 윤리적이고 도덕적이며 책임감 있는 선택의 순간에 그 주체가 드러나게 된다. 그 선택의 순간에는 행동하고 행동하지 않을 능력, 선택하고 선택하지 않을 능력, 말하고 말하지 않을 능력이 주체(인간) 앞에 놓인다. 다시 말해, 계시가 일어나면 주체는 권능의 은혜를 받아 자아의 심층부에서 주체(인간) 스스로의 주체성으로 행동하고 수용하는 능력과 역량을 발견하게 된다.

그러나 발견된 권능은 아직 완전히 인간의 것이 아니다. 그 권능이 주체 혼자의 권능으로서만 계시된다면 그것은 참된 주체성이 아니다. 그러므로 이차적인 발견이 있게 된다. 그것은 '함께하는 권능'으로서의 권능을 발견하는 것이며, '함께 존재하는 주체'로서의 존재를 발견하는 것이고, '실존 안의 존재'와 관련된 실존 가능성을 선택하는 것을 발견하는 것이다. 가브리엘 마르셀은 실존 안의 존재를 "존재하는 것은 함께하는 것이다(Esse est co-esse)."라고 설명한다. 실존에서의 가능성을 직면할 때 오는 자유는 더 높은 자유이다. 영혼의 자유이며, 종교 전통의 자유이다. 강박적이고 경쟁적인 개인주의에서 우리를 놓아 주고, 교제로 인도하는 자유이다.

계시가 우리를 교제로 인도한다면, 특별히 세상의 다른 참여 주체들과의 교제로 인도한다면 여기에는 교제의 도덕적 요구사항이 있을 것이며 따라서 우리는 계시의 방향을 묻는 질문에 대한 또 다른 해답을 정의(justice)라고 본다. 다른 사람들과의 교제는 우리로 하여금 장애물을 제거하게 할 것이며, 우리의 고통이 무엇이든지 줄여 줄 것이며, 인간이 함께하는 방식을 설계할 것이다. 인간이 함께하는 방식에서는 모든 존재가 주체로서의 존재론적 소명이 있음이 인정된다. 또한 인간만이 주체로서 계시되는 것이 아니라 세상 자체도 수용되고 경외되며, 사랑받는 주체로서 세워진다는 사실이 인정된다. 그러므로 계시는 모두가 하나가 될 때까지 정의의 사명을 재촉한다.

마지막으로, 모두가 하나되는 비전은 평화, 샬롬, 화해의 비전이다. 신의 형상(Imago Dei)의 계시는 보편적 조화의 계시이며 복낙원의 실존이다. "우리를 갈라놓은 것들을 합할 것이요, 동정이 권능과 결합할 것이며, 모든 사람이 대지의 풍성함을 나눌 것이요, 각자 살아가는 곳에서 모두가 화해시키시는 자가 될 것이다."[27]

이 비전은 다음에 오는 권능과 재창조의 장을 이해하는 데 있어 매우 중요하다. 권능, 교제, 평화는 심오한 주제이나, 항상 가르침의 목적과 방향이 되는 것은 아니다. 그러나 이것은 결국 정확히 가르침에서 요구하는 것이 될 수도 있다. 우리는 우리보다 못한 용어로 생각하며, 지나치게 좁게 생각하며, 우주에 대한 소명을 감히 수행하지 않는다. 그러나 가르침은 이러한 것들에 대한 소명이다. 하나의 혹성을 재창조하고, 그 혹성을 둘러싸고 있는 천체 공간을 재창조하며, 그 혹성인들의 모든 꿈과 비전, 희망을 재창조한다. 이 책에서 제시하는 가르침의 방법은 상상력(종교적 상상력)이며, 이 방법에서는 계시로 인도하는 구현된 소재를 가지고 우리(참여 주체)가 권능의 은혜를 받아 교제, 정의, 평화의 세계를 재창조함을 발견한다. 이 권능의 본질과 이 권능 안에 있는 역동성에 대하여 다음 5장에서 말하고자 한다.

---

27. Judy Chicago, *The Dinner Party*(New York : Doubleday, 1979), 256.

5
권능의 은혜

몇 년 전 영국 종교교육 학술지(the British Journal of Religious Education)에 실린 에드워드 로빈슨(Edward Robinson)의 아름다운 글은 많은 깨우침을 준다. 그는 인생에서 갑자기 베일이 걷히거나, 무언가 요구되거나 아니면 실존 가능성과 마주하게 되는 — 내가 계시라고 부른 — 시간들에 대해 말하고 있다. 로빈슨은 이러한 경험들이 우리에게서 응답하는 자세, 독일 말로 'Seinbejahung'을 이끌어 낸다고 말한다.

> "이 말은 종교적 경험의 정수인…… 긍정적 응답을 달리 표현할 수 없는 방법으로 표현한다. 우리는 'Sein'(삶, 실존)과 맞닥뜨린다. 이에 대해 '예'와 '아니오'로 대답하는 것은 우리의 몫이다."

로빈슨은 이것이 삶의 실재인 우리의 전경험과 가능성에 대해 "예"라고 대답하는 능력이며, 우리 자신에게 "예"라고 말하는 것, 즉 'Inchbejahung'이라고 하였다.[1]

누가 시켜서가 아니라 스스로 "예"라고 말하고, 이를 행동으로 옮기는

---

1. Edward Robinson, "Education and Unreality," in *Learning for Living*(British Journal of Religious Education, 1977), 166–167.

능력은 권능의 은혜를 받을 준비가 되었음을 상징한다. 4장에서 지적하였듯이 소재의 참된 계시로서의 가르침은 상대방(학습자)이 선택하고, 행동을 시작하고, 요청에 응답할 수 있게 됨으로써 이 권능의 은혜로 옮겨 간다. 간단히 말하여, 우리가 우리 스스로의 권능을 발견하고 그 권능을 행사할 때, 그리고 계시를 통해 세상의 존재로서 지적이고 인간적이고 책임감 있고 종교적으로 행동할 수 있을 때, 권능의 은혜가 존재하게 된다.[2]

이 장에서는 가르침의 성과로서의 권능을 검토하고 권능의 의미를 조사하고자 한다. 그리고 권능을 주는 데 도움을 주는 교육방향에 대해 연구하고 마지막으로 이 장의 주제인 "권능은 무엇을 위한 것인가?"에 대해 생각해 보기로 한다.

5장의 임무로 위의 질문을 세울 때 그 초점이 교사에게서 학생에게로 옮기었다. 이로써 2장에서 말한 형태부여로서의 교육의 순간에 이른 것이다. (소재의 대면과 교류인) 참여(engagement)에 이른 후 사람들은 소재를 통합하고, 독창적이고 지워지지 않게 새로이 창조된 고유 형태를 그들의 삶에 부여함으로써 스스로의 삶을 장악하기 시작한다. 또한 사람들은 하나의 윤리적 행동으로 의식적이고 책임감 있게 세상에 대해 형태를 부여하는 일에 참여한다. 이 장에서 기초하는 전제는 우리가 우리의 삶뿐만 아니라 세상에 대해서 형태를 부여하기 시작한다는 것은 권능을 공적으로 행사한다는 것을 의미하는 것이다. 우리는 정치적이 된다는 것이다.

권능의 이해

권능은 다양한 감정적 반응을 불러일으키는 단어이다. 어떤 사람들에게 권능은 더러운 단어이다. 그 권능과 관련이 있다는 것만으로도 자신을 더

---

2. 그러나 계시된 권능은 다른 곳에서 주어지거나 수여된 것이 아니다. 오히려 살아 있는 주체, 즉 이미 가지고 있었으나 지금 활성화된 스스로의 능력을 알게 된 사람 안에서의 권능의 발견이다.

5. 권능의 은혜

럽고 품위를 떨어뜨린다고 생각한다. 선생님이 그러한 태도를 취하는 것을 기껏 좋게 보면 솔직하지 못한 것이고, 나쁘게만 본다면 추잡한 것처럼 보인다. 모든 가르침은 권력의 행사이기 때문이다. 이러한 감정적 반응은 권력 그 자체에서 오는 것이 아니라 권능을 이해하는 방법, 권능을 행사하는 방법에서 비롯된다고 생각한다. 그렇다면 우리가 제기해야 할 문제는 "권능을 무엇이라고 이해하는가?" 그리고 "권능을 행사하고 다른 사람들에게 권능의 행사를 가르치는 것에는 무엇이 따르는가?"라는 것이 된다.

권능은 모호한 단어이다. 세상에서 가장 유명하고 영향력 있는 사상가들의 권능에 대한 개념의 차이를 보더라도 그 모호성을 알 수 있다. 그 한 예로, 막스 베버(Max Weber)는 그것이 무엇이든지 자신의 의지를 다른 사람의 행동에 강요하는 가능성으로 권능을 보았다. 그와 대조적으로, 한나 아렌트(Hannah Arendt)는 강압적이지 않는 대화로 공동체의 행동에 관해 합의하는 역량으로 권능을 이해하였다.[3] 롤로 메이(Rollo May)는 권능을 다섯 가지 유형으로 구분하여 의미를 나눈다. (1) 착취적인 권능 : 메이는 이것을 강압이라고 하였다. (2) 조작적인 권능 : 이것은 다른 사람들 위에 서는 권능이다. (3) 경쟁적 권능 : 이것은 다른 사람에 반대하는 권능이다. (4) 영양분이 되는 권능 : 이것은 다른 사람을 위한 권능이다. (5) 통합적 권능 : 이것은 다른 사람과 함께하는 권능이다.[4] 첫째와 둘째 유형에서는 다른 사람들이 존중되지 않는다. 다음 두 유형에서는 다른 사람들이 존중될 뿐만 아니라 사랑받고 아낌을 받는다. 탈콧 파슨즈(Talcott Parsons)는 권능을 행사하는 방법을 설득, 헌신의 활성화, 유도, 강압이라는 네 가지 방법으로 구분하여 이 논의에 도움을 준다.[5] 엘리자베스 제인웨이

---

3. Jurgen Habermas, "Hannah Arendt : On the Concept of Power," in *Philosophical and Political Profiles*, translated by Frederick Laurence (Cambridge, MA : MIT Press, 1983), 171.
4. Rollo May, *Power and Innocence*(New York : Norton, 1972).
5. Talcott Parsons, "On the Concept of Power," in *Sociological Theory and Modern Society*(New York : 1967), 310ff.

(Elizabeth Janeway)는 억압된 민족의 삶에 의거하여 명한 "약자의 권능"에 대하여 조사하였다. 이 약자의 권능에서는 긴밀한 유대와 불신이 가장 중요하다고 하였다.[6]

역사적으로 종교 전통에는 권능에 관한 이야기가 많으나 그 이야기들은 역설적인 특징을 가지는 수가 많다. 위대한 종교적 인물이 연약함(powerlessness)을 보임으로써 권능을 행사한다. 간디(Gandhi)의 'satyagraha', 즉 영의 힘을 생각할 수 있고, 아시시의 성 프란시스(Francis of Assisi)가 모든 세상 재물을 심지어 자신의 의복까지도 벗어 던진 것도 이에 해당된다. 예수는 신이 된다는 것이 집착하는 것이 아니라고 생각하였으며 오히려 자신에게서 모든 권능을 비우고 십자가의 죽음까지도 순종하였다.

그러나 연약함은 그 자체에 모호성이 있다. 권능이 없다고 느끼는 사람들은 권능의 환상을 만들기 위해 수없이 많은 방법을 생각해 냈다(달리 말하자면, 기존의 권능과 다른 권능의 형태를 만들어 냈다). 힌두교의 지혜를 연구한 진 존슨(Jean Johnson)은 이웃을 대하는 방법을 다음 몇 가지로 말하고 있다. 달콤한 말, 강압, 뇌물, 분열과 정복, 환상 심어 주기, 다루는 방법을 결정할 때까지 무시하기, 다른 사람의 부채에 관여하지 않기, 모든 방법이 실패하면 쥐 한 쌍을 남겨 주기 등과 같은 이러한 방법들은 연약함의 기술이 될 수 있다.[7] 연약함은 때로 당연하고 만족스러우며 심지어 덕스러운 것으로 칭송되기도 하였다. 특히 남자가 여자에게, 성직자가 평신도에게, 성인이 아이들에게, 그리고 정복자가 정복민에게, 심지어 교사가 학생에게 말하는 것처럼, 힘있는 자가 무력한 사람들에게 말하는 경우에 두드러진다. 연약함이 덕목으로 높임을 받을 때, 누가 누구를 위해 연약함을 높이고 있는지 규명하면 그 상황이 분명해질 수도 있다.

---

6. Elizabeth Janeway, *Power of the Weak*(New York : Knopt, 1980), 157, 161-185.
7. Jean Johnson의 출판되지 않은 강의안, New York University, *Program in Religious Education*, July 8, 1982.

위의 말들을 다 인정하면서, 나는 권능은 기본적으로 역량이고 능력이라고 주장하고 싶다. 위에서 보았듯이 베버는 권능을 가능성이라고 하였으며, 아렌트는 역량이라고 하였다. 권능(power)의 어원도 그러하다. 권능의 정의를 다시 정리해 보자면, 권능을 행동하는 역량과 능력이라고 할 수 있다. 그러나 이러한 정의 안에 들어 있는 두 가지 기본 요소를 구분해야 할 필요가 있다.

첫째, 권능은 존재의 말을 수용하고 귀 기울이며 의식한다는 의미에서 수용자(receiver)로서 행동하는 역량과 능력이다. 그러므로 권능은 경청하고 관찰하며 기다리고 바라보는 태도로 명상적이고 금욕적 상상력을 사용하여 익히는 역량이다.

둘째, 권능은 또한 주인으로, 행동가로 행하는 역량과 능력이다. 이것은 만들고 형성하며 상징하는 자세로 창의적이고 원형적인 상상력에 의해 익히는 역량이고 능력이다. 이번 장에서는 후자의 역량과 능력을 강조하고 수용의 권능에 대해서는 이 장의 마지막 부분과 6장에서 다루고자 한다.

이와 같이 권능의 정의는 각 인간이 이 세상에서 행동할 능력이 있을 뿐만 아니라 그 책임도 져야 할 주체로서의 소명을 가진다는 사실에 의거한다. 모든 참된 가르침의 암묵적 방향은 학습자들이 이러한 권능의 자리에 다다를 수 있도록 도와주는 것이다. 제시 잭슨(Jesse Jackson) 목사는 미국에서 이 학교와 저 학교를 다니며 흑인 청년들에게 "나는 중요한 인물이다."라는 것을 가르침으로써 이러한 생각을 구현하였다. 그러나 아직도 많은 사람들에게 수동적이든 적극적이든 자신의 행동 역량을 알아간다는 것은 매우 두려운 일이다. 무력함만을 알고 있었다면 특히 그러하다. 이러한 사람들은 마지 피어시(Marge Piercy)의 말을 빌리자면 "말하지 않는 습관 버리기"라는 어려운 일에 관련된다. 이 '버리기'는 긍정적으로 말해서, 동시에 끌어당기고 밀어낼 수 있는 인간성을 향한 충동이다. 마가렛 애트우드(Margaret Atwood)는 그녀의 소설 「부상」(Surfacing)에서 의존성을 버리는 것에 대해 말한다. 의존성을 버린다는 것은 사람에게는 권능이 있으며 권능을 주장하는 데에는 위험이 따른다는 것을 인정하는 것과 관련이

있다고 하였다 :

> 무엇보다 이것은 희생자가 되기를 거부하는 것이다. 거부할 수 없다면 아무것도 할 수 없다. 내가 무력하다는 낡은 믿음을 부정하고 버려야 한다. 그 연약함 때문에 내가 하는 어떤 일도 다른 사람에게 해가 되지 않는다는 믿음을 버려야 한다. 진실이 불러왔을 비참함보다 더 큰 비참함을 불러왔던 거짓말이었으며 이기고 지는 것이 없는 말장난이다. 당장은 다른 믿음이 없으나 믿음은 반드시 만들어져야 할 것이다. 물러남은 더 이상 불가능하고, 그 대안은 죽음이다.[8]

자신의 권능에 대해 책임을 지는 것은 두려운 전망이 될 수도 있기 때문에 교사는 그러한 권능을 수락하는 것이 옳은 상황에서 반드시 학습자의 보증인이 되어야 한다. 교사는 상대방이 — 상대방의 재능을 — 탄생할 수 있게 해주는 산파가 되고 자극이 되어야 한다.

현대신학 사상에서는 가르침에서의 위와 같은 권능의 부여가 종교적 활동으로 간주되고 있다. 신학은 소위 많은 종교적 인물들 사이에서 세상 임무와 종교를 분리하려는 잦은 경향에 대해 언급한다. 도로시 데이(Dorothy Day), 브라질의 돈 헬더 카메라(Don Helder Camera), 그리고 본회퍼(Dietrich Bonhoeffer)와 같은 많은 종교교사들이 그들의 삶을 통해 종교적 확신과 사회적 확신이 하나임을 가르치고 보여 주었지만, 많은 사람들이 종교를 사적인 것으로 생각하는 것이 사실이다. 해방신학, (빈자의 관점에서 보는) "밑으로부터의" 신학의 출현과 정치신학의 출현은 이러한 사적 종교의 개념을 극적으로 바꾸어 놓고 있다.

정치신학의 선두 옹호자 조한네스 뱁티스트 메츠(Johannes Baptist Metz)는 "현재의 신학이 극단적인 사적 신학이 되는 경향, 즉 공적, 정치적 사회보다는 사적 인간을 중심으로 하는 경향을 보이는 것만큼 무엇보다 먼저 그에 대한 비판적인 교정이 있어야 한다."는 것이 정치신학의 본

---

8. Margaret Atwood, *Surfacing*(New York : Simon and Schuster, 1972), 22-23.

질이라고 말한다.⁹⁾ 종교적으로 상상하였을 때, 내가 말하는 권능은 공유된 권능이기에 상호 주체성의 교제, 즉 우리의 행동하는 역량과 능력이 다른 사람들과 더불어 그리고 다른 사람들을 위해 있으며, 또한 자신과 더불어 자신을 위해 있는 공동체의 권능을 창조하는 방향이 된다. 이 권능은 모든 존재들과 존재의 모든 것에 대해 "예"라고 말하는 수용적 권능이다. 이러한 권능에 대한 비전을 가지고 일하는 교사는 일종의 성직자로서 학습자를 책임감의 세계로 가기를 명한다. 이러한 비전으로 촉구된 교육자는 그 응답으로 명령받은 순간을 알 수 있으며, 극작가 엔토지케 샨지(Ntozake Shange)의 "자색 옷을 입은 여인"과 매우 가깝게 느낄 수 있다. "자색 옷을 입은 여인"에서 이 여인은 이러한 권능의 부여를 "안수받음, 풀려난 나 자신의 거룩함"으로 표현한다.¹⁰⁾ 이것이 권능의 은혜이며, 풀려나 우주로 파송되는 우리 자신 안에서 거룩함을 인식하는 것이다.

교육방향

교사의 일이 권능의 은혜를 매개하는 방향으로 간다면, 권능 부여의 씨가 자라는 문화 — 배양지 — 는 무엇인가? 롤로 메이의 분류에서 말한 영양분을 주는 권능은 무엇으로 이루어지는 것인가? 전통적으로 성장이 이루어지는 배양지는 가치있는 교육활동을 증진하기 위해 설계된 환경과 재료를 칭하는 교과과정이다.¹¹⁾ 그러므로 "무엇을 위한 권능인가?"라는 문제를 생각하기 전에 권능을 양성하기 위해 필요한 교육 환경의 종류에 대해

---

9. Johannes Baptist Mets, *Theology of the World*, translated by William Glen Doepel(New York : Herder and Herder, 1971), 107.
10. Ntozake Shange, *for colored girls who have considered suicide when the rainbow is enuf*(New York : Herder and Herder, 1971), 66.
    역자주.「무지개가 떴을 때 자살을 생각했던 흑인소녀」라는 다소 긴 제목의 책명.
11. Dwayne Huebner, "Curricular Language and Classroom Meanings," in William Pinar, ed., *Curriculum Theorizing : The Reconceptualists*(Berkeley : McCutchan, 1975), 222 참조.

검토하기로 하자.

「교육적 상상력」(The Educational Imagination)에서 엘리엇 아이스너(Elliot Eisner)는 교과과정에서 채택할 수 있는 5가지 방향을 규명하였는데, 각 방향은 다소 상이한 결과를 낳는다.[12] 모든 신뢰할 수 있는 학교 교사들과 마찬가지로 아이스너도 질문이 제기된 상황에서 가능한 대답이 결정된다는 것을 알고 있다 :

> 교과과정을 보는 주된 사고의 틀이 학교의 실제적 운영 결과에 영향을 미친다. 각 방향은 교육적 덕목에 대한 함축적 개념을 품고 있다. 더 나아가, 각 방향은 일정한 교육적 관습을 적법화하고 동시에 다른 관습들을 부정적으로 제재하는 역할을 한다. 또한 정치적 지지가 집중되어지는 이념적 중심으로 작용한다.[13]

아이스너와 그의 동료 엘리자베스 발란스(Elizabeth Vallance)가 밝힌 다섯 가지 기본방향은 다음과 같다 :

1. **인지 과정의 발달** : 여기에서 정신은 능력과 적성의 집합체로 생각되며, 교과과정은 추론하고 사고하며, 문제를 찾고 해결하는 능력, 그리고 기억하며 시각화하고 추정하는 능력 등을 발달시키려는 목적으로 설계 된다.
2. **학구적 합리주의** : 학구적 합리주의는 고전 접근법(Great Books approach)에서나 혹은 고전교육의 4학과 3학에서와 같이, 가장 연구 가치가 있는 소재, 즉 인간 역사상 최상의 것인 교양과목에 집중한다. 역사와 전통의 지식에 집중하는 것이다.
3. **개인적 타당성** : 이 방향에서는 개인의 교육적 발전이 일차적 중요성을 가지며, 그 개인이 선택하는 것뿐만 아니라 그 개인이 의미있다고 생각하는 것에 관심을 둔다.
4. **기술로서의 교과과정** : 이 교과과정에서는 방법을 아는 것을 강조한다. 수

---

12. Elliot Eisner, The Educational Imagination(New York : Macmillan, 1979), 50-73.
13. 위의 책, 70.

단-목적 합리성이 기본이 된다. 학습자로 하여금 효과적이고 효율적인 계획을 설계하고 수행하도록 도와주기 위해 계량 가능한 목표와 목적이 제공된다.
5. **사회적 적응/사회적 재건** : 사회적 적응 방향은 학습자를 둘러싼 사회를 분석하여 거기로부터 목적과 내용을 이끌어 내며 학습자들이 사회에 '적응'하도록 돕기 위해 설계된다. 반면, 사회적 재건은 사회의 병폐를 완화하고 병폐를 변화시키기 위해 비판적 의식을 키우는 것을 목적으로 한다.[14]

지난 수년 간 나는 이 모든 방향에 대한 연구를 하였으며, 학생들에게 그 차이를 소개하고 각 방향이 각기 뚜렷하나 또한 어떻게 서로 관련된 결과로 이르는지를 알 수 있게 도움을 주었다. 우리가 함께 발견한 것은 만약 어떤 변화가 만들어진다면, 그리고 우리가 이러한 방향들을 갈등 관계가 아니라 보완 관계로 본다면 좀 더 다양하고 월등히 더 넓은 교육의 기반을 가져올 수 있다는 것이다. 우리의 접근법은 그 중 한 방향을 나머지 방향들을 다 포함할 수 있을 정도로 넓게 가정하는 것이다.

우리는 위와 같은 원칙에 기초하여 사회적 적응과 사회적 재구성의 방향을 선택하였다. 그러나 이 방향에 대해 바꾸어야 할 것이 있다고 생각한다. 바로 그 명칭이 문제인데 사회 재구성이라는 용어는 쓰지 않기로 한다. 왜냐하면 이 용어는 그 역사가 길고 교육계에도 특정한 의미가 있기 때문에 오해의 소지가 많을 뿐만 아니라 너무 성급한 이해를 하게 하기 쉽기 때문이다. 따라서, 각각의 단어가 동등하게 강조되는 사회적 재창조(social re-creation)라는 이름이 더 적절하다고 생각한다. '사회적'이라는 단어는 경쟁적이고 개인적인 방향을 극복하기 위해 또 교육의 정치적 차원을 가르치기 위해 강조된다. '재창조'라는 단어는 '구성한다'(construct)가 갖는 기술적이고 합리주의적인 의미를 극복하기 위해, 그리고 교육의 종교적이고 예술적인 차원을 가르치기 위해 강조된다.

---

14. 위의 책. 또한 Elliot Eisner and Elizabeth Vallance, eds., *Conflicting Conceptionsof Curriculum*(Berkeley : McCutchan, 1974) 참조.

이와 같은 선택과 변화를 주장하는 데는 세 가지 이유가 있다. 첫째, 권능의 은혜를 매개하는 방향에서 가르치기 위해서는 가능한 한 넓은 무대가 필요하다. 우리의 기본 방향이 좀 더 정의로운 공공의 세계를 창조하는 사회적 소명 — 조국에서 뿐만이 아니라 지구촌에서도 행사되어야 할 소명 — 이라면 다른 네 가지 방향은 이에 대한 경쟁자가 되지 않으며 동료가 된다. 재창조하기 위해서는 인지적 과정의 발달, 즉 학식이 필요하다. 학식이 추론 능력, 추정 능력, 사색 능력, 그리고 시각화 능력에 달려 있다 하더라도 이러한 능력의 습득으로 끝나는 것은 아니다. 대신에 학식은 문화와 환경의 조짐을 읽는 역량, 바라보는 것이 아는 것이 되고, 아는 것이 믿음이 되며, 배우는 것이 계시가 되게 해주는 역량이 되어야만 한다. "학식을 습득하는 것은 문장, 단어 혹은 음절 — 실존적 우주와는 상관없으며 생명 없는 대상들 — 의 암기가 아니다. 오히려 창조와 재창조의 태도이며 자신의 상황에 개입하는 입지를 만드는 자아 변화이다."[15]

우리의 비전에서는 학문적 합리주의 또한 필요하다. 즉, 과거의 지혜, 생산된 최상의 지혜에 의거해야 한다는 것이다. 그러나 아직 창조되어지고 있는 사회 질서 안에서, 우리의 교육방향은 인쇄물이나 설교 혹은 그 외 다른 출판의 형식을 접할 수 있는 사람들이 간직한 지혜뿐만 아니라 모든 국가의 모든 민족의 지혜가 포함되어야 함을 요구한다. 또한 각 사람의 충만을 가져오기 위해, 개별적 '나'를 탄생시키기 위해, 개인적 타당성이 있는 학습동기와 자극이 교과과정의 방향으로 요구된다. 마지막으로, 사회 재창조의 방향은 물질적 혁신을 넘어서 인간의 완전함을 지시하는 기술적 천재성을 필요로 한다.

사회적 재창조의 산하에 처음 4가지 교육방향을 포함시키기 위한 두 번째 주장은 이러한 병합이 교육을 단지 어린이들 뿐만 아니라 모든 연령의 사람들과 관련하는 것으로 이해하게 해준다는 것이다. 아이스너의 글을

---

15. Paulo Freire, *Education for Critical Consciousness*(New York : Seabury, 1973), 48.

자세히 읽어보면, 교육방향에 대한 각 주장이 어린이 혹은 학교를 위해서 교과과정을 계획한다는 가정에 기초한다는 사실을 알 수 있다. 그러나 교육은 상식적 지혜가 가정하고 관습적 지혜가 인정하듯이 평생의 일이다. 기본적 과정과 기술을 배우고 과거의 지혜를 통합한 후에도 무엇인가가 우리의 전생애를 통해 우리가 이미 실현한 것 이상으로 가게 한다. 이를 원활하게 이루기 위한 가장 최선의 교육방향은 사회적 교육방향이다. 이 방향은 학습자로 하여금 조화된 다섯 가지의 교육방향의 모든 영역에서 권능의 은혜를 발견하면서, 지금까지 이룩한 것을 넘어 계속하여 나아가도록 유도하고 있기 때문이다.

교육방향을 다시 정하는 점에 관한 세 번째 주장은 사회적 재창조의 방향이 학교생활이 교육의 전부가 아니라는 가브리엘 모란의 교육철학과 학교에서의 가르침이 가르침의 전부가 아니라는 최근의 지적과 일관성 있게 세워진 방향이라는 것이다.[16] 교과과정에 대해 상충하는 개념들 중의 하나, 다시 말해 갈등관계에 놓이게 하는 것들의 하나가 바로 학교가 유일한 교육자라는 가정이다. 이러한 견해를 채택하면 다른 교과과정 방향들에 반해 한 가지 교과과정 방향만을 택해야만 하는 입장에 처하게 된다. 왜냐하면 어떤 교육기관이라 모든 것을 수행할 수는 없기 때문이다. 모란은 교육이 여러 형태의 학습이 상호작용하는 목표(방향과 완성을 다같이 말하는 목표)가 된다고 한다. 공동체, 여가, 일, 그리고 개념적 사고가 상호작용하는 결과가 교육이며, 개념적인 요소의 결과만이 교육은 아니다. 또한 학교생활, 가정, 직업, 그리고 휴식의 상호교류를 교육으로 본다. 교육은 학교생활이 전부가 아니며 훨씬 폭넓은 것이다.

그러므로 어떤 교육방향 하나로는 충분하지 않다.[17] 교육은 필연적으로

---

16. Gabriel Moran, *Education Toward Adulthood*(New York : Paulist Press, 1979), *Interplay*(Winona, MN : St. Mary's Press, 1981), and Religious Education Development(Minneapolis : Winston Press, 1983).
17. Moran, "A Grammar of Educational Development," in *Religious Education Development*, 157-182.

세상 전부가 계시적일 뿐만 아니라 교육적이기도 하다는 것을 가정함으로부터 창조된 교육환경에서 이루어질 때 최선이 된다. 이러한 비전은 학교 교사들뿐만 아니라 모든 사람들의 가르침의 소명에 권능을 부여한다. 이러한 자각은 교회에서, 가정에서, 친구들 사이에서, 직장에서, 그리고 음악회와 야구게임 동안에 끊임없이 이루어지고 있는 교육에 대해 조명해 준다. 한 어린아이가 데이지 꽃이 대지와 태양, 그리고 하늘에 대해 알고 있는 모든 것을 말하도록 조용히 들여다보고 있는 고요의 순간에도 교육은 이루어진다.

무엇을 위한 권능인가?

사회적 재창조의 교육방향을 선택할 때, 우리는 이미 "권능의 은혜는 무엇이며 무엇을 목적으로 하는가?" 그리고 "왜 권능을 행사하는가?" 등의 문제에 답하고 있다. 이 문제들은 신학적 문제이며, 그에 대한 응답을 지지하는 철학적 입장 규명에 의존한다. 이제 그 입장의 규명에 대해 살피기로 하자.

콘스탄스 어댕(Constance Urdang)은 그녀의 시 "제3세계에서 산다는 것"(Living in the Third World)에서 다음과 같이 쓴다 :

걸인이 자신의 오물 속에 웅크린다.
뭉툭한 손가락을 보이며, 흐르는 상처를 보이며 ;
그는 세상의 알이 깨졌다고 말한다.
그 상처로부터
자카르타에 내리는 비처럼 독이 든 눈물이 흘러내린다.[18]

---

18. Constance Urdang, "Living in the Third World," in *The American Poetry Review*(March/April 1977), vol. 6, #2.

5. 권능의 은혜

우리가 사는 이 세상은 급박한 상황에 있다. 이 혹성의 상처로부터 공포, 눈물, 그리고 피가 강처럼 흐른다. 걸인이 말하는 것처럼 자카르타에 흐르고 또한 멕시코 시티, 아디스 아바바, 베이루트에서, 그리고 (다소 약하지만) 콜롬버스와 시카고, 런던, 파리, 그리고 뉴욕에서 흐른다. 우리는 "평화와 희망, 그리고 새 생명이 또한 흐른다."라고 바꾸어서 주장할 교육적 지혜가 필요하다. 우리는 지구 역사상, 종교적 인간들 또한 모든 사람들의 일차적인 문제가 영혼의 구제가 아닌 세상의 구제인 시대에 살고 있기 때문이다(Monika Hellwig).

세상을 위한 지혜에 호소하는 것은 특정한 종류의 철학에 대한 호소이다. 정치철학에 대한 호소이다. 철학자들은 지혜의 애호가이다. 그러나 사유적인 철학자들이 적어도 잠시 동안은 뒤로 물러나 묵상하여야 한다면, 정치적 철학자들은 행동하는 철학가이며 행동과 구현의 지혜를 사랑한다. 정치적 철학자는 행동에 대해 생각할 뿐만 아니라 행동에 대해 말도 하다. 정치적 철학자는 원리와 확신을 가지며 그 안에 거하며 삶을 입힌다. 우리 교사들이 공적 영역에서 소재의 구현에 관련되고, 따라서 세상에서의 상당히 구체적인 행동을 통해 우리의 믿음을 구현하는 임무를 가지고 있으므로 우리가 정치적 철학자의 역할을 수행해야 함을 안다. 이를 한 대담한 말로 다시 표현하면 모든 교사는 정치적 소명이 있다고 할 수 있다.[19]

여기서 정치적이라는 용어는 구현된 상징 형태를 말하며, 공적 상황에서 우리 자신들 사이에 권능을 행사하거나 나누기 위해 — 혹은 나누지 않기 위해 — 선택하는 방법을 말한다. 우리가 창조한 정치적 형태란 권능을 교섭하고 교환하며, 권능의 은혜를 다른 사람들에게 매개하기 위해 만든 양상과 구조이다. 대개, 정치적이라는 용어가 적용되는 곳은 폴리스(polis) 혹은 사회체계로 학교나 가정, 혹은 교회나 직장과 같이 우리의 직접적인

---

19. 그러한 행동하는 철학자들의 예를 보기 위해서는, Pinar, *Curriculum Theorizing*. 87ff 참조. 특히 Michael Apple in "The Hidden Curriculum and the Nature of Conflict," in Pinar, 95-119에의 주장과 분석을 참조.

활동의 영역을 벗어나는 것이다. 하지만 모든 인간의 집단은 정치적 체계, 즉 정치체(a body politic)이다. 그러므로 교사가 정치적 소명을 가진다는 것은 단순히 생각해서 교사라는 말이 의미하는 바를 그대로 말하는 것이 된다. 그렇지만 여기서는 더욱 구체적이고 직접적인 설명을 하고자 한다.

드웨인 휴브너는 그의 교육에 대한 저서에서 학교 교사와 학교 행정가가 좀 더 공정한 공공 세계를 만드는 정치적 임무에 관해 말하고 있다고 주장함으로써 이들의 정치적 소명을 완성한다. 학교 교사와 행정가는 그들의 정치적 임무에 관해 "교육의 정치적, 경제적 본질이 분명히 부각되는 방식으로 말한다."[20]고 하였다. 휴브너는 이러한 임무의 구성성분으로 세 가지 권리를 주장한다 : (1) 공공 세계에 참여하는 자유인으로서 학생이 갖는 정치적, 시민적, 그리고 법률적 권리에 대한 무조건적인 존중, (2) 공공 영역의 부에 접근할 수 있는 권리, 이 권리는 기본적으로 공공 세계에서의 개인의 권능을 결정하고 증진시키는 지식, 전통, 그리고 기술을 말한다. (3) 자신이 살고 있는 제도를 결정하고 재결정하는 데 참여할 권리이며 나이에 상관없이 모든 개인이 갖는 권리이다.[21]

나의 견해에서 휴브너가 설명하고자 애쓴 요점은 권능을 매개하는 소명이라고 본다. 휴브너는 그 소명의 세부적 특징들을 규명하는 공헌을 하였다. 이러한 세부사항들이 교육기획에서 다루어지고 편입될 때, 우리가 가르치고 있는 사람들은 세상에 참여하기 위해 또한 세상의 모양을 결정하고 또 재결정하기 위해 그들이 이미 가지고 있는 정치적 권능을 주장할 수 있다. 우리는 사람들의 인지과정의 발달을 돕기 위해 그들을 교육한다. 그러나 "무엇을 위한" 교육인가의 문제는 남는다. 우리는 인류의 전통과 지식, 그리고 역사를 전해 주지만 "무엇을 위한 것인가?"라는 문제는 여전히 남아 있다.

---

20. In Huebner, "The Tasks of Curricular Theorist," in Pinar, *Curriculum Theorizing*, 276ff.
21. 위의 면.

우리는 인간으로 존재하는 것에 대한 의식, 비판적 의식의 역량을 발전시키려고 노력하지만 남는 문제는 "무엇을 위한 것인가?"이다. 우리는 기술 탐구에 참여한다. 그리고 남는 문제는 "무엇을 위한 것인가?"이다. 나는 교육에 대해 말할 때, 교육의 종교적 기초에 호소하고, 또한 정치적 소명이 특정한 역량을 존재하게 할 뿐만 아니라 남을 위한 봉사 역량, 즉 치유와 창조, 그리고 재창조를 위해 사용되는 방향이어야 함을 지적하고 있다. 이를 위해, 정치적 소명에서의 '소명'이라는 용어를 사용한다. 나의 권능은 나만을 위한 것이 아니다. 나 자신에게만 "예"라고 말하기 위해 권능을 소유하는 것이 아니다. 존재하는 것은 함께 존재하는 것이다. 그러므로 나의 권능은 우주를 위한 것이며 우주의 모든 거주자를 위한 것이다. 내가 완전한 인간이 되고자 한다면 다른 어떤 소명도 나에게 맞지 않는다. 그러므로 나는 "무엇을 위해서인가?" 혹은 "권능의 은혜는 무엇을 향하는가?"에 대해 간단히 답한다. 권능의 은혜는 세상의 재창조를 향으로 한다. 가르침을 종교적 상상력의 한 활동으로 보았을 때, 소재를 구현하는 행위가 된다. 다시 말해, 소재가 계시되어 주체들이 상호간의 교제에서 권능을 행사할 수 있게 되는 방식으로 소재를 구현하는 행위가 된다. 가르침이란 수용적, 지적, 인간적, 종교적 행동 또 신뢰할 수 있는 행동으로 우주를 변화시키는 역량과 능력이다.

주장할 수 있는 권능

오늘날 적합하고 필연적인 교육방향이 위에서 말한 바라고 여긴다면, 우리가 가르침의 임무를 질 때 가장 중요한 권능들을 좀 더 명확히 규명할 수 있다. 나는 (1) 수용하는 권능, (2) 반항하는 권능, (3) 저항하는 권능, (4) 개혁하는 권능, (5) 사랑하는 권능 등 다섯 가지 권능이 있다고 믿는다.

수용하는 권능

프랑스의 수필가이자 시인인 샤를르 페기(Charles Peguy)는 모든 것이 신비주의에서 시작하여 정치로 끝난다고 말했다고 한다. 공적 영역에서 행동을 유발하는 자극은 고요함과 신비감에 대한 묵상에서 일어날 때 최선의 기반을 갖는다. 고요함과 신비감 속에서 우리는 모든 창조물을 하나로 묶는 가시적 그리고 불가시적 끈인 연관성을 이해한다. 이러한 이해는 ─ 아첨의 의미에서가 아니라 피조물의 음성을 듣기 위해 ─ 수용성을 기르고 경청하며 기대함으로써 길러진다. 우리가 독 묻은 눈물이 흘러나오는 깨진 세상의 알을 보고 또 듣고자 한다면, 가장 먼저 필요로 하는 권능은 관심을 집중할 수 있도록 고요히 있을 수 있는 기꺼움, 즉 수용성이다. 조급하고 깊은 사고 없이 행하는 활동은 광적이며 비생산적이다. 이와 대조적으로 수용성이 앞서는 행동은 적어도 강하고 육성된 시작을 할 가능성을 가진다.

배고픔과 빈곤, 그리고 노숙자들이 범람하는 세상에서 이러한 수용성은 이 혹성의 상황을 좀 더 잘 의식하게 도와줄 것이다. 있는 그대로를 수용하는 권능이 길러지면, 그 다음 두 번째 권능이 필요하게 된다. 이 권능은 주어진 상황을 대면하여 "아니오"라고 말하는 선지자적 입장에 기초를 둔다.

반항하는 권능

우리가 가르치는 사람들에게 반항의 권능은 왜 주장되는가? 왜 반항인가? 바로 상황 때문이다. 그러면 그 상황은 무엇인가? 홀로코스트의 가능성이 바로 그 상황이다. 안네 프랑크(Anne Frank)는 죽었다. 600만의 사람들이 죽었다. 우리는 그 악의 균열로 인해 항상 상처받고 흉터로 얼룩진 유대인 대학살 후기 시대에 살고 있다. 비록 홀로코스트가 우리의 가르침이나 교육에서 항상 다루는 내용이 아닐지라도 우리가 활용하는 권능은 이 정치체(the body politic)의 상처에 의해 결정되고 형성될 필요가 있다. 그럼으로써 다시는 그와 같은 일이 일어나지 않아야 한다. 그러나 나치의

'만'(卍) 자가 또 다시 이 세상에 그려지고 있다. 정치적 소명은 이러한 종류의 악과 공포, 그리고 죄악에 대해 반항하는 역량을 부여한다.

왜 반항하는가? 다시 말하면, 미래의 홀로코스트의 가능성 때문이다. 히로시마나 나가사키의 홀로코스트 뿐만 아니라 이들을 능가하는 화형의 가능성 때문이다. 「동과 서의 번개」(Lightning East and West)라는 책에서 제임스 더글라스(James Douglass)는 그 상황을 간략하나 힘 있는 문답을 통해 설명한다 :

> Q : 트라이덴트가 무엇인가요?
> A : 트라이덴트는 세상의 종말입니다.
> Q : 무슨 뜻인가요?
> A : 트라이덴트는 현재 건조되고 있는 핵미사일 잠수함입니다. 이 잠수함은 히로시마에 투하된 것보다 5배나 강력한 핵미사일로 단번에 408개의 각 도시나 지역을 파괴할 수 있는 잠수함입니다. 트라이덴트는 히로시마보다 2040배 강력합니다. 트라이덴트 핵잠수함 하나는 지구상의 어느 나라도 파괴할 수 있습니다. (30척으로 계획되는) 트라이덴트 선단 하나로 지구상의 생명을 종식할 수 있습니다.
> Q : 이해가 안 갑니다.
> A : 좋아요. 무엇인가 대화가 되는군요. 당신이 이해하지 못하는 부분이 무엇인가요?
> Q : 핵잠수함 하나가 히로시마 핵폭탄의 2040배라는 것입니다. 누가 이것을 이해하겠습니까?
> A : 명상을 해 볼까요? 트라이덴트를 이해하기 위해서, '히로시마'라고 말해 보세요. 히로시마의 의미를 잠시 묵상하세요. '히로시마'를 다시 한번 말하고 이해하세요. 한 번 더. 2040번 더.[22]

우리는 진공상태에서 교육사업을 할 수 없다. 우리가 교육하는 교과과정과 환경이 이 세계이다. 그리고 이 세계는 정치적 용어로 '우리의 세계'

---

22. James Douglass, *Lightning East and West*(Portland : Sunburst Press, 1981), 74.

에 대조되는 '그들의 세계'를 의미하는 것이 아니다. 우리 모두가 가진 단 하나의 세계이다. 신학자들에 대한 존 프라이의 제안은 교사들에게도 적합하다. 프라이는 "나는 신학자들이 자식이 막 굶어 죽어 가는 봄베이(혹은 피츠버그)의 한 어머니의 입장에서 신학을 저술해야 한다고 주장한다. 그녀는 신학의 일차적 독자는 아니다. 그녀의 상황은 신학의 소재를 제공하지도 않는다. 그러나 그녀의 분노와 비탄은 신학에서 그 비전의 각도를 제공한다."23)라고 적는다. 이와 유사하게 나는 교사도 고통받는 세계의 분노와 비탄이 우리에게 비전의 각도를 제공하고 있다는 이러한 시각에서 가르쳐야 한다고 주장한다.

반항하는 권능을 주장하는 것은 우리의 마음에 그러한 그림을 담아서 고통이 우리 자신과 대비되는 '다른 사람의 것'으로 보지 않게 하기 위함이다. 반항을 가장 잘 표방하는 알베르 카뮈(Albert Camus)가 다음과 같이 숙고한다 :

> 반항운동이 시작된 순간부터, 고통은 모든 사람의 경험인 집단경험이 된다. 그러므로 사물의 낯설음에 의해 당황한 정신이 밟아야 할 처음 단계는, 이 낯설음의 감정이 모든 남자와 여자가 공유한다는 것과 전인류가 자신과 자신 밖의 세계 사이의 분리로 인해 고통받는다는 것을 깨닫는 것이다. 한 남자나 여자가 경험한 불행은 집단의 불행이 된다. 우리 일상의 시련에서 반항은 사고 항목에서 '코지토'(cogito, 생각한다) 역할과 동일한 역할을 한다. 반항은 첫째 실마리이다. 그러나 이 실마리는 개인을 그의 고독으로부터 꾀어낸다. 반항은 모든 인간이 그의 최우선 가치들의 기반으로 삼는 공동의 터전이다. 나는 반항한다 ─ 그러므로 우리는 실존한다.24)

카뮈가 인용한 '코지토'라는 단어는 가르침이 얼마나 추상적이 되었는

---

23. John Fry, *The Great Apostolic Blunder Machine* (New York : Harper & Row, 1978), 74-75.
24. Albert Camus, *The Rebel*, orig. 1956(New York : Knopf, 1967), 28.

가에 대하여 상기시킨다. 코지토(생각한다)의 세계, 혹은 코지토 에르고 섬(cogito ergo sum, 나는 생각한다. 고로 존재한다)의 세계에서 얼마나 편안해하는가? 또한 "나는 반항한다. 고로 우리는 실존한다."의 세계에서는 편안함이 덜하다. "나는 생각한다."(ergo sum)의 세계에서는 편안하지만, 전인류를 포함하는 주체성의 교제에서는 덜 편안하다. 그럼에도 내가 반항의 권능을 주장하는 첫 번째 교육자는 아니다. 파울로 프레이리는 또 다른 맥락에서 반항의 교육적 효과에 대해 말한다. "반항의 자세가 우리의 정치생활에서 가장 촉망되는 측면이라고 생각한다. 내가 반항의 자세를 행동의 한 형태로 옹호하기 때문이 아니라 반항의 자세가 진보의 한 증상, 즉 좀 더 완전한 인류에의 소개를 나타내기 때문이다."[25]

마지막으로, 반항은 특정한 파괴적 악과 참을 수 없는 고통을 규정하는 데서 느끼는 감정의 표현이다. 반항을 위한 반항은 결코 없다. 반항에 참여하는 것은 악과 분리, 그리고 비인간성의 잘못을 지적하는 권리에 대해 주장하는 것을 의미하며, 또 그렇게 주장함으로써 항거하는 인간의 감정을 긍정하고 살아 있게 만드는 것을 의미한다. 감정이 살아 있을 때 희망이 존재한다. 이러한 감정이 표현되었을 때 세 번째 권능, 주장하는 권능이 나타난다.

저항하는 권능

감정에 근거하고 있는 태도의 문제인 반항과 대조적으로, 저항은 반대하는 일이며 적극적 반대이자 견디는 것이다. 저항은 사물이 다르게 이해될 수도 있기 때문에 있는 그대로의 방식을 수용하기를 거부하는 것이다. 적극적인 저항이 일어나고 억압자에 반하여 억압받는 자들이 합법적으로 일어날 경우 '폭력적', '거친', 그리고 '비인간적'이라고 불리는 쪽은 대개 억압받는 자들이다. 억압자들은 자신을 폭력적으로 보는 능력이 결코 있어 보이지 않는다.[26] 그러므로 저항의 첫 번째 특질은 다른 사람들에 의해

---

25. Freire, *Education for Critical Consciousness*, 35–36.

정의된다.

 저항의 권능은 유아기에 "아니"라고 말하는 것과 같이 인간의 가장 어린 시기에서부터 시작한다. 유아들은 자신들을 자아로서 이해하기 위해 애쓰고 있기 때문에 이 단어를 반복하여 말한다. 그러나 이들의 "아니"는 그들이 대면하는 권위의 종류와 성인 권능의 종류에 따라 적합하거나 또는 부적합하게 된다. 그 권위가 참된 것이라면, 그것은 강압적인 권세가 아닐 것이며, 외투처럼 입었다 벗었다 하는 것같이 꾸며진 권세가 아닐 것이다. 오히려 이 권위는 어린 사람의 저항에 대해 응답하는 진실과 성실함으로 입증되는 것이다. 학교에서나 혹은 다른 상황에서나, 위대한 교사들은 "아니"라는 저항에 귀기울이고 그 저항의 이유에 대해 연구한다.

 전생애를 통하여 우리는 저항의 권능을 행사하는 선택과 끊임 없이 마주한다. 우리는 정부 권능을 정의롭지 못하다고 생각하고 이를 극복하고자 투쟁하는 사람들에게, 예를 들어, '빨치산'이나 '게릴라' 혹은 '자유투사' 라는 이름을 가진 사람들에게 이 저항의 권능을 돌린다. 그러나 우리의 정치적 소명이 인식되고 세상의 재창조가 교육적 문제로 받아들여질 때, 저항의 의미는 무엇이 되는가? 가르침/학습상황에서 무엇에 대해 "아니오"라고 해야 할 것인가? 구체적 해답들을 얻기는 어려우나, 우리는 저항이 필요한 네 가지 기본 분야를 알 수는 있다.

 첫째, 우리는 가르침의 행위를 사유화하고 게토화(Ghetto : 고립된 지역)하고 길들이는 것에는 반드시 저항해야 한다. 동물을 길들이는 것은 복종시켜 유순하게 만드는 것이다. 즉, 길들이기란 권력을 가진 집단에 의해 사람들이 착취당하고 있음을 깨달을 때 일어나는 잠재적 저항의 힘을 다른 데로 돌리거나 중화시키는 과정이다.[27] 길들이기는 사람들을 주체로서 스스로 생각하지 못하게 한다. 사유화하고 게토화하는 것은 사람들이 세

---

26. 위의 책, 10-11.
27. 위의 책, 97.

상을 주제로 생각하지 못하게 한다.

둘째, 우리는 반드시 합법적 권리, 시민의 권리, 그리고 정치적 권리를 철폐하는 것에 저항해야 한다. 부모나 교사는 어린 사람들의 인권이 침해될 때마다(성인들의 인권은 덜 침해되나, 항상 그런 것은 아니다) 여러 형태의 교섭 권능을 세워야 한다. 슬프게도 어린 사람들은 그들의 권리에 대한 의식이 없는 경우가 많다. 교사는 학생들에게 그들의 권리를 마지못해 부여하기보다는 그들에게 그들의 권리를 가르쳐 줌으로써, 또는 시민적 맥락에서 기본 인권의 이해를 독려함으로써 저항의 예를 보여 줄 수 있다.[28]

1955년 12월 5일 미국, 몽고메리진보회(the Montgomery Improvement Association)의 대표로 새로이 임명된 사람이 교회 강단에 서서 저항을 부르짖으며 미래에 대하여 주장할 때 저항의 권능은 그의 부르짖음을 고무시킨다 :

> 우리가 만약 용맹스러우나 존엄과 그리스도의 사랑을 가지고 저항한다면, 미래의 역사책이 쓰여졌을 때 누군가 말할 것입니다. "한 인종이 살았습니다. 흑인의 인종이 살았습니다. 자신의 권리를 위해 일어서는 도덕적 용기를 가진 사람들이 살았습니다. 그리고 그들은 역사와 문명의 정맥에 새로운 의미를 주사하였습니다."라고……[29]

이 구절은 저항에 관한 한 최선의 전통이며 모든 교육자들이 품어야 할 것이다.

셋째, 우리는 공공의 영역에서 부의 불평등한 할당, 특히 사람들의 공공 세계에서의 권능을 증진시키는 지식, 전통, 그리고 기술의 불평등한 할당

---

28. Maria Harris, *Portrait of Youth Ministry*(New York Paulist Press, 1981), 149–153 참조.
29. John C. Raines, "Righteous Resistance and Martin Luther King," in Christian Century(January 1, 1984), 53.

에 반드시 저항하여야 한다. 이것은 더 나은 제도를 창조하기 위해 일하는 것을 의미할 수도 있고, 자신의 재능을 나누는 것을 의미할 수도 있다. 서구 민주주의의 과잉 속에서, 그리고 세계 민족의 다수가 기아선상에 있다는 사실에서, 이것은 과잉사회에서 가정된 생활 수준에 대한 저항일 수 있고, 또한 점진적이면서 지속적인 탈소유, 단념과 포기의 행위 — 금욕적 상상력의 행사 — 를 의미할 수도 있다.

마지막으로, 사람들이 살고 있는 제도를 결정할 때 그 사람들을 제외시키는 입장을 취하거나 그 입장을 옹호하는 것에 저항하여야 한다. 이 점에서 교육자는 한편으로는 지나치게 독립적이거나 — 악의에서가 아니라 혼자서 하는 것이 더 편하기 때문에 권능을 공유하지 않거나 — 다른 한편으로 자신의 권능을 행사할 의욕이 없는 사람들이 가지는 의존성을 용납하는 경향에 대해 다같이 저항할 필요가 있다. 우리가 옹호해야 할 가장 이상적인 것은 상호 의존이다.

개혁하는 권능

로마 가톨릭 교회 전통에서 교회를 *ecclesia semper reformanda*라고 말한다. 이것은 "교회는 항상 개혁의 과정에 있다."라는 의미이다. 다시 말해 제도의 궁극적 형태는 결코 고정되지 않으며, 그 시대와 장소에 적합하게 되기 위해서 제도의 형태는 반드시 정리되고 재정리 되어야 한다는 것이다.

그러므로 교육활동의 한 부분으로 개혁의 권능을 주장할 필요에 관해 말하는 것은 개혁이 '삶에 주어진 것'이라는 것이다. 한 유기체가 살아 있고 역동적일 때, 형성과 재형성이라는 패턴은 그 유기체를 확립시킨다. 지속적인 형태의 재창조는 그 유기체의 건강을 나타낸다. 살아 있는 유기체는 항상 자신의 시스템에 속하지 않는 물질을 받아들이고 그것을 살아 있는 물질로 재형성하기 때문이다. 재형성(개혁)이 정치체 그 자체를 구성하는 재료나 내용을 향할 때, 다시 말해 우리가 일하고 있는 제도나 조직을 향하는 것일 때, 그것은 정치적 행위가 된다.

저항과 마찬가지로 개혁의 정치적 소명은 제도나 조직의 권위자들만이 가진 것으로 생각될 수 있다. 그러나 — 이 점이 나의 주장이기도 한데 — 개혁의 정치적 소명은 모든 사람의 소명에 중요한 것으로 볼 수도 있으며, 따라서 권능의 은혜를 매개하는 이유는 모든 참된 가르침의 중요한 구성성분이 되는 이유가 된다. 가르침에서의 개혁의 예들인 언어형태, 대지형태, 구체화된 형태, 그리고 발견을 위한 형태에 대해 이미 3장에서 다루었다.

또한 4장에서는 개혁에 대해 말하였다. 4장에서 "하나님이여 내 속에 정한 마음을 창조하시고 내 안에 정직한 영을 새롭게 하소서"(시 51 : 10, 원문에는 시 52 : 12로 잘못 기록되어 있다 - 역자주)라는 시편기자의 외침과 같이 자아의식을 개혁하는 학습자를 향하여 간접 의사소통이 이루어진다. 여기서 나는 개혁의 작업을 정치적 기반에서 제도적 단계로 확장한다. "기존의 패러나임이 더 이상 올바로 기능하지 않는다는 점진적 의식에서 과학적 혁명이 시작되었듯이, 정치적 혁명은 기존의 제도가 자신들도 같이 창조한 환경에서 나온 문제에 대하여 바르게 대응하지 못한다는 점진적 의식에서 시작하기"[30] 때문이다.

오늘날 인간 형태의 부적절성에 대한 점진적 의식이 우리 시대의 가장 중요한 정치적 조류가 아닌가 싶다. 학습자가 개혁의 권능을 주장할 때, 그들은 자유로이 택한 상호 의존적, 상호적 교환이 편협하고, 권위적이며, 지배적인 동반자에 의해 더 이상 방해 받지 않는 세계를 창조하고자 탐구하는 것이다. 세상을 교과과정의 환경으로 보지 않는 교육형태는 우리 시대에는 그 한계가 있다.

사랑하는 권능

---

30. Thomas S. Kuhn, *The Structure of Scientific Revolutions*(Chicago : Universityof Chicago Press, 1973), 91-92.

"모든 것이 신비주의로 시작하고 정치로 끝난다."는 생각은 완전하지 않다. 우리는 또한 "정치의 목적은 당연히 우리를 다시 한번 신비주의로 되돌려 놓는 것이다."라고 말해야 한다. 나는 권능의 은혜를 매개하는 정치적 소명이 사랑에서 끝나지 않으면 불완전하다고 덧붙이겠다. 신비주의는 상황이다. 그러나 모든 존재의 하나됨(연관됨)을 지적 혹은 인격적으로 확신하는 것은 충분하지 않다. 역동성이 신비주의 안에서 박동하며, 다른 사람의 행복을 구하고, 행운을 빌며 보살피는 것을 넘어서 넘쳐나고 있다.

정치적 소명에서 사랑이 항상 부재하다고 말하는 것은 아니다. 간디나 마틴루터 킹 목사는 사랑의 권능을 알고 자신의 추종자들뿐만 아니라 세상에게도 가르쳤다. 사랑의 행위가 하나님을 신뢰하게 만든다는 것을 가르친 사람이 킹 목사였다. 시인 오든(W. H. Auden)에 기초하여 사랑의 권능에 대하여 잘 표현해 주는 한 가지 생각은 하나님이 사랑인 것처럼 남자나 여자가 사랑이기에, 또 다른 이에 대한 모든 친절은 신성한 이미지로 들어가는 작은 죽음이기에, 우리는 우리의 비뚤어진 마음을 다하여 우리의 비뚤어진 이웃을 사랑해야 한다는 것이다. 부버가 우리는 신의 형상을 형성하는 방향으로 움직여 가고 있다고 말하는 것처럼, 우리는 자애로운 신성의 유형으로 형성되어져 가는 우리를 다시 한번 발견한다.

인간으로 태어남으로 인해 우리는 사랑으로 세례를 받는다. 많은 이들이 우리의 삶을 모양 짓는 신성의 발견과 우리 자신의 발견은 우리의 자매와 형제에 대한 사랑 안에서 이루어진다고 믿고 있다. 권능의 은혜를 매개하는 일을 하는 교사로서 우리는 이 비전을 구현하기 위해 노력해야 한다. 다른 비전은 공포의 비전일 뿐이다. '우리는 서로 사랑해야 한다'와 '우리는 죽는다'라는 두 가지 선택만이 우리에게 있기 때문이다. 여기에 다른 가능성은 존재하지 않는다.

6장에서는 사랑이 하는 일을 조사할 것이며, 상호간에, 그리고 세상과의 참된 교제에 있는 인간 주체들이 생성하는 재창조의 가능성에 대해 살피기로 한다.

6
재창조

5장에서 암묵적 그리고 때로는 명시적으로 전제한 내용은 오늘날의 세계에 새로운 교육환경을 창조할 필요성이 있다는 것이다. 즉, 상호의존적인 주체들의 '교제'라는 특징을 가지고 있는 상호의존의 세계를 고려하는 교과과정을 위한 환경이 필요하다는 것이다. "어떻게 이러한 환경을 이룰 것인가?"에 대한 해답을 제공하는 것이 6장의 주제가 될 것이다.

나는 변화와 재창조 활동으로서의 '가르침의 본질'에 대해 말하고자 한다. 변화와 재창조 활동은 교사가 자신의 삶과 그들이 가르치고 있는 사람들의 삶을 길들이지 않고 또 황폐하게 만들지 않도록 설계된다. 5장은 이러한 설계에 대한 후기적이고 규정적인 내용이었으나 6장은 이에 대한 자세한 설명이 될 것이다.

2장에서와 마찬가지로 나는 가르침의 패러다임을 제안하고자 한다. 이 패러다임은 스스로 행동하는 개별 교사들에게 주는 것일 뿐만 아니라 가르침의 주체인 전체 공동체에게 주는 것이다. 소재의 형성을 목표로 하는 것이 아니라 소재가 구현되는 환경의 개혁을 목표로 한다.

출발점

패러다임에 대한 설명은 이방인으로서의 경험, 혹은 '낯설음'의 경험에서부터 시작한다. 패러다임이 완성되면 파이데이아(paideia)의 형태가 될 것이다. 다시 말해, 전체 교과과정 환경이나 문화가 될 것이며, 그 자체로 완성된 하나의 특별한 환경이 됨으로써 교육할 것이다. 패러다임은 생성적 주제의 개념에 의거한다. 파울로 프레이리에 의하면, 생성적 주제는 문화 속에 존재하며, 스스로의 상대적 주제를 포함하며, 교육적 임무를 제안한다.[1] 비록 생성적 주제가 이 글의 초점이지만 이 글의 목적에 따라 그 상대적 주제에 대한 관심보다는 생성적(generative)이라는 용어 자체의 독창적이고 생명을 주는 함축적 의미를 탐구하고자 한다. 나는 침묵(silence), 의식(awareness), 애도(mourning), 유대(bonding), 그리고 탄생(birth)이라는 재창조의 다섯 가지 주제들을 규명한다. 각 주제는 그 다음에 오는 주제를 실어 온다. 각 주제에서 나는 그 주제가 우리에게 촉구하는 특정한 가르침과 교과과정의 임무를 제안하겠다. 그러나 이 패러다임을 다루기에 앞서, 다음 두 가지를 그 출발점의 기반으로 삼으려 한다. 첫째 출발점은 인격적 출발점이며(완전히 인격적이지는 않다. 인격적인 것은 항상 정치적이다), 다른 하나는 교육적 출발점이다.

출발점으로서의 아웃사이더

몇 년 전, 제도 내의 권위와 권능이라는 워크숍에서 내가 일하는 곳에 견주어 나를 설명하고 내가 그 곳을 위해 수행하는 것이 무엇인지 말하라는 요청을 받았다. 잠시 생각한 후 교직원으로서의 나 자신에 대해 말하였다. 전체 교직원은 18명으로 그 중 6명은 연합교회의 신자였고, 다른 6명은 미국 침례교인이었으며 나머지 6명은 다른 교인들이었다. 나는 다른 교인들 중 하나였다. 그 6명 중에 5명은 개신교도였고, 1명은 로마 가톨릭이었다. 내가 그 가톨릭 교인이었다. 16명은 성직에 있는 사람들이었고, 나머지 2명은 아니었다. 나는 2명 중 하나였다. 16명은 기혼이었고, 2명은

---

1. Paulo Freire, *Pedagogy of the Oppressed* (New York : Herder and Herder, 1970), 86ff.

미혼이었다. 나는 그 2명 중 하나였다. 17명은 신학교수였으며, 나머지 1명은 종교교육 분야에서 일하였다. 내가 그 1명이었다. 16명은 남성이었으며, 2명은 여성이었다. 나는 여성이다.

이 정도까지 말했을 때, 우리 그룹의 리더였던 여성이 "마리아, 왜 당신 스스로를 끊임없이 외부인의 자리에 놓고 있는지 생각해 보면 흥미 있을 겁니다."라고 나직이 말하였다. 나는 다소 방어적으로 즉각 "나는 아웃사이더가 아니에요."라고 (아마도 나 자신에게) 대답하였다.

그러나 그 질문은 심오하고 자극적인 것이었다. 나는 그 질문을 떨쳐 버릴 수가 없었다. 이에 대한 나의 첫 번째 반응은 내가 빠짐없는 완성에 관여했다고 말하는 것이었다. 즉, 성직 임명을 받지 않은 사람으로서, 종교교육가로서, 가톨릭인으로서 내가 하는 일은 교과과정에서 제대로 표현되지 않는 것들을 존재하게 제공하는 것이었다. 그러나 생각해 보니 그 완성의 은유가 나를 아웃사이더로 있게 하였다는 것을 알았다. 완성이란 말은 존재하는 내용이 이미 완선하다는 것을 암시한다는 것을 알았다. 그 완성은 개혁되기보다는 부가적인 것들만을 필요로 했다. 나의 두 번째 반응은 화해의 은유로 가는 것이다. 종교교육에서의 나의 일은 신학의 분리를 치유하는 것으로 보는 것이며, 가톨릭인으로서의 나의 일은 종교적 분열을 치유하는 것으로 보는 것이며, 여자로서 존재함은 여성과 남성의 분리를 극복하는 움직임으로 보는 것이었다. 그것은 어느 정도 진실에 가깝다. 그러나 아직도 나의 경험의 정수를 포착하지는 못하였다.

그리고 나는 네덜란드 신학자인 캐터리나 할크스(Catherina Halkes)의 페미니즘 신학에 대한 책을 읽었다. 그녀는 대화를 위해 필요한 조건에 대하여 말하고 있었다. "첫째 조건은 참된 흥미를 가지고 귀 기울일 준비를 하는 것을 말하는 열린 마음의 자세이다. 이것은 자신의 신학적 입장은 제쳐 놓고 수용적인 태도로 다른 사람과 그 순간 같이 생각을 풀어나갈 수 있는 준비가 된 자세이며, 자신이 옳다는 것을 보이기 위해 논쟁을 강요하지 않으며, 어떤 경우에도 상대방에 대한 편견을 갖지 않을 준비가 된 자세이다."[2] 그녀는 이러한 조건의 필요성에 대해 열변을 토하면서, '열린 마음'은 바른 태도로 시작하기 위해서일 뿐만 아니라 그 대화의 내용을 위해서도 필요하다고 결론을 맺는다. 그녀는 페미니즘 신학이 추구하는 대화가 "대화 내용의 본질적 부분으로서 또한 해석의 원리로서 낯설고 이상하며 익숙하지 않은 내용을 포함하기"[3] 때문에 그녀가 말하는 열린 마음의 이유가 된다고 하였다. 다시 말해서 우리가 마음을 열고 의미를 찾고자 원한다면, 그 해석 원리는 분명한 것이 아니라 낯설고 예기치 못한 것이 된다는 것이다. 외부에 있는 것이며 '아웃사이더'라는 것이다. 우리를 유인하고 인도하는 것은 어울리지 않는 것들이다.

할크스의 말에 대한 나의 반응은 참된 계시의 순간이었다. '낯설다'는 단어를 읽을 때, 아웃사이더로서의 경험으로부터 내가 하고자 했던 말은 아웃사이더가 아니면 얻을 수 없는 어떤 지식이 있다는 것이다. 그것은 폐기되기보다는 숭앙되고 심화되는 앎의 종류이다. 그 외에도 나는 내가 거의 모든 인간이 경험하는 그런 경험, 즉 아웃사이더가 되는 경험을 하였다는 것을 깨달았다. 아웃사이더의 입장에서는 기존의 지도에는 나타나지 않는 광경이 보인다. 아웃사이더들은 낯선 나라에서의 오랜 체류를 통해 지도에는 없는 인간 실존의 영토를 알고 있다. 국외자들은 전 인간사에 대해 전혀 다른 비전의 각도를 가져온다. 또한 아웃사이더들은 재창조를 유발한다.

출발점으로서의 세 가지 교과과정

교육을 위한 새로운 지도를 확립하는 교과과정 환경을 창조하는 패러다임을 논의하기 전에, 그 두 번째 출발점에 대하여 관심을 가지고 검토해 보는 것이 필요하다. 이 출발점은 모든 교육기관에서 가르치는 세 가지의

---

2. Catherina Halkes, "Femi ni st Theology : An Interim Assessment," in Woman in a Man's Church, edited by Virgil Elizondo and Norbert Greinacher(Minneapolis : Seabury/Winston, New Concilium Series, vol. 134, 1980), 120-121.
3. 앞의 면.

교과과정인 명시적 교과과정, 묵시적 교과과정, 그리고 공(空) 교과과정을 말한다. 엘리엇 아이스너에 의해 처음으로 그리고 훌륭하게 조명된 이 교과과정들은 재창조의 일에 필수적이다.[4] 아이스너의 공식에 의하면, 모든 교육기관과 모든 사람은 이 세 가지의 교과과정을 가르친다고 한다. 명시적 교과과정은 학문이나 관념, 활동, 기술되어진 계획, 그리고 절차의 실제적 과정이며, 교사나 교육기관이 의식적으로 제시하고 참여하는 것들이다. 명시적인 것은 말로 표현된 것이고 제공된 것이며 관심을 끄는 것이고 인쇄되는 것이다.

반대로 묵시적 교과과정은 제시되어진 것이 말하는 것이고 조직 구조, 직접 호칭의 형태, 의사 결정의 유형 등으로 '가르치는' 것(예를 들어, 이름을 부르지 않고 직함을 사용하는 것)을 말한다. 묵시적 교과과정은 누가 말하는가, 그리고 누가 의사전달의 형태와 기관에 접근할 수 있는가를 말할 뿐만 아니라 제3자가 그의 말을 들어주는 사람들, 그리고 (의사전달과 교환의) 정치학 또는 말의 정치학에 기초하여 사고하는 사람들에 대하여 말하는 것이다. 묵시적 교과과정은 학교와 교육기관 혹은 개인이 그 장소와 인격의 종류로 가르쳐 주는 것이다. 아이스너는 중국의 화가인 리리 웡(Li-li Weng)의 말을 인용한다. 웡은 명시적인 것과 묵시적인 것을 구별하여 "먼저 당신은 그림에서 산을 봅니다. 그리고 당신은 산 안에 있는 그림을 봅니다."[5]라고 하였다.

공 교과과정은 아이러니와 역설이며, 존재하지 않기 때문에 존재하는 교과과정이다. 우리가 이 공 교과과정을 포함시키는 이유는 무지가 결코 중립적이지 않기 때문이다. 어떤 것에 대해 교육받지 못했다는 것은 우리 앞에 놓인 선택을 왜곡하며 우리의 전망과 우리가 선택할 수 있는 대안을 왜곡하는 것이다. 그러므로 우리는 공 교과과정, 즉 미처 배우지 못한 학문 분야, 듣지 못한 목소리들, 그리고 배우고, 알고 이해하지 못한 채 남겨

---

4. Elliot Eisner, *The Educational Imagination*(New York : Macmillan, 1979), chapter 5, 74-92을 보라.
5. 위의 책, 153.

진 과정이나 절차 등에 대해 관심을 기울여야 한다.

내가 제시하는 패러다임의 존재와 그 생성은 '아웃사이더'와 세 가지 교과과정의 교차점에서 온다. 내가 앞에서 말한 나의 아웃사이더로서의 경험 중에는 다른 것보다 더 심한 '아웃사이더'의 경험이 있다. 남성의 세계에서 한 여성으로 존재하는 경험, 참으로 남성의 세계가 존재하고, 그 안에 여성의 자리가 있다는 것을 아는 경험이 바로 그것이다. 그러나 여성경험의 계시는 좀 더 일반적이고 보편적인 상황을 인식하고 그 상황의 패러다임을 발견하게 해주었다. 이 패러다임은 모든 교육의 재설계, 변화, 재창조, 그리고 오늘날의 교사가 가져야 할 교육 도면에 대한 놀라운 생각들을 품고 있다. 이제 이 패러다임을 설명하기로 한다. 이 패러다임은 좀 더 넓은 의미의 대표성을 가진 새로운 교육환경이 이 세상에 출현하고 나타나도록 명상하고 참여하며 형성하는 다음의 다섯 단계로 설명된다.

침묵

먼저, 여성으로 존재하는 데서 오는 시각으로 명시적, 묵시적, 그리고 공 교과과정을 검토하였을 때 나는 즉각 '여성에 관한, 여성에 의한, 그리고 여성을 향한 침묵'을 발견하였다. 이것은 귀가 먹먹한 침묵이다. 나는 언어에서 제외된다. 내가 성경구절에 포함된다 해도 아주 인색하게 포함된다. 나의 경험과 전역사를 통한 여성들의 경험은 언급되지 않는다. 언급된다 해도 통치자이거나 '중요' 남성의 배우자인 여성에 국한된다. 나는 공공연설, 의사전달의 수단, 출판에 대한 접근이 가능한 여성들이 그들의 접근방식을 작품의 제목으로 삼은 것이 놀랍지 않다. 예를 들어 틸리 올슨(Tillie Olsen)의 「침묵」(Silences), 아드리안 리치(Adrienne Rich)의 「거짓말, 비밀, 그리고 침묵에 관하여」(On Lies, Secrets and Silences), 리타 그로스(Rita Gross)와 낸시 팍(Nancy Falk)이 쓴 여성의 종교적 삶에 대한 저서인 「말하지 않은 세계」(Unspoken Worlds), 캐롤 길리간(Carol Gilligan)의 「다른 음성으로」(In a Different Voice) 등을 볼 수 있다.[6] 이 문제에 관해 지금까지 출판된 모든 주요 연구에서 남성이 말을 더 많이 하거나 남성과 여성이 같은 양의 말을 한다는 것을 밝혔음에도 불구하고, 우리가 말을 할 때 여성이 남성보다 말을 더 많이 한다는 전제가 관철됨을 본다. 여성이 남성보단 말을 많이 한다는 것은 여성이 남성과 동등한 입장에서 '화자'로서 측정된 것이 아니라 '침묵하는 여성'으로서 측정되었기 때문이라는 가정에서 이 상황에 대한 가장 투명한 해석을 찾을 수 있다.

재창조의 패러다임

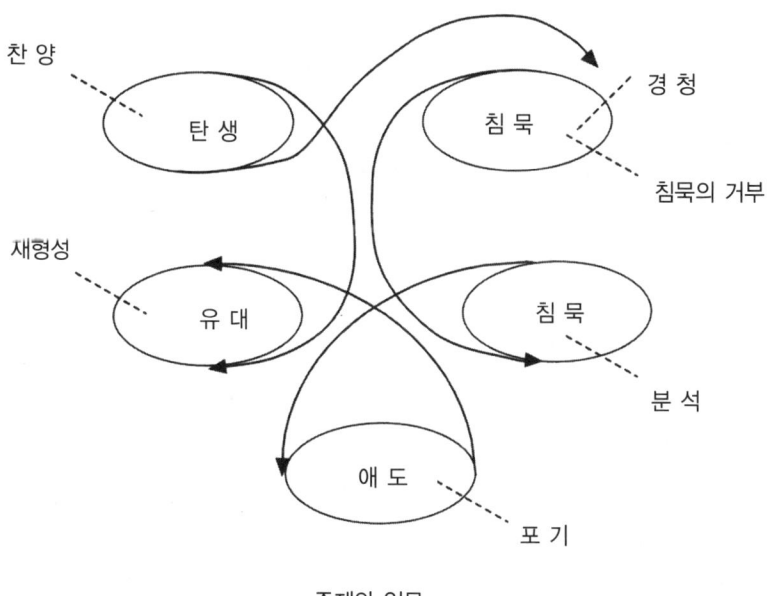

주제와 임무

---

6. Tillie Olsen, *Silences*(New York : Dell, 1979) ; Adrienne Rich, *On Lies, Secrets and Silence*(New York : W. W. Norton, 1979) ; Nancy A. Falk and Rita N. Gross, eds., *Unspoken Worlds Women's Religious Lives in Non-Western Culture*(San Francisco : Harper & Row, 1980) ; Carol Gilligan, *In a Different Voice : Psychological Theory and Women's Development* (Harvard : Cambridge University Press, 1982).

공 교과과정(null curriculum, 영·零 교과과정이라고도 함) 혹은 가르치지 않은 교과과정에 관련하여 발레리 세빙(Valerie Saiving)은 1960년, 그녀의 저서에서 매우 중요한 내용을 언급한다. 그녀는 라인홀드 니버(Reinhold Niebuhr)와 앤더스 나이그렌(Anders Nygren)의 죄의 신학을 공부하고 있었으며 동시에 마가렛 미드(Margaret Mead)와 자기 자신의 경험에 관해 묵상하고 있었다. 세빙은 죄의 정의가 '자만심'과 '자기애', 그리고 '권력 의지'임을 말하고, 이 정의가 자신과 다른 여성의 죄의 경험을 올바르게 표현하였는가 아니면 평범함, 산만함, 장황함, 자아 정의를 타인에게 의존하는 것, 자신에게 이름 붙이기를 거부하는 것과 같은 문제로 그녀의 죄악성을 더 잘 설명하는가에 대해 의문을 갖는다.[7] 나는 세빙의 통찰은 교과과정과 가르침에 대한 두 가지 문제 (1) 우리가 인간이라는 것이 무엇인가를 이해하는 데 있어 누구의 경험을 기준으로 하는가? (2) 죄뿐만 아니라 믿음, 죽음, 희망, 사랑, 친밀, 전쟁, 그리고 평화와 같은 인간의 중심적인 문제들의 의미와 정의는 어디로부터 오는가를 제기하고 있기 때문에 매우 중요하다고 본다.

그러나 이것은 시작에 불과하다. 아웃사이더로서의 여성은 비록 부분적이기는 하지만 모든 아웃사이더들의 세계를 말하는 은유이다. 내가 말하는 여성은 중산층의 백인 여성인 나 자신이다. 여성이라는 이유만으로 우리에게 가해진 악에 대해 역사계나 종교계의 침묵이 강한 것처럼 유색인 여성의 침묵 또한 더욱 막막하다. 힌두의 sutte에서 중국의 전족(footbinding), 아프리카의 생식기 절단, 유럽의 마녀 화형, 자궁과 유방을 불필요하게 많이 제거하는 미국의 부인과 시술 등에 이르기까지 이러한 "끔찍한 일들"을 연구의 주제로 묵상하는 것을 교과과정의 강조 사항에서 제외하는 경향이 있었다.[8]

---

7. "The Human Situation A Feminine View," in *Woman spirit Rising*, edted by Carol Crist and Judith Plaskow(New York : Harper & Row, 1979), 29-42(Orig. 1960 in *The Journal of Religion*⟨April 1960⟩, University of Chicago Press) 참조.

여성을 아웃사이더로 인식한다면 그 인식의 역동성 안에서 우리는 우리 주위의 다른 침묵하는 사람들을 발견하며, 성이 아닌 다른 이유로 인해 침묵하는 사람들의 침묵을 듣게 된다. (그럼에도 불구하고, 전세계를 통하여 빈자 중의 빈자가 사실 여자와 소녀들임을 잊지 말아야 한다.) 다른 침묵하는 사람들은 남성이든 여성이든 그들의 인종, 계층, 정치적 확신, 경제적 위치, 종교, 연령, 그리고 무식함 때문에 아웃사이더가 된다. 이 모든 침묵에 대해 교사들은 반드시 주의를 기울여야 한다. 우리는 심지어 이 혹성의 힘있는 사람들에게서 보이는 침묵에 대해서도 인식한다. 힘있는 사람들의 침묵은 생의 이상으로서 주어진 수상쩍은 경쟁적 성공을 성취하려 했을 때, 잊혀지거나 파괴되어야만 했었다. 대개 힘있는 사람들의 침묵은 먼저 다루어지는 침묵이 아니다.

가르침에서 침묵에 대한 연구는 비록 그럴 필요가 있다 하더라도 인문학을 좀 더 폭넓게 대표하려는 서두름에서 시작하지는 않는다. 여성학, 흑인 연구, 아시아 연구 등에 너무 성급히 포함된다는 것은 이 침묵에 대한 연구가 주류에 속하는 것이 아니라 부가적이고 보충적이며 보완적이라는 함축적 의미를 던질수 있기 때문이다. 펀드가 줄어들면 이 과정은 당장 제외될 수 있다. 오히려 우리는 침묵과 침묵하는 사람들에 대한 탐구를 통해 우리의 거의 모든 가르침이 지식을 '창조하는' 사람들의 사회적 위치나 문화적 조절에 의해 결정되고 조절되며 제한된다는 사실을 깨닫는다. 그러므로 뜨개질의 빠진 코를 채워넣는 식의 가르침이나 교과과정에 부가적인 시각을 첨가하는 것이 여기서의 문제가 아니다. 오히려, 여기서의 문제는 우리의 학습에 대한 접근법이 우리의 사회문화적 '위치'에 의해 어떻게 형성되는가에 대한 연구이다.[9]

---

8. 이 생각들에 대한 더 많은 내용은 Mary Daly, *Gyn/Ecology : The Metaethics of Radical Feminism*(Boston : Beacon, 1978) and Andrea Dworkin, *Woman Hating : A Radical Look at Sexuality*(New York : E. P. Dutton, 1976) 참조.

9. Barbara Wheeler, "Accountability to Women in Theological Seminaries," in *Religious Education* 76, 4(July-August 1981), 390.

이러한 생각에 기초하면 침묵의 생성적 주제는 이중의 교육 임무를 암시하게 된다. 침묵의 발견으로부터 — 진정 수백만이 존재하는 침묵 문화로부터 — 침묵의 생성적 주제는 우리로 하여금 우리 주위의 침묵에 귀 기울이고 이상 침묵하기를 거부하라는 이중의 임무를 수행하도록 촉구한다.

경청과 침묵의 거부

의식적으로 선택한 임무로서의 경청은 우리에게 여성뿐 아니라 정치 권능이 없는 대부분의 세계인들 — 남성, 그리고 어린이들 — 에 관해서도 교과과정에서는 말이 없다는 것을 깨닫게 해준다. 마르코스(Marcos)의 몰락 전에 필리핀의 감옥에서 몰래 보내온 편지에서는 "우리가 하는 말을 듣기 원한다면, 우리가 해서는 안 되는 말에 귀 기울여 보시오."[10]라고 말한다. 또한 우리는 침묵한 사람들의 행동에 귀 기울여야 한다. 주디스 도니(Judith Dorney)는 침묵하는 사람의 주된 일이 침묵하는 것은 아니라고 하며 "침묵하는 사람들이 무엇을 하고 있는가?"라는 질문에 대한 해답을 구하라고 촉구한다.[11] 여러 다양한 '침묵의' 상황에서 이 질문을 생각해 보면, 그 해답은 거의 항상 동일하다. 침묵하는 사람들은 세상을 돌아가게 유지해 주는 인간적 일을 수행하고 있다는 것이다. 침묵하는 사람들은 세계의 식사를 위해 요리하며, 세계의 눈물을 닦아 주고, 세계의 상처와 멍을 치료하며, 세계의 침상을 준비하고, 세계의 의복을 세탁하며 접시를 닦고, 세계의 코를 닦아 준다. 이것이 사실이라면, 경청의 교육적 임무는 세상에서 대부분의 연설을 하는 사람들에게 기본적인 중요성이 있다. 교육적 맥락에서 경청은 명상의 순간과 같은 계통이므로, 특히 교사의 책무가

---

10. *Pintig : Lifepulse in Cold Steel*(Kowloon, Hong Kong : Resource Center for Philippine Concerns, 1979), 118.
11. Judith Dorey, "The Working Class Woman : Her Challenge to Religious Education," in *Religious Education* 79, 2(Spring 1984), 229-242 and "The Religious Education of Young Women" in Women's Issues in Religious Education, edited by Fern Giltner(Birmingham : Religious Education Press, 1985) 참조.

된다. 모든 침묵의 일들과 마찬가지로 경청도 그 짜임새 안에 소리나는 순간이 있다. 하지만 경청은 적극적이고 활동적인 일이 아니라 주의와 관심을 요하는 일이다.

경청의 임무에 동반되는 또 하나의 임무는 더 이상 침묵하는 것을 거부하는 것이며, 이 임무는 세상에서 많은 명령을 받는 사람들의 특별한 책무가 된다. 교육적 맥락에서 침묵하기를 거부하는 것은 학습자인 학생의 임무이다. 이 임무는 스스로의 목소리, 다른 사람들의 목소리, 그리고 전체 사람들의 목소리를 찾는 데서 그 윤곽이 잡힌다. 만약 순종이라는 단어의 의미가 ab audire로 이해된다면, 다시 말해 대지에 귀를 대고 듣는 것으로 이해된다면 신비스럽게도 경청과 침묵의 거부는 순종의 형태가 된다. 그러므로 순종은 '우주의 심장 소리를 들으시는 위대한 하나님'[12]이라는 넬 모튼(Nelle Morton)이 제시한 신성의 이미지를 불러일으킨다. 경청과 침묵의 거부라는 이중 임무는 침묵의 부정적인 의미를 근절해야 할 악으로 규탄하며, 또한 침묵의 긍정적인 의미를 '우리가 수용해야 할 거룩함'으로 주장할 것을 요구한다. 마지막으로, 이 임무가 수행되면 새로운 생성의 주제가 생겨나며, 이것은 다시 가르침의 일을 진전시킨다. 침묵은 의식을 탄생시키기 때문이다.

의식 – 정치적 의식

의식은 무엇을 의미하는가? 마틴 부버(Martin Buber)는 그의 짧지만 아름다운 논문에서, 이 질문에 대한 통찰력 있는 해답을 준다.[13] 그는 어떤 상황이든 이에 들어가는 길이 세 가지 있다고 말한다. 첫 번째 방법은 우리가 찾고 있는 조건과 품질, 그리고 상황에 대한 목록을 가지고 그 목록들이 있는지 없는지를 점검하면서 들어가는 방법이다. 이것은 관찰의 방

---

12. Quoted by Susan Griffin in *Rape : The Power of Consciousness*(New York : Harper & Row, 1979), 42.
13. Martin Buber, *Between Man and Woman*(London : Kegan Paul, 1947), 8–11.

법이다. 두 번째 방법은 거의 상반된 방법이다. 우리는 목록을 가져가지 않는다. 대신에 상황에 존재하는 것을 이해하고, 거기에 존재하는 것을 알아보고, 제시된 것을 고대하는 일에 우리의 정신과 감정을 신뢰한다. 이것은 관망자의 방법이다. 부버는 이 두 가지 방법이 서로 유사점을 갖는다고 한다. 즉, 각 방법에서 상황에 처한 사람은 행위자이거나 행동주체이다. 보이는 것은 관찰자나 관망자에게서 어느 정도 거리를 두고 있는 '대상'인 것이다. 그러므로 상황에 들어갈 때 어떠한 방법도 그 사람에게 '운명을 가하지' 않는다. 부버는 상황에 들어가는 제3의 방법을 제시하는데, 만약 그 방법을 택한다면 전혀 새로운 일이 일어난다.

내 삶의 어느 묵상적 순간에 나는 한 상황에 처해 내가 관찰자나 관망자가 아니라는 것을 발견한다. 대신 나는 나에게 말을 거는 그 무엇, 나에게 무엇인가를 말해 주는 그 무엇, 나와 관련 있는 그 무엇이 있는 실존 가능성과 만난다. 몇 년이 지나 나는 어떤 선택을 하게 될 수도 있다. 나의 모든 재산을 가난한 사람들에게 주어 버려야 할지도 모른다. 나의 삶을 변화시켜야 될지도 모른다. 나는 내가 무엇을 해야 할지 정확히 알 수 없다. 그러나 내가 아는 것은 이러한 묵상의 순간에 응답을 요구하는 한 단어가 나에게 생긴다는 것이다. 부버는 이러한 경험을 '의식(意識)이 드는 경험'이라고 하였다. 내가 여기서 말하고자 하는 것은 경청과 침묵으로부터 생겨난 이러한 의식이다.

침묵으로부터 발생한 생성적 의식의 주제는 '응답을 요구하는 단어'이며, 육신을 입은 단어가 바로 실존하는 모든 사람, 특히 침묵하는 사람들이라는 발견이다. 그러므로 의식은 정치적인 것이며 또한 나의 침묵 속에 나는 홀로 있지 않는다는 발견이다. 나는 — 참으로 우리 모두가 다양한 방법으로 침묵의 문화에 속한다. 개인적인 것은 참으로 정치적인 것이다. 내가 당신이고 우리는 우리다. 의식의 순간은 카뮈가 말한 "나는 반항한다. 그러므로 우리는 실존한다."[14]라는 말이 구체화된 것이다. 그것은 아

---

14. Albert Camus, *The Rebel*, orig. 1956(New York : Knopf), 28.

웃사이더의 의식에서 온다. "그러므로 사물의 낯설음에 의해 당황한 마음이 내딛는 처음 한 걸음은 이 낯설음의 감정을 모든 남자와 여자가 함께 공유한다는 깨달음이다. 그리고 전인류가 자신과 세상의 분리로 인해 고통을 받는다는 깨달음이다."[15] 종교적으로 말하면, 응답을 요구하는 단어가 의식하는 것은 — 카뮈가 이름 붙인 '분리'는 — 죄와 악 혹은 전쟁의 참혹한 사실이다. 만약 내가 침묵하면 특히 우리의 제도, 형태, 그리고 정치구조에서는 사람들이 서로 분리되어 존재한다. 이것은 죄악이다. 권력의지도 아니요, 자기애나 자만심도 아니며, 산만함과 장황함은 더욱이 아니며 자기 정의를 남에게 의존하는 것도 아니다. 이것은 분열과 파열, 분리로서의 뿌리 깊은 죄이다. 형제와 분리된 자매이며, 젊은이와 분리된 늙은이며, 백인과 분리된 흑인이며, 대지에서 분리된 인간이다. 그러므로 의식은 우리의 교육체계와 형태에 이러한 분리가 존재하는 사실을 의식하는 것이다. 우리를 우리로서 존재하지 못하게 하는 것, 우리가 해야 할 일을 하지 못하게 하는 것, 사회를 좀 더 공정하게 만들기 위해 일하는 것을 막는 것, 평화의 중재자가 되는 것을 막는 것, 그리고 해설의 형상(Imago Dei)을 형성하고 계속해서 재형성하지 못하게 하는 것이 교육과 가르침이다.

분석

공 교과과정과 마찬가지로 의식은 결코 중립이 아니다. 한 번 본 것은 절대 보이지 않을 수가 없다. 의식은 효모와 같다. 의식은 자라서 우리에게 분석의 교육적 임무를 촉구한다. 분석의 임무는 앞서 말한 경청과 침묵의 거부 임무를 편입시켜 우리의 교과과정 환경과 정치적 사회적 체계, 그리고 우리의 가르침의 방법에 대해 묻는 질문으로 재창조한다.

분석의 임무는 항상 교육에 필수적인 것이었다. 분석은 지성의 비판적 기능을 모두 당면한 주제에 집중하게 하는 가르침의 순간이다. 교육자들이 너무 성급한 해답을 거부하는 권능을 매개하는 방법 중의 하나가 분석

---

15. 위의 면.

이다. 그러므로 분석에서의 중요 질문은 "왜 이런 것입니까?", "원인이 무엇입니까?" 특히 "근본적이고 체계적인 원인이 무엇입니까?", "이 상황에서 누가 무슨 이익을 얻는 것입니까?", "어떻게 이렇습니까?", "X가 말하는 것과 Y가 말하는 것 사이에는 어떤 관련이 있습니까?", "모순은 없습니까? 만약 있다면 왜 있는 것일까요?" 등이 된다. 분석의 비판적 질문들은 능력을 주는 질문들이다. 브라이언 렌(Brian Wren)이 말한 "내가 무엇을 생각하는지 알아 맞혀 보세요." 식의 질문과는 대조적으로 비판적 질문들은 경험에서 응답할 수 있는 질문들이다. 또한 이 질문들은 파울로 프레이리가 우리에게 가르쳐 준 종류의 질문, 즉 사람들이 자신의 상황에 대하여 찬반을 분석하고 생각하게 하는 종류의 질문을 제기하게 하는 질문들이다.[16] 분석의 임무는 근본적으로 상상력의 일이다. 동시에 이 임무는 선지자적인 일이다. 분석의 임무는 비전을 그리는 것에서 시작하고 끝나지만, 그 중간에는 해석과 이해, 저항과 항의, 그리고 옹호의 일들이 있다.[17] 이러한 까닭에 분석은 종교교육이나 상상력 교육에 지성이 부재한다는 비난 — 감성이 강하고 지성은 약하다는 비난 — 이 거짓임을 말해 준다. 분석은 재창조를 향한 교육에서 요지부동의 구성성분이다.

우리가 사람들 사이에, 그리고 인간과 인간 이외의 자연 사이의 분리를 가져오는 상황에서 분석 임무에 전념할 때, 우리는 분석을 인도하는 가치관과 방법(준거)에 관한 선택을 해야 할 필요가 있다. 버지니아 울프(Virginia Woolf)가 1930년대 후기, 그녀의 수필집인 「3기니」(*Three Guineas*)에서 말하고 있는 준거들이 가장 교육적으로 유익한 준거라고 생각한다. 당시에 일 기니, 일 실링은 일 파운드의 가치를 가졌다. 울프는 교육 사업에 기니를 기부해달라 요청을 받았었다. 그녀의 반응은 분석적 질문이었다. "그 기부를 어떻게 해야 할까요? 어떻게 교육에 기부하고도 교

---

16. Brien Wren, *Education for Justice*(Maryknoll : Orbis, 1977), 12ff 그리고 Paulo Freire, *Education for Critical Consciousness*(New York : Seabury, 1973) 참조.
17. James McGinnis, et, al. *Educating for Peace and Justice : Religious Dimensions*(St. Louis : Institute for Peace and Justice, 1984), 145.

양 있는 인간으로 남을 수 있을까요?" 그녀는 "당신이 내 돈을 받고 가난과 정절, 조롱과 비현실적 충절로부터 해방되는 것을 거부한다는 조건이라면 기부하겠어요."[18]라고 결정하였다. 나의 견해에서 이와 같은 분리에 대한 거부는 대단히 훌륭한 교육적 안건이라고 본다. 가난을 감내한다는 것. 울프에게 가난은 살기에 충분한 돈을 의미한다. 독립적이거나 상호의존적으로 살기에 충분한 돈, 그것뿐이다. 이것은 포기라는 초기 신학을 의미했다. 순결을 지키는 것, 울프에게 정절은 돈을 위해 자신의 지성을 파는 것에 대한 거부를 의미하였다. 살기에 충분한 돈을 번다면 돈만을 위해 자신의 두뇌를 파는 것을 거부하는 것이다. 이것은 금욕적이고 초연한 상상력의 초기적 행사이다. 조롱을 통해서, 비웃음으로써 그녀는 어떤 대가를 치르더라도 웃음이 높은 단상 위에 세워지는 것보다 더 낫다고 우리에게 가르친다. 웃음은, 특히 자신을 향한 건강한 웃음은 바람직하다. 비록 자신에 대해 진지하지만 엄숙하지는 말자고 하는 것이 자신을 향한 건강한 웃음이다. 그리고 비현실적 충절로부터의 자유를 지키는 것. 이 자유는 우리에게서 국적에 대한 자만심, 종교적 자만심, 학교에 대한 자만심, 가문의 자만심, 성별에 대한 자만심을 제거해야만 한다는 것을 의미한다. 이러한 자만심에서 많은 비현실적인 충성심이 솟아나고 우리를 분리시키며, 하나된 우주의 시민으로 존재하지 못하게 한다는 것을 의미한다.[19]

근본적으로 울프가 말하는 가치관과 방법의 준거는 종교적 상담이며 종교교육이다. 가난, 정절, 조롱, 그리고 비현실적 충절로부터의 자유는 교사로 하여금 C. S. 루이스(C. S. Lewis)가 "내면의 횡포"라고 부른 것으로부터 벗어나게 한다. 그들은 어떤 이유로든 더 이상 사람 사이에 분리가 없고, 더 이상 파괴, 분열, 그리고 상처가 있을 수 없다는 이상을 향해 나아가게 한다.

---

18. 위의 면.
19. 위의 면.

우리가 정치적 의식과 그에 동반하는 분석의 임무를 함께 가질 수 있다면, 그것은 새로운 세계를 탄생시키는 일, 환경의 재창조에 책임이 있음을 인정한다는 뜻이 된다. 이러한 분석을 통해 정치적 의식으로부터 제3의 생성적 주제로 옮겨갈 수 있다. 이 제3의 주제는 행동적 특징을 갖지 않는다. 대신에 슬픔에 기반을 둔 주제일 것이다.

애도

애도의 생성적 주제는 정류장, 멈추는 장소이며 의식과 행동 사이에 필요한 통로이다. 존 키츠(John Keats)는 애도를 다음과 같이 설명한다 :

> 죽음의 문턱에서의 투쟁과 같다.
> 창백한 불멸의 죽음에 작별을 고해야 하는 사람에게는 더욱 그러하다.
> 오한이 죽음과 같이 뜨거운 고통과 함께하며
> 격렬한 발작과 함께 삶 속으로 죽는다.[20]

교육에서 애도의 순간은 교사와 학습자가 삶 속으로 죽어 가기를 요청받는 순간이다. 단지 토론만을 위한 주장이라도, 아웃사이더(이방인, 서로 얼마나 분리되어 있는가에 상관없이 모든 계층, 모든 인종, 모든 국가, 모든 종교의 사람들)를 돌보고(귀 기울이고) 보살피는 것이 교육이라는 것을 인정한다면, 또한 교육이 사랑의 일이라는 것을 인정하고, 모든 사람의 경험을 진지하게 고려하고 편입한다는 전제에서 설계하고 형성하는 것이 교육이라고 인정한다면, 현재의 제한적인 중점 분야와 실천의 많은 부분에 대대적인 변화가 요청된다. 미국인, 중년층, 남성 혹은 기독교인 등 그 어떤 특정인의 접근법이 표준이 된다는 암시에도 대대적인 변화가 요청된다. 또한 이러한 암시에는 방향전환이 요청된다. 모든 사람들의 가치관과 경험

---

20. John Keats, "Hyperion," in *Book Ⅲ of The Complete Poetical Works of Keats*(Boston : Houghton Mifflin, Cambridge Edition, 1899), 8th printing, 211-212.

이 상호작용하는 결과로 교육이 이루어지는 새로운 과정/교과과정이 요청된다.

이 요청은 이러한 변화를 가져올 수 있는 권능을 가진 사람들을 향해 소리낸다. 이러한 변화의 시기와 교육환경에 대한 관심을 가장 잘 표현한 은유는 애도이다. 애도는 더 이상 생존할 수 없고 더 이상 적합하지 않은 것을 의미하며 정화와 확대, 개혁, 그리고 재창조로 돌아서는 것이다. 애도가 있기 위해서는 먼저 무엇인가가 죽어야 한다.

1942년 코코넛 그로브라는 보스톤의 한 나이트 클럽에서 비극적 화재가 있었다. 30분 만에 492명의 목숨을 앗아갔다. 그 사건 후에, 에릭 린드만(Erich Lindemann)이 생존자와 유족들을 인터뷰하고, 슬픔과 애도에 관련하여 최초로 기술적 설명을 하였다.[21] 슬픔과 애도에는 (1) 신체적 고통, (2) 상실한 사람이나 물건의 이미지에 대한 강한 몰두, (3) 죄책감, (4) 황당한 온정 부족, (5) 무질서한 행동 패턴, (6) 뒤떨어진 감각 등의 특징이 분명히 나타난다고 하였다. 나는 이 특징들이 가르침과 학습의 여정에도 대단한 일치점을 보이며, 이해의 여정은 항상 즐거움으로 가득 찬 것만은 아니라는 것을 상기시킨다고 본다. 이해의 여정은 진정 필연적으로 불편하며, 고통스럽고 슬픔에 찬 길이 되는 수가 많다.

엘리자베드 퀴블러-로스(Elizabeth Kubler-Ross)는 애도와 슬픔에 대한 연구를 계속하여 침묵의 문화에 살고 있는 사람들이라면 누구든지 알 수 있는 부인, 분노, 교섭, 우울, 그리고 시인의 다섯 단계를 설명하였다.[22] 나는 여성이라는 이유에서 오는 나의 침묵을 의식한 후에 그를 부인했던 사실을 생각해본다. 내가 교과과정 상의 의사결정에서 희생자가 되었다는

---

21. Erich Lindemann, "Symptomatology and Management of Acute Grief," in Robert Fulton, ed., *Death and Identity*(New York : John Wiley and Sons, Inc 1965), 186-201. Reprinted from American Journal of Psychiatry 101(1944), 141-148.
22. Elizabeth Kubler-Ross, *On Death and Dying*(New York : Macmillan, 1969) 참조.

것을 처음에는 부인했던 것을 기억한다. 나의 여학생들의 분노와 나의 분노를 생각한다. 분노로부터 돌아서지 않고 그 분노를 찬양하게 된 것을 기억한다. 사랑으로 하는 일에서의 분노의 권능에 관하여 비벌리 해리슨(Beverly Harrison)의 상담내용,[23] "희망은 분노와 용기라는 사랑스러운 두 딸이 있다"는 어거스틴의 격언은 나에게 새로운 권능을 주었다. 우리는 분노를 이용하여 있어서는 안 될 것이 있게 하지 않을 것이며, 용기를 가지고 행동하며 있어야 할 것이 있게 할 것이다. 아퀴나스가 인용한 "분노의 원인이 있을 때 분노하지 않는 사람은 죄를 짓는다."[24]라는 크리소스톰(Chrysostom)의 말도 나에게 많은 의지가 되었다. 다시 말해 나와 다른 사람들은 매우 개인적인 의미에서 애도를 인식한다는 것이다.

그러나 동시에 나는 애도가 단지 개인적인 것일 뿐만 아니라 체계적인 것임을 안다. 그러므로 나는 종교적 상상력의 방법으로 교육하고, 재창조로 인도하는 방법으로 교육한다는 것은 ― 계층, 스터디 그룹, 가족, 거주집단, 혹은 학부모회의 등 ― 전체 공동체들과 애도를 통해 함께 움직이는 것이라고 주장한다. 슬픔은 개인적인 손실에 의해 야기될 뿐만 아니라 체계의 손실에 의해서 야기된다는 것을 알기 때문이다. 우리가 낡은 방식과 낡은 형태를 포기할 때, 그 지나감이 교과서에서 일어나든 관계, 학습의 패턴, 권위의 위치 아니면 교육기관에서 일어나든, 그 지나감을 인정할 시간이 필요할 것이다.

더 나아가(육신을 입은 대지 형태가 유익하게 되는 지점이 여기다) 침묵하는 사람들과 침묵하는 체계들의 애도, 잃어버린 절차, 패턴, 형태와 체계를 위한 애도가 우리 인간들의 차후 행동을 보고자 기대하며, 이 혹성에 메아리친다. 우리가 위대한 신화적, 그리고 종교적 인물들과 지옥으로 내려갈

---

23. Beverly Harrison의 취임강의 "The Power of Anger in the Work of Love : Christian Ethics for Women and Other Strangers," in *Union Theological Seminary Review*(Supplementary, 1981), 41-57 참조.
24. Daniel Maguire, "Abortion : A Question of Catholic Honesty," in *The Christian Century*(September 14-21, 1983), 807 참조.

때 나머지 피조물들이 우리와 합류하여 신음하고 수고하며, 빛으로 나아가는 우리의 여정에 슬픔과 어둠을 뚫고 내려가는 길을 만든다. 기독교 신조에서는 예수에 대해 "그가 지옥으로, 심층 속으로 내려갔다."(Descendit ad inferos)고 말한다. 그러므로 우리 모두 내려가야 한다.

생성적 주제인 애도의 대담함은 교육적으로 유익하다. 종교적 상상력의 가르침에서 죽음에 대한 개념, 관념, 그리고 믿음은 특히 널리 분포한다. 그러나 죽음은 개념 그 이상이다. 죽음은 의식(意識)의 특징이 있다. 회심과 회개의 의식이 있다. 이 의식에서는 글자 그대로 낡은 '사람'을 치워 버리고 학습의 주제로서가 아니라 모든 학습의 본질적 내용이며 과정이고 소재로서 애도를 재인식하는 것이다.

단념

애도에서 이어지는 교육적 임무는 단념의 임무이다. 이 임무는 2장에서 설명한 해제(release)의 순간과 유사하다. 이 임무의 어려움이 경시되어서는 안 된다. 하나의 전체 체계는 그만두고라도 한 사람을 변화시키는 것도 매우 어렵다. 그럼에도 불구하고 만약 우리가 교육자로서 낡은 포도주 자루(낡은 방법, 낡은 모델, 낡은 생각)를 단념하도록 서로에게 권능을 부여할 수 있다면, 우리는 우리의 손이 더 이상 붙잡고 기대지 않은 자유로운 손임을 알게 된다. 그리고 우리는 이 자유로운 손을 가지고 아무런 방해 없이 제4의 생성적 주제인 유대의 순간이 갖는 힘으로 나아가 거할 수 있다.

유대

모든 가르침은 유대의 업무이다. 상호주의와 교제의 업무이다. 우리는 다른 사람들과 함께 물질과, 관념, 그리고 환경과 함께 가르침에 참여한다. 앞에서 말한 바처럼 가르침의 본질은 관계적이며, 교제는 가르치는 활동 그 자체의 필수적이고 유기적 요소이다. 이 패러다임에서 유대의 위치를 고려하면, 즉 침묵, 의식, 그리고 애도로부터 유대가 나왔음을 고려하면, 유대의 또 다른 측면을 알 수 있다. 이 패러다임에서 유대의 본질적 요소는 유대의 의미가 잊혀진 사람들, 기억에 남지 않은 물질, 잠자고 있는 관념들, 그리고 낯선 환경들과의 유대이다. 이미 말한 것처럼 유대는 약한 사람들, 이방인, 그리고 아웃사이더의 권능이다. 세계적으로 여성들이 그들의 중심 은유로 관계망과 유대를 택한다는 것은 우연이 아니다. 우리 여성들의 정치적, 사회적 스타일은 상호적이고 공동체적이며 관계적이라는 특징을 갖는다. 유기적이고 페미니즘적인 유대의 특징은 교과과정의 재창조에 관한 훌륭한 실마리를 제공한다.

잠시 여성의 유대에 대해 몇 가지 예를 살펴보기로 하자. 첫째는 노래이다. "빵과 장미"라는 노래는 "일꾼과 게으름쟁이는 더 이상 없다네. 한 사람이 쉬는 곳에 열 사람이 일한다네."[25]라고 노래하며 작업에의 공동참여를 요청한다. 홀리 니어(Holly Near)는 "우리는 다같이 젊은이고 늙은이네. 우리는 노래하네. 우리의 삶을 위해 노래하네. 우리는 다같이 동성애자요 정상인이네. 우리는 노래하네. 우리의 삶을 위해 노래하네. 우리는 다같이 부자이고 가난뱅이네. 우리는 노래하네. 우리의 삶을 위해 노래하네."[26]라고 노래하였다. 크리스 윌리엄슨(Cris Williamson)은 "나에게 기대세요. 나는 당신의 자매입니다. 나를 믿으세요. 나는 당신의 친구입니다."[27]라고 노래한다. 여성의 유대는 페미니즘 역사에도 그 증거가 있다. 팬크허스트 가족(the Pankhursts), 사라 그림키(Sarah Grimke)와 안젤리나 그림키(Angelina Grimke)와 함께 일하는 서져너 트루쓰(Sojourner Truth), 그리고 엘리자베스 캐디 스탠튼(Elizabeth Cady Standton)과 루크레티아 모트(Lucretia Mott) 등에서 그 유대를 볼 수 있다. 또한 여성에 의해 여성에 관해 쓰여진 소설들이 있다. 베네트가의 자매들에 관한 이야

---

25. Judy Collins, "Bread and Roses," on *The First Fifteen Years*(Los Angeles : Elektra/Asylum Records, 1977).
26. "Singing For Our Lives," *recorded by Holly Near and Ronnie Gilbert on Lifeline*(Oakland : Redwood Records, 1983).
27. "Sister" recorded by Cris Williamson on *The Changer and the Changed* (Oakland Olivia Records, 1975), 레코드판(역자주).

기,[28] 셔그와 미스 실리에 관한 이야기,[29] 엘리노어와 이사벨에 관한 이야기,[30] 메그, 조, 그리고 에이미에 관한 이야기[31] 등에도 유대에 관한 주제가 있다. 유대의 주제는 또한 종교사에도 있다. 이브와 릴리스,[32] 마리아와 엘리자베스,[33] 룻과 나오미[34]가 있으며, 또한 칼리, 마야, 샤크티로 숭배되는 힌두교의 여신 데비(Devi)는 그녀 자신 안에서 유대의 주제를 구현하였다.[35]

이러한 역사와 이미지가 너무나 조금밖에 알려지지 않았다는 것에 우리 여성이 화내는 것은 당연하다. 그러나 우리는 이 조금의 역사와 이미지에서 많은 교훈을 얻는다. 이 이야기들은 인간관계에 대한 역량, 전통과 교제에서뿐만 아니라 전세계를 통해 자매가 되어 주는 역량에 대해 극적으로 가르쳐주고 있다.

다른 방식으로 이해하자면, 유대는 교육에 자매의 도리가 있음을 확신하는 것이며, 교육에 자매의 도리를 포함해야 한다고 주장하는 것이다. 그러면 왜 자매관계인가? 우리는 수천 년의 종교생활, 사회생활, 정치생활에서 형제관계의 이상형을 지니고 있었다. 이것은 어떤 것보다 훌륭한 이상이었다. 그러나 형제관계의 이상은 자매관계가 없다면 불완전하다. 형제관계와 협력관계에 있는 것이 자매관계이며, 교육이 재창조를 향해 나아

---

28. Jane Austen, *Pride and Prejudice*(New York : Bantam, 1981).
29. Alice Walker, *The Color Purple*(New York : Washington Square Press, 1982).
30. Mary Gordon, *Final Payments*(New York : Random House, 1978).
31. Louisa May Alcott, *Little Women*(Boston : Little, Brown, 1968, Centennial Edition).
32. Judith Plaskow Goldenberg with Karen Bloomquist, Margaret Early and Elizabeth Farians, "Epilogue : The Coming of Lilith," in *Religion and Sexism*, edited by Rosemary Radford Ruether(New York : Simon and Schuster, 1974), 341-343 참조.
33. 누가복음 1장 참조.
34. Phyllis Trible, *God and the Rhetoric of Sexuality*(Philadelphia : Fortress, 1978), 166-199 참조.
35. Jean Johnson, 출판되지 않은 강의안, July 8, 1982.

가고자 한다면 자매관계가 필수적이다.

서로에게 자매와 형제가 된다는 것은 온전히 인간적인 가능성이며 성인의 가능성이다. 최선의 경우에 어머니와 아버지가 되는 것은 우리 삶의 가장 좋은 부분으로 주어지며 일부는 그것을 경험할 수도 없다. 그러나 자매가 되고 형제가 되는 것은 모든 사람에게 열려 있는 소명이다. 그리고 자매관계는 풍성한 인간성으로 인도한다. 자매관계는 여성교단에서 — 종교적 회중 안의 기독교 여성들에 의해서만이 아니라 하다사(Haddassah)의 유대인 여성들에 의해서도 — 거룩하게 숭배되는 풍성하고 질감 있는 협력과 상호의존의 명칭이다. 자매관계는 인종 공동체에서, 특히 흑인 여성 사이에서 발견된다. 자매관계라는 용어는 지구에 관해 말할 때도 사용한다. 체스터톤(Chesterton)이 이전에 언급하였으며, 수세기 전 아시시의 성 프란시스가 알고 있었던 것처럼 대지는 우리의 어머니가 아니라 우리의 자매이다.

개혁

위에서 언급한 유대의 이상은 교사의 업무, 총괄적인 교육에 알맞다. 그러나 이에 앞서는 다른 생성적 주제들과 같이 유대에는 임무가 따른다. 유대는 우리에게 유대가 요구하는 요청에 비추어 개혁(재설계와 재결정)의 임무를 맡으라고 촉구한다. 2장의 내용으로 되돌아가서 유대는 소재의 개혁을 요구한다. 실마리 체계, 혹은 소재는 유대의 상호성에 비추어 결정되어야 한다. 소재 밑바탕의 의미들은 언제나 임시적인 것이어야 한다. 교사와 교육공동체는 지속적으로 확장되는 세계, 지속적으로 하나를 더 포함할 수 있는 세계를 창조하여야 한다. 교사와 학생(인간 주체) 사이의 관계는 유대의 이상을 향하여, 그리고 지배로부터 멀어지는 방향으로 끊임없이 재결정되어야 한다. 유대는 지구를 향한 인간의 지배, 통제, 그리고 압제자적인 태도를 개혁하도록 촉구한다. 모든 민족의 삶의 연구, 특히 아웃사이더들에 대한 삶의 연구를 통해 궁극의 존재, 거룩한 존재, 이름 붙일 수 없는 존재에 대한 우리의 이해를 개혁하도록 촉구해야만 한다. 모든 참된 임무들이 그러하듯이, 개혁의 임무에는 위험과 손실이 있다. 그러나 가장 창조적인 위험은 하나님의 낡은 이미지를 바꾸는 것이리라. 과거에 우리들이 생각했던 하나님의 이미지는 새로운 피조물로 변화하기를 고대하는 하나의 민족과 하나의 세계에 '존재의 토대'가 되기에는 너무 좁고 제한적일 수 있다.

삶 전체가 유대의 측면에서 개혁의 생애였던 소피아 파스(Sophia Fahs)는 1952년에 신조에 관한 내용을 저술하며 "우주 전체는 우주의 한 줄기 빛의 극미한 양성자, 광자에 이르기까지 상호 의존적인 하나의 단위이다. 모두 함께 우리는 하나의 통일된 우주이다."[36]라고 하였다. 파스가 본질적으로 동반적인 우주의 특질을 감지한 데서 예견한 것은 교육에서 유대가 중심이 된다는 것이다. 여기서 동반자(companion)라는 단어는 매우 계시적이다. 동반자는 사귀거나 같이 사는 사람을 의미할 뿐 아니라 어원적으로 "함께 식사하는 친구"를 의미한다. 우리가 빵을 쪼개고 나누며 서로에게 빵이 되어 주려고 만날 때만이 우리는 서로에게 동반자가 되어 줄 수 있을 것이다. 그러나 서로에 대한 경험과 이해를 우리의 교육에 포함하는 교과과정으로 개정할 때까지는 심각한 의미의 동반자가 될 수 없다. 이러한 포괄의 방향으로 나아갈 때, 우리는 유대로부터 발생한 마지막 주제에서 쉴 수 있을 것이다. 탄생의 순간에 들어갈 것이다.

탄생

교제와 유대는 탄생을 일으키는 데 필수적이다. 이것은 동식물에게서 물리적으로 분명하게 표현된다. 인간의 성교에 관한 시는 인간의 성행위가 — 관계 그 자체에서 혹은 그 관계에서 시작된 새로운 생활에서 — 어떤 탄생을 향한다는 것을 상기시켜 준다. 다른 말로 하면, 성행위는 창조와 재창조의 작업이다. 내적 역동성으로 탄생의 가능성을 가지고 있는 예

---

36. Sophia Lyon Fahs, *Today's Children and Yesterday's Heritage*(Boston : Beacon, 1952), 114. 또한 chapter 8, "old and New Cosmologies," 101-123 참조.

술성과 상상력의 작업인 것이다. 탄생시키기 위해서는 우리는 반드시 서로 유대를 맺어야 한다.

이 패러다임의 다른 주제들과 함께 아웃사이더들, 특히 여성들은 탄생에 대한 비범한 지식을 갖고 있다. 탄생은 아웃사이더 주제의 정수라고 할 수 있다. 로즈마리 루더(Rosemary Ruether)가 재발견한 페미니스트 경제학자이자 철학가인 샬로트 퍼킨스 길만(Sharlotte Perkins Gilman)의 1923년 저서에 이 점이 잘 나타난다. 길만은 근본적으로 매우 다른 두 가지 삶의 방향에 대하여 저술한다. 그 하나는 남성 경험의 위기를 기반으로 하고, 다른 하나는 여성 경험의 위기를 기반으로 한다. 길만은 남성의 중추적 경험은 죽음이지만 여성의 중추적 경험은 탄생이라고 주장한다. 길만은 다음과 같이 말한다 :

> 죽음에 기반을 둔 종교에 대한 중심적 질문은 "내가 죽은 후 나에게 무슨 일이 일어날까요?"이다. 죽음 후의 이기주의이다.
> 탄생에 기반을 둔 종교에서 그 중심적 질문은 "탄생한 어린이를 위해 무엇을 해야 할 것인가?"이다. 즉각적인 이타주의이다. …… 죽음을 기반으로 한 종교는 한없는 개인주의, 인격의 영원한 확장에 대한 요청에 이른다. …… 탄생을 기반으로 한 종교는 필연적으로, 그리고 본질적으로 이타적이다. 아이를 위해 자신을 잊어버리며 가정의 한계, 국가의 한계, 그리고 세계의 한계를 넓히는 사랑과 노동으로 자연스럽게 발전해 가는 경향이 있다.[37]

내가 보기에 많은 교육이 죽음에 기반을 두고 있는 것 같다. 경쟁성, 비전의 협소함, 그리고 다수 용납의 거부는 한없는 개인주의와 영원한 인격 확장에 대한 요청에 이르렀다는 의미에서 그렇게 본다. 우리는 가정의 한계, 국가의 한계, 그리고 세계의 한계를 넓히기 위해 사랑과 노동으로 오지 않았다. 우리는 '끔찍한 일들'에 대해 묵상하지 않았다. 그러므로 우리

---

37. Charlotte Perkins Gilman, quoted in Rosemary Radford Ruether, *Sexism and God-Talk*(Boston : Beacon, 1983), 236.

는 자신을 죽음의 고통에서 멀리한 것이 아니라 탄생의 고통에서 멀리하였다. 그러나 탄생이 교육의 중심적인 생성주제로 용납된다면, 교육의 방향으로서나마 우리 교과과정 지도에 아직 오르지 않은 장소를 탐구할 수 있는 새로운 방법을 배울 수 있다.

탄생이 교육에 관하여 우리에게 가르치는 첫 번째는 서로 다른 시간 의식이다. 인간의 탄생은 아홉 달이 걸린다. 서두르기를 거절한다. "4학년에서는 이것을 다해야 한다."는 압력을 느끼는 교사에게 이것은 해방의 개념이 될 것이다. 학기, 학년, 그리고 과정은 씨뿌림의 시작으로 이해될 수 있다. 그러나 계시의 순간은 준비가 되면 서두르지 않는 건강한 탄생으로 찾아온다.

인간의 탄생 또한 은밀하게 이루어진다. 발달된 기술이 미래에 관한 온갖 실마리를 제공하고 있지만, 탄생으로 향하는 매일의 움직임은 어둠 속에서 일어난다. 모든 훌륭한 교사는 이에 대해 어느 정도 감지하고 있다. 그 모범이 될 만한 교사는 엠린 윌리암스(Emlyn Williams)의 희곡 「푸른 옥수수」(The Corn is Green)에 나오는 현명하고 부지런한 모파트(L. C. Moffat)이다. 모파트가 젊은 광부 모간 에반스의 습작을 읽는 것을 들어보자 :

> 광산은 어둡다. …… 만약 광산 안으로 불빛이 들어온다면…… 광산 안의 강이 여자들의 목소리를 내며 빠르게 흐를 것이다. 광산 벽이 무너질 것이며 세상의 종말이 될 것이다. …… 그래서 광산은 어둡다. …… 그러나 어둠 속에서 갱도를 따라 걸을 때, 나는 손으로 나무들을 만질 수가 있다. 그리고 그 밑에 옥수수는 푸르다. ……[38]

모파트는 에빈스와 함께 은유와 비유 과목을 함께 공부하며, 이 천천히 푸르러 가는 인간에게 그녀의 가르침이 생명을 가져다 주는 곳은 어디인

---

38. The Corn in Green in Emlyn Williams : *The Collected Plays*, vol. 1, orig. 1938(New York : Random House, 1961), 263.

지 알고자 애쓴다. 마지막으로, 인간 탄생의 정의는 낳는 것이며, 이 정의는 교육에도 질문을 던진다. 우리는 무엇을 내보이는가? 우리는 무엇을 드러내고 계시하고 있는가? 우리의 가르침의 업무를 통해 무엇을 낳아야 한다고 하는가? 탄생은 우리에게 담대함, 새 생명, 열정, 감정, 느낌, 피, 물, 그리고 고통을 낳으라고 말한다. 탄생은 우리에게 인간의 자아를 낳으라고 말한다. 교사들이 할 만한 일은 서로를 위하여, 그리고 우리의 고향인 대지를 위하여 다른 자아들을 탄생시키는 것이라고 말한다. 세상 사람들을 위해 삶을 인간적으로 만드는 형태와 체계, 그리고 구조를 탄생시키라고 말한다. 심지어 마이스터 에크하트(Meister Eckhart)가 묘사하는 것처럼 우리 안에 태어나기를 기다리고 있는 신을 탄생시키라고 말한다. 우리는 모두 '신의 어머니'이기 때문이다.[39]

축제

우리가 탄생으로부터 이러한 내용을 교육받을 때, 탄생이 요구하는 교육적 임무는 명료하게 되며, 또한 우리도 우리의 신체와 정치체가 찬양의 임무에 자연스럽게 참여하고 있음을 알게 된다. 심지어 모든 탄생이 기쁨과 축제, 그리고 행복을 부른다는 것을 인정하는 데서 즐거워하고 있게 된다. 모든 탄생이 그러하듯이, 우리는 교육에서의 탄생의 순간을 알고 난 후 한동안 교육의 고통과 고난을 잊을 수 있다. 그리고 참된 새 생명이 세상에 나왔음을 기뻐할 것이다. 이러한 찬양을 오랫동안 기다려야 할지도 모른다. 그러나 어떤 심오한 단계에서, 어떤 깊은 장소에서 우리는 기꺼이 기다릴 것이다. 샬롬, 정의, 평화, 사랑, 그리고 아웃사이더, 이방인, 잊혀진 사람들에 대한 포용이라는 비전에 의해 촉구되고, 상상력에 의해 감명을 받았기 때문에 그렇게 기다릴 것이다. 이 비전은 어떻게 인식되는가? 이 비전은 무엇과 같은가? 4장의 끝부분에서 그 특징들을 간단하게 그려

---

39. Quoted in Matthew Fox, *Original Blessing : A Primer in Creation Spirituality*(Santa Fe : Bear and Col, 1983), 222.

보았다. 여기에 완전한 그 얼굴이 있다 :

> 그러면 우리를 갈라놓은 모든 것들이 합해질 것이다.
> 그러면 동정심이 권능과 결합할 것이다.
> 그러면 거칠고 모진 세상에 부드러움이 올 것이다.
> 그러면 남자와 여자가 모두 온화할 것이다.
> 그러면 남자와 여자가 모두 강할 것이다.
> 그러면 어떤 사람도 다른 사람의 의지에 좌우되지 않을 것이다.
> 그러면 모든 사람들이 풍요로우며, 자유롭고 다양할 것이다.
> 그러면 일부의 탐욕은 많은 사람들의 필요에 길을 내줄 것이다.
> 그러면 모두가 대지의 풍성함을 동등하게 나눌 것이다.
> 그러면 모두가 병든 사람, 약한 사람, 나이든 사람을 돌볼 것이다.
> 그러면 모두가 어린 사람들을 돌볼 것이다.
> 그러면 모두가 생명 있는 것들을 아낄 것이나.
> 그러면 모두가 서로와 조화를 이루며 또한 지구와 조화를 이루며 살 것이다.
> 그러면 모든 곳이 복낙원이라고 불릴 것이다.[40]

---

40. Judy Chicago, *The Dinner Party*(New York : Doublesday, 1979), 256.

Teaching And Religious Imagination

제 2부
교 사

한 교사를 통해 보는 교육학 모델	183
예술적 모델	211
상상으로의 초대	233

7
한 교사를 통해 보는 교육학 모델

필립 잭슨(Philip Jackson)은 「교실 생활」(*Life in Classrooms*)이라는 그의 저서에서 가르침에 대해 언급하며, 다른 공예와 마찬가지로 교육에도 견습생들이 보고 배워야 할 고수들이 있다고 말하였다.[1] 존 듀이(John Dewy)는 이보다 몇 년 앞서 잭슨과 유사한 주장을 하였다. 명인-도제 관계 교육이 주는 이점에 대해 듀이는 다음과 같이 말한다 :

> 혜택을 받는 학생은 재능 있는 교사와 인격적 접촉을 한 학생들 뿐이다. …… 이러한 낭비를 미래에 방지할 수 있는 유일한 방법은 재능 있는 교사의 직관적 행동을 분석할 수 있게 해주는 방법이다. 그럼으로써, 그 교사의 작업에서 발생하는 어떤 결과가 다른 사람들에게 전달될 수 있을 것이다.[2]

7장에서 제시하는 가르침은 듀이와 잭슨이 주장한 종류의 가능성으로부터 나온다. 또한 마리 앤더슨 툴리(Mary Anderson Tully)와 같은 수석 교사가 일하는 모습을 설명함으로써 1장에서 6장까지에 형태를 부여하고 살

---

1. Philip Jackson, *Life in Classrooms*(New York : Holt, Rinehart and Winston, 1968), 115.
2. John Dewy, *The Sources of a Science of Education*(New York : Liveright, 1929), 10-11.

을 입힌다. 내가 같이 일하는 특권을 누린 이 재능 있는 여성은 소재가 참되게 계시되는 방법으로 소재를 구현한다. 나는 그녀가 권능의 은혜를 매개해 준 많은 사람들 중의 하나이다. 1981년 그녀의 죽음 이후에도 그녀의 가르침이 주는 영향력은 계속되었다. 7장에서 희망하는 것 중의 하나는 40년 동안의 그녀의 가르침 안에서 우리가 그녀와 맺은 인격적 접촉이 듀이의 말처럼 '낭비'가 되지 않기를 바라는 것이다. 내가 한동안 그녀의 도제가 되었던 것은 행운이었다. 이제 그 가르침의 혜택을 다른 사람과 함께 나누고 싶다.

시작

1969~1970년 뉴욕 유니언 신학교의 종교교육학과의 후원으로, 나는 마리 앤더슨 툴리의 교육활동에 참여, 분석, 묵상할 수 있었다. 그때 나는 "미술과 기독교교육"이라는 과정에서 그녀의 조교이자 동료였다. 나는 도제살이가 그 과정의 교수법을 가장 잘 이해하게 해준 방편이었다고 본다. 나는 7장에서 나의 도제 훈련과 그녀의 가르침을 설명하고자 한다. 그러면서 이 방법을 일반 교육학 분야의 교육법 모델로 제시하고자 한다.[3]

마리 툴리의 가르침을 가장 잘 표현하는 단어는 '미적'(aesthetic)이다. 미학의 정수는 바로 그 정수가 포착되거나 요약될 수 없다는 것이다. 미학은 항상 다른 해석이 가능하다. 미학은 목적과 목표를 향하기보다는 무엇이 출현하는지를 보고자 기다리는 분위기에서 융성한다. 마리 툴리의 교육 스타일과 그것이 모든 가르침에 대해 갖는 의미를 분석하기 전에 그 교

---

3. 교육법을 여기서는 가르침에 관한 지식으로 정의한다. 그러나 지식의 의미를 인간이해에 필수적인 신체적, 인간적, 수용적인 특징들의 총체로 본다는 사실을 강조하겠다. 또한, 지성의 산물 혹은 정신의 명시적 판단으로서 지식을 보는 개념에 반대하여, 앎을 구현된 인간활동으로 본다. "의미 있는 지식은 단지 두뇌의 것이 아니다. 참된 지식은 그 반대이다. 근육과 대사에 관련된다." Nathaniel Cantor, *The Teaching-Learning Process*(New York : The Dryden Press, 1953), 70 참조.

7. 한 교사를 통해 보는 교육학 모델

육법에 대한 나의 입문과정을 설명하고, 내가 가르침에 대하여 참된 발견을 했다는 깨달음이 있게 한 몇 가지 상황을 설명하고자 한다.

아직 정의하지는 못하겠으나 무엇인가 새로운 것을 접하고 있다는 의식적 자각이 처음 든 것은 1969년 10월 오전 그 수업이 두세 번 진행되었을 때였다. 나는 수업준비를 돕기 위해 수업 두 시간 전에 도착해 있었다. 바로 그날 아침, 툴리 박사는 나에게 물과 칼라 잉크로 그림을 그릴 것이며, 그 시간에 생화가 필요할 것이라고 말하였다. 그녀는 꽃이 그릴 대상이라고는 말하지 않았다. 내가 받은 과제는 즉시 꽃 한 다발을 사러 꽃가게로 가는 것이었다. 지시사항도 구체적이었다. 둥글고 큰 꽃 대여섯 송이, 모난 선이 있는 꽃 대여섯 송이, 줄기 하나에서 나오지만 그 위치는 각기 다른 꽃들, 한데 뭉쳐 자라는 꽃들을 찾아야 했다. 또한 색깔이 생생한 것으로 사야 했다.

툴리 박사는 나에게 국화, 갯버들, 글라디올라스를 사라고 할 수도 있었나. 그러나 그녀는 그렇게 하지 않았다. 미처 깨닫지도 못한 채 처음 미술 언어를 접하고 화가의 눈으로 보는 경험을 하게 되었다. 수업시간에 이러한 경험은 한 걸음 더 진행되었다. 각 참가자(나도 대부분의 수업에 참가하였다)는 꽃을 하나 선택하여 몇 분간 그것을 바라보라는 지시를 받았다. 그리고 툴리 박사는 "바라보고 있는 꽃에서 색깔 세 가지를 찾으세요. 그리고 세 가지 색연필로 그 꽃 색깔들이 만든 모양을 그리세요."라고 첫 번째 지시를 하였다. 나는 황당하였다. 나는 노란 국화를 들고 있었다. 그리고 그 꽃은 한 가지 색깔이었다. 아니 한 가지 색깔이었다고 생각했었다. 그러나 나는 바라보기 시작하였다. 그리고 점차 보이기 시작하였다. 진짜 몇 가지 색깔이 꽃 속에 있었다. 하얀 노랑과 노란 하양, 잿빛 노랑과 노란 잿빛, 푸른 노랑과 노란 녹색이 있었다. 나는 이 상이한 색깔의 모양을 포착하고, 그것을 종이에 표현하기 시작하였다.

그날 늦게 나는 마지막 두 개의 갯버들을 내 아파트로 가져와 작은 탁자에 놓아 두었다. 다시 나는 내가 전에 보지 못했다고 생각되는 것들을 보는 경험을 하였다. TV 안테나의 선과 거의 평행이 되는 공간에 갯버들의 선이 자리잡고 있었다. 갯버들의 선은 움직이지 않았으나 분명히 살아 있었다.

　내가 종래에 보던 방식에 무엇인가 변화가 일어났다. 그러나 그것이 무엇인지는 알지 못했다. 형식은 갖추지 않았으나 직관적인 어떤 의문이 일어났다. 모양과 색깔, 그리고 선을 통한 의사전달이 언어를 통한 의사전달과 유사하다는 말인가? 사물에 이름을 붙이는 우리의 성향으로 인해 우리가 사물을 보는 과정이 부실해지는 것은 아닌가? 툴리 박사가 교사로서 한 일은 우리의 시각적 경험을 확장한 것이 아닌가?

　나의 견습 과정의 두 번째 요소는 각각의 수업을 위해 준비할 것이 참으로 다양하고 많았다는 것이다. 툴리는 그것을 "환경을 설치하는 것"이라고 말하였다. 비록 17년 간 교사생활을 하였었지만, 수업준비로 그렇게 열심히 그렇게 많이 준비해 보지는 못했었다. 다음 화요일 아침 수업을 위해 이번 화요일 오후부터 준비를 시작하였다. 그러나 이 준비는 내가 대학원 시절에 했던 준비와는 다른 종류의 준비였다. 나는 이 경험을 나의 교직 경험과 다른 대학원생 조교의 일에 비교하지 않을 수가 없다. 툴리의 수업 준비에는 각 수업에서 사용될 재료를 준비하는 일뿐만 아니라 대안적 재료의 준비도 포함되어 있었다. 그 집단의 성격에 대해 자세히 검토해 보고, 특정한 교수법에 대한 그들의 반응을 예상해 보기도 한다. 지난 주에 내 준 과제에 대해서도 연구하여 각 학생이 지금 어디까지 공부를 하였고, 그 과정을 어느 정도까지 이해하고 있는지, 각 학생이 어느 단계에서 어느 정도로 참여하고 있는지를 알아본다. 우리는 수업을 분(分) 단위까지 세분하여 계획한 적도 많다. 수업이 시작될 때 5분 간의 커피 마시는 시간도 그 계획의 일부이다.

　오래지 않아 나는 교육상황에서 수업준비 상태와 시간 사용의 관계가 보이기 시작하였다. 수업이 시작되면, 손에 잡히는 재료에서 예상했던 분위기가 창조되었기 때문이다. 그러나 역설적으로 새로운 기법을 표현수단으로 사용할 때, 완벽하게 준비된 재료는 새로운 것, 기대하지 않았던 것, 그리고 대비하지 못한 것의 촉매가 되었다. 물을 이해하려고 시간을 들이는 대신 물을 종이 위에 뿌리고, 물이 종이를 어떻게 가로지르는가, 물은 얼마나 필요한가, 물은 잉크와 어떻게 섞이는가, 물에 물감을 섞으면 어떻게 되는가 등 물이 하는 것을 보는 데 시간을 들였다. 여기서의 강조점은 재료와의 접촉, 재료의 참된 모습, 그리고 그 재료의 역량과 한계의 발견이다. 나는 진흙과 크레용을 만났으며 형태와 선과 같은 추상적 미술 개념을 그 자체의 모습으로 만났으며 이에 대한 새로운 경외심을 키울 수 있었다. 이 개념들을 내가 마음대로 다룬다기보다는 이들과 관계를 맺어야만 했다. 동시에 구상미술(데생이나 묘사)에 대한 강조가 없었기 때문에 꼭 닮은 것을 그려 내야 한다는 걱정으로부터 해방시키고, 기대하지 않은 것들에 대해 마음을 열게 하였다. 원형을 그대로 흉내내고자 하고 선입견을 가지고 있으면 그림은 엉망이 되었다. 자료와 재료에 마음을 열고, 그 상황에서 스스로 놀이하는 것을 허용할 때 나는 많은 발견을 하였다.

또 한번 의문이 일어났다. 우리는 수업을 하였다. 지시를 주고 받았다. 모든 교사들이 하는 것처럼 사건을 설명하고 정보를 제공하였다. 그렇다면 다른 것은 무엇인가? 재료준비는 수업상황을 어느 정도 결정하는가? 재료준비에서 만들어진 교실 분위기에는 무엇이 있는 것인가? "환경을 설치한다"는 것은 정확히 무엇을 의미하는가?

툴리의 도제로서 보낸 처음 몇 달 간 가장 생생했던 세 번째 기억은 그녀의 수업과 다른 수업 사이에서 경험한 차이점이다. 나는 1952년 이후 줄곧 교사 일을 하고 있었다. 그러나 17년이 지난 후에야 박사과정의 마무리를 하였다. 대학원에서 4년째를 맞는 1969~1970학년도에 박사과정을 끝내고 있었으므로 툴리 박사의 조교 일 이외에도 많은 부가적인 학업을 수행하고 있었다. 툴리 박사와의 학업과 다른 학업 간의 차이점은 학기가 진행될수록 더욱 생생하게 부각되었다. 나의 모든 대학원 학업은 모두 그 양상이 유사하고 예측 가능하였다. 수업은 인쇄물과 문자화된 자료를 중심으로 이루어졌다. 강의와 토론이 여러 가지 다양한 비율로 구성되었으며, 대개는 학기말 보고서를 내야 했다. 이 수업들은 논증적이고 합리적이며 인지적이었다. 감정은 수업의 구성 요소가 아니었다. 만약 그 수업들에 대해 어떤 느낌을 가졌느냐고 질문을 받았다면, 나는 객관적이고 거리감을 둔 상태에서 가질 수 있는 느낌이었다고 대답해야 했을 것이다. 그러나 화요일 아침에는 그러한 학습 양상이 완전히 뒤집어졌다. 그 수업에서 쓰이는 언어적 구성요소는 고무시키고, 설명하고 가르치고 논증하는 대화였다. 그러나 이 언어적 요소는 긴 명상적인 시간과 균형을 이루었다. 이 명상의 시간에는 우리가 감지하고, 이해하고 느낀 것을 말이 아닌 다른 매개물로 집중적으로 표현하는 일을 하였다. 토론시간과 미술의 의미를 공부하는 시간도 있었다. 학기말에 와서는 묵상의 시간을 갖고, 수업을 이루는 가닥들 — 과정, 작품, 묵상 — 을 분리하고 정리하는 시도를 하였다. 그러나 이 시도들은 경험을 하고 난 후에 이루어지고 또 가끔은 경험이 있은 지 오랜 후에야 이루어졌다.[4]

이러한 대조에 대한 나의 첫 반응은 내가 속았다는 느낌이었다. 툴리의 수업에서 경험한 것과 같이 대학원 과정에서 내 인간성의 감성적 부분이 의식적으로 정식교육의 한 부분이 된 적이 없었다는 생각에 화가 났다. 두 번째 반응은 내 안에서 깊은 샘의 물꼬가 터졌다는 것이었다. — 이 상황에서 이 선생님에 의해 — 너무 깊어서 종교적이라고 부를 수밖에 없는 그런 샘이 터진 것이었다. 그 순간에 나의 교육적 의문들이 뚜렷해지고 가르침의 본질에 대한 나의 의식적 탐구의 형태가 잡히기 시작했다.

우선 나는 "가르침은 무엇보다 언어적인 활동이다."[5]라는 스미스(Smith)의 말에 찬성하고 있는지 아니면 언어에 몸짓, 음성의 톤, 얼굴 표정까지 포함될 때 "가르침은 본질적으로, 그리고 전형적으로 언어적인 것이다."[6]라는 애슈너(Aschner)의 말에 찬성하고 있는지를 자문해 보아야

---

4. 이런 교육 스타일이 책이 주는 혜택을 포함하지 않는다고 말하는 것은 잘못된 생각이다. 예를 들면, 한 토론 시간에는 나의 미학적 질문과 교육적 질문을 정확히 보는 데 도움을 준 책인 John Dewy의 *Art As Experience*(New York : G. P. Putnam's Sons, 1934)에 관해 우리의 생각을 나누었다.
5. B. Othanel Smith, "On the Anatomy of Teaching," in the *Journal of Teacher Education* Ⅶ, 4(December 1956), 342.
6. Mary Jane Aschner, "The Language of Teaching," in B. Smith and Robert

했다. 툴리의 가르침에는 언어적 구성요소가 존재한다. 그러나 이 요소들은 그 자체를 넘어 추구된다. 툴리의 수업에서 담론의 깊은 의미는 무엇인가? 말한 내용의 이면에서 무엇을 말하고 있는가? 언어의 사용이 달랐던 것인가? 보는 것과 느끼는 것, 그리고 표현하는 것이 언어활동만큼이나 본질적이고 전형적인 부분이었는가?

둘째, 나는 그 분위기의 본질에 관해 자문하였다. 산출의 과정과 그 과정의 특질에 대한 강조에 비해 최종 산출물에 대한 관심은 매우 적었다. 교사는 강한 기대의 요소를 가진 일종의 적극적 소극성을 가지고 존재했다. "형태를 찾아 보세요."와 "무엇이 나타나는지 보세요."가 항상 학생들에게 지시하는 내용이었다. 나는 성육신, 계시, 그리고 권능의 주제가 그 분위기와 본래적인 관련이 있다고 생각한다. 이런 종류의 분위기를 셤스키(Shumsky)는 다음과 같이 적절하게 설명하고 있다 :

> 학습자가 자신의 잠재력에 의존하고 그것을 이용하도록 격려하는 분위기이다. 이 분위기는 학습자가 구체적인 모델에 구속되지 않고 오히려 새롭고 미리 예정되지 않은 지식을 창출하는 모색을 하게 독려한다. 현재의 예측 가능한 익숙함의 경계를 넘어 배우고 창조하는 권능을 길러 주는 분위기이며 개개인 안에서 스스로를 확대하려는 열망이 빛나게 하는 분위기이다.[7]

그러나 가장 중요한 것은 인간 경험에서의 감정적 요소이다. 우리에게는 지성의 감정적 요소(감정의 극)를 형성하기 위한 기회와 도구가 주어졌다. 툴리가 이 모든 것을 어떻게 하였는지 나는 알 수 없었다. 또한 그녀가 주어진 상황에서 무엇을 할지 예측할 수도 없었다. 그녀가 관여한 과정에서는 직관이 강력한 요소였기 때문이다. 그러나 관찰하고 반응하고 기록

Ennis, eds., *Language and Concepts in Education*(Chicago : Rand and McNally, 1961), 112.
7. Abraham Shumsky, In *Search of Teaching Style*(New York : Appleton-Century-Crofts, 1968), 84.

하며 분석할 수는 있었다.

임상적 상황

몇 가지 가장 중요한 의문이 생겼다. 내가 툴리의 가르침을 미적이라고 부르기 시작한 것을 알았다. 그러나 나는 미학의 본질에 대해 이론적으로는 조금도 알지 못했다. 그래서 나는 그 수업에서의 나의 일을 계속하면서 미학에 대한 공부를 하기 시작하였다. 존 듀이의 「경험으로서의 예술」(Art As Experience)은 미술적 경험과 인간적 경험을 연관시키는 데 도움이 되었다.[8] 이 책은 계시에 관한 나의 이해에 즉각적인 지지를 하였다. 미적 가치평가와 기술적, 정치적, 그리고 과학적 가치평가의 대조를 통해, 가르침에 미적인 가치가 있다[9]고 토론한 드웨인 휴브너는 내 교육적 의문의 중심을 정하게 해주었다. 언스트 캐서러(Ernst Cassirer)[10]와 수잔 랭어(Suzanne Langer)[11]는 상징화, 그리고 형태와 관련하여 미술을 이해하는 데 도움을 주었다. 랭어의 미술적 관심은 인간 감정을 표현하는 인식 가능한 형태의 창조에 있으므로 이론상의 기본 토대가 되었다.

동시에 나의 의문은 철학적인 의문인 만큼 실제적 의문이기도 하였다. 나는 내가 독서를 통해 배우고 있는 이론적 자료가 구현되어진 모습을 마리 툴리와 함께하는 수업에서 접하고 있다고 느꼈다. 종교적이며 동시에 미적인 툴리의 가르침에 독특한 요소들이 있다는 것이 나의 직감이었다.

---

8. Dewy, *Art as Experience* 참조.
9. Dwayne Huebner, "Curricular Language and Classroom Meanings," in William Pinar, ed., *Curriculum Theorizing : The Reconceptualists*(Berkeley : McCutchan, 1975).
10. Erst Cassirer, *An Essay on Man*(New Haven : Yale University Press, 1944) 참조.
11. Suzanne Langer : *Feeling and Form*(New York : Charles Scribner's Sons, 1953) ; *Mind : An Essay on Human Hopkins Feeling*, vol. 1(Baltimore : Johns Hopkins Press, 1967) ; *Problems of Art*(New York : Charles Scribner's Sons, 1957) ; and(ed.) *Reflections on Art*(Baltimore : Johns Hopkins Press, 1958) 참조.

그래서 나는 나의 임무가 이러한 요소들을 찾고 분석하며, 미적 교육법이라고 할 내용으로 종합하는 것임을 알았다. 이 임무를 완수하기 위한 다음 행동은 나의 직감을 검사하기 위한 임상적 상황을 준비하는 것이었다.

그 과정이 다음 학년의 첫 학기에 다시 개설될 것이었기 때문에 나는 툴리에게 그 때에 가서 그녀의 수업에 대한 의식적인 분석을 해도 되겠느냐고 물었다. 툴리의 동의가 있었고 또한 학과장인 C. 엘리스 넬슨(C. Ellis Nelson)의 협력으로 내가 다시 그 과정의 조교로 활동하면서 수업 시간, 참여 학생들과의 개별 면담, 그리고 다른 바람직한 관련 활동을 테이프에 녹음한다는 것이 결정되었다. 이 결정은 위대한 교사들이 무엇을 했는가 포착하는 방법을 찾으라는 존 듀이의 충고를 구체화하는 결정이었다.

7장의 나머지 부분에서 나는 내가 기록한 많은 자료에 대해 언급하고자 한다. 자료의 두 번째 출처는 과정의 조교라는 유리한 입장에서 얻은 기록, 교사와 학생들과의 대화에서, 그리고 나 자신의 관찰을 통해 얻은 기록이다.

그 과정의 기본틀과 참여자들에 대한 설명은 단순하다. 3학점짜리 과목으로 두 시간짜리 수업이 1주일에 한 번 있다. 9월과 1월 사이에 총 11번의 수업이 있다. 일곱 명의 학생들이 신청하였으며, 각 학생은 다섯 번째 수업이 지난 학기 중간에, 그리고 다시 학기말에 툴리와 일 대 일 면담을 했다.

학생들 중 한 명은 미술에 대한 지식이 상당히 많았지만, 학생들 중 누구도 미술을 전공하지는 않았다. 세 학생은 전에 툴리의 기초 미술수업을 받았었고, 다른 세 명은 학부 과목 하나를 제외하고는 어떤 미술수업도 받지 않았다. 여섯 명이 정규학생들이었고, 한 명은 비정규 학생이었다. 모든 학생이 이십대 중반의 대학원생들이었다. 넷은 여성, 셋은 남성이었다.

이번 학기에 나는 지난 학기에는 알지 못했던 것들을 발견하였다. 수업은 몇 개월 전에 세밀하게 계획되었다. 5월에 시작하여 여름까지 내내 툴리는 자료를 준비하고 참고문헌을 찾았으며, 가을에 시작할 과정의 시각적 토대가 될 전시회 사진들을 슬라이드에 담았다. 조교로서의 나의 업무를 준비하며 5월에 첫 면담을 가졌다. 그때 툴리는 우리가 가을 학기에 세 명의 미술가에 대해 공부할 것이라고 설명하였다. 코벤트리의 제단 위에 걸려 있는 위대한 태피스트리(tapestry)의 작가인 영국 화가 그라함 서더랜드(Graham Sutherland), 조각가인 헨리 무어(Henry Moore), 그리고 미국의 화가이자 사회 평론가인 벤 샨(Ben Shahn)이었다. 우리는 미술사학자들의 방식으로 이들에 대한 연구를 수행하지 않을 것이다. 대신 이 미술가들을 출발점으로 삼아 학생들이 그들의 과정과 유사한 과정을 밟게 함으로써 학습자이자 창조자로 작용할 수 있게 한다. 나는 미술 전공이 아니고 주요 관심 분야가 교육학과 철학이기 때문에 툴리가 그 수업의 재료를 상당 부분 선택하는 책임을 졌다. 마지막으로, 견습생으로서 재미있었던 것은 최근에 학생으로서 들었던 그 수업이 다시 똑같은 방법으로 진행되지 않는다는 사실을 발견한 것이었다.

    툴리의 일에 대하여 깊이 생각해 보면서 나의 의문들이 세 가지 분야에 관한 것임을 깨달았다. 처음 두 분야는 전제된 것이며 관찰 가능하고 다소 직접적으로 검사될 수 있다. 첫째는 교육상황에서 툴리의 언어 사용법이며, 둘째는 환경의 준비이다. 셋째 분야는 결과적으로 당연한 것이지만 쉽게 증명되기 어려우며, 또한 이 수업에서 가장 놀라운 요소라고 생각되는 분야인 감정적 참여이다. 수업에서 실제로 일어나는 일은 이 세 가지 분야의 틈바구니에서 일어났다. 그러나 일어난 일들은 결코 미리 정해졌던 것이 아니었다. 사실 내가 느끼기에 툴리의 교수 스타일이 나의 호기심을 불러일으킨 정확한 이유는 충분히 계획되고 구성된 맥락에서 예기치 않은 것, 무조건적인 것, 진정 참신한 것이 드러난다는 상당히 역설적 상황 때문이다.

    그러므로 툴리의 교육법에 대해 보고할 때 나는 언어, 환경, 그리고 감정적 경험적 참여라는 시작점에서부터 보고를 하고자 한다.

언어 : 말과 말을 넘어서

    언어가 가르침에 필수적이지 않다는 입장을 취하는 것은 고지식하고 단순한 생각이다. 그럼에도 불구하고, 마리 툴리의 수업에서 학생들은 가르침의 지배적 수단이고, 때로 유일한 수단으로서의 언어에 대해 의심하게 된다. 언어를 사용하지 않고 수행되는 교육활동은 없다는 것은 자명하다. 그러나 다른 인간적이며 신체적인 행위 — 대지 형태, 구체화된 형태 — 로 제시되는 한정적이고 보완적 측면은 무시한 채, 언어를 의사전달의 중심 도구로 강조하는 것은 부적당하다고 생각한다. 그것이 언어 이전의 것이든 아니면 많은 종교적인 것과 같이 언어 이상의 것이든, 필연적으로 언어를 넘어서는 것과 언어가 제휴하는 것을 보지 못하는 시각은 더욱 문제가 많다. 가르침 상황에서의 툴리의 언어 사용을 생각할 때, 이러한 점을 고려하는 것이 나에게는 가장 중요한 일이라고 생각된다.

다른 교사들처럼 툴리도 언어를 사용하여 교습하고, 규명하고 말하였다. 그러나 다른 과목과는 대조적으로 툴리의 교습, 규명, 그리고 말은 항상 실제사실 다음에 오는 것이었다. 첫 시간이 시작되기 전 툴리가 나에게 설명한 것은 그녀가 미술 언어(공간, 선, 형태, 모양, 색, 면, 배경/전경, 양각/음각)와 학생의 역할(창조자, 제조자, 관람자, 명상가, 비평가, 학습자, 교사, 독자)에 관하여 분명히 구분짓기 원한다는 것이었다. 그러나 학생들에 대한 그녀의 접근법은 달랐다. "학생들에게 차이를 말하는 대신에 학생들이 각각 그 차이나는 존재가 되는 것이다."[12]라고 툴리는 설명하였다. 그 절차는 학생들에게 세 개의 각기 다른 출발점(예를 들어, 색, 모양, 공간)을 주고 그 출발점으로부터 콜라주를 창작하라고 말한다. 콜라주가 만들어진 다음에야 그 개념에 대해 말로 소개하며, 좀더 개념적인 자료를 이해하게 하는 경험 기반을 학생들에게 제공한다. 툴리의 절차는 '구체적 경험에서 묵상적 관찰로, 다시 추상적 개념화를 거쳐 적극적 실험으로 가는 움직임'이라고 3장에서 설명한 구현적 학습고리를 실현한 것이라고 생각한다.

---

12. 이 부분과 이후의 모든 툴리의 직접 인용은 1969년 9월에서 1970년 1월 사이에 이 수업과 대화를 기록한 노트와 녹음 테이프에서 따온 것이다.

연구대상인 세 명의 미술가 중 그 첫째로 그라함 서더랜드에 접근할 때 툴리는 같은 절차를 밟았다. 툴리는 두 가지 특별히 우려되는 점이 있다고 내게 설명하였다. 미술가의 전기와 그가 창작 중에 거치는 과정이 바로 그것이다. 학생들이 개별적으로 서더랜드의 일대기에 대해 조사하겠다고 자원하였고, 툴리는 수업시간에 학생들에게 서더랜드의 작업 과정을 소개하기로 하였다. 그 소개에서 툴리는 "서더랜드에게는 내가 강조하고자 하는 매우 중요한 가닥이 하나 있어요. 오늘 아침 우리가 하는 작업이 그 시작입니다. 그러나 그 가닥에 대해 말로 표현하여 추상적이고 비현실적인 것으로 만들고 싶지는 않아요."라고 말하였다. 그리고 그녀는 일련의 탐험적인 스케치로 학생들을 이끌며 자연 대상물에서 상징을 창조하는 작업을 하였다. 그녀는 학생들이 몸소 그 과정에 완전히 들어간 다음에야 상징에 관한 언어적 묵상에 들어갔다. 교사 마리 툴리와의 수업에서 언어는 항상 살아난다.

이 절차상의 요소와 함께 연결되어 몇 년이 지나도록 잊혀지지 않는 툴리의 교실 언어 한 구절이 있다. 이 책에서도 이미 여러 번 사용한 용어이다(6장 참조). 그것은 '출발점'(point of departure)이다. 학생이 한 예술작품을 만들어낼 것으로 기대될 때는 언제나 그 예술작품과 어떤 출발점과의 관계가 있다. 바위, 나무껍질, 살아 있는 모델, 주제가 그 출발점이 된다. 툴리는 학생들에게 인간과 인간 이외의 자연이 이루는 실제 세계와 동떨어져 작업하라고 권유하지 않았다. 오히려 구체적이고 현존하는 것에 가르침의 뿌리를 두었다. 그녀가 지도할 때는 "나는 여러분이 오늘 사용하는 대상을 하나의 출발점으로 충실하게 대해 주길 바라요."라는 지시를 하곤 하였다. 학생이 일련의 습작 스케치나 혹은 완성된 작품을 수업시간에 제시할 때면 툴리는 그녀가 그러는 것처럼 학생이 구체적인 용어로 작품을 묵상할 필요가 있음을 강조하였다. '생생하고 극적이고 분명하며 신선하고 고요하며 깨끗한' 단어가 묵상시간에 학생들이 말해야 하는 기술적인 단어였다("그것은 궁극적 또한 규범적 인생 사건의 종말론적 징후로서 나에게 일격을 가했다."라는 식으로는 되지 않았다. 다른 맥락에서는 이러한 발언이 가치가 있을지도 모를 일이다).

뒤돌아 생각해 보니 우리 앞에 놓여 있는 것에 대한 '의식적 인식'이 있어야만 학생 경험이 일어날 수 있었음을 알게 되었다. 그러나 우리 앞에 놓인 것은 그 형태, 색, 그리고 내적 실재를 미술을 통해 포착하고자 하는 우리의 노력으로 끊임없이 변화하였다. 이와 같은 방법으로 우리가 연구하던 것은 무엇이나 표면 이전의 차원에서 스스로를 우리에게 드러냈다.

얼마 되지 않아 마리 툴리의 교육 용어가 항상 이러한 절차를 통해 감각적 경험으로 보완되고 있음을 분명히 알게 되었다. 우리는 듣기만 하는 것이 아니라 재료와의 촉각적 경험을 했다. 그리고 결국에는 볼 수 있게 되었다. 우리가 그렇게 되도록 인도되었기 때문이다. 감각 심화의 한 본보기로서 꽃에 대한 경험을 앞서 언급하였다. 툴리의 도제로서 나는 다른 사람들도 나의 경험과 유사한 경험에 대해 표현하는 것을 발견하였다.

시각적 경험에 대한 툴리의 강조가 갖는 구조가 점차 나에게 뚜렷해졌다. 툴리는 학생들이 문제 해결자이고, 그들이 수업시간에 문제를 해결할 때 시각적 상징을 창조하고 있다는 가정을 한다고 설명하곤 하였다. 동시에 시각적 상징의 지속적인 창조는 그 과정의 한 지점에서 언어적 묵상을 필요로 한다고 설명하였다. 출발점으로부터 완성된 작품으로 나아가기 위해서는 필연적으로 언어를 사용해야 한다. 때로 이러한 언어는 최소한도로 사용된다. 또한 다른 경우, 특히 학생이 더 이상 진전이 없다고 느낄 때, 툴리는 그 학생이 어디에 있는지를 알고 규명하고 결정하기 위해 언어에 의존하라고 충고한다. 이러한 경우에도 언어는 시각적인 문제해결을 위해 사용되었다.

어떤 경우에는 시각적 상징들이 학습, 의사전달, 그리고 자기표현의 대안적 방법을 제공하였다. 시각적 재료가 '자극하고 일깨우고 생성하기 위해 존재한다고 툴리가 설명하였을 때, 나는 나의 경험에서 또한 다른 사람의 경험에서 이를 확신할 수 있었다. 한 학생이 개별 면담에서 말하기를, 수업에 참여하기 전에는(그 학생은 수업에서 선명한 파랑, 빨강, 그리고 초록으로 작업을 시작했고 자신의 판화와 회화를 그려냈다.) 오직 '흑백'으로 보았을 뿐이라고 하였다. 이제 그는 '컬러로 보고 있음'을 알았다.

　수업 중에 학생들이 하고 있는 일이 "눈을 훈련시키고 더욱 정교하게 만드는 일"이라는 툴리의 설명은 일리가 있다. "눈은 변덕스럽고 분별이 없으며 선택적이지도 않다. 우리는 우리가 본다고 생각하는 것이 보인다고는 믿지 않는다."라고 설명하였다. 이 설명은 학생들에게도 매우 개인적인 의미가 있다. 왜냐하면 학생들이 "내 눈이 전과는 다른 단계에 있어요. …… 공원에 와 있어요. …… 지금 살아 있는 대상들이 이렇게도 많아요."라고 자신에 대해 말할 수 있기 때문이다. 학생들이 자연 대상들을 바라봄으로써 작품을 만들어 내는 창조의 측면에서도 이 설명은 의미가 있다. 마지막으로, 툴리는 인간적 의미의 단계에서 인간의 삶과 인간 존재가 말로 표현할 수 있는 것 그 이상이라고 확인시켰다.

　나는 이 수업이 무엇을 안다는 것과 무엇에 관하여 안다는 것의 차이를 보여 준 교수법의 본보기를 제공하였다는 것이 중요한 요소라고 생각한다. 많은 학생들은 이론적 지식을 '구현된 인간행위'의 하나로 이미 이해하고 있었다. 그러나 툴리의 수업에서 우리는 신체행위로서의 지식이 어떤 모양인지, 어떤 느낌인지, 그리고 어떻게 오는지를 보았다. 언어 형태, 구체화된 형태, 대지 형태, 그리고 발견을 위한 형태가 육신을 입는 것을 보았다. 그러므로 학생들이 그라함 서더랜드, 헨리 무어, 그리고 벤 샨에 관하여 알고 있었어도, 또한 학생들이 회화와 조각, 그리고 사회 비평가로서의 미술가에 관해서는 알고 있었어도 그들을 안다고 할 수는 없었다. 그러나 이 미술가들이 작업했던 것처럼 작업하고 스스로 작품을 만들면서 한 과정의 제작자가 되는 상황에 처하면서, 학생들은 이 미술가들을 알게 되고, 이 미술가들이 되어 갔다. 이것이 마리 툴리의 가르침이 주는 것이며, 그녀의 표현을 빌리면 '일종의 내적 통합'이다. 우리는 우리가 연구하는 것을 행동으로 하고 있었다.

　학습하는 학생의 위치와 소재의 기능에 관한 툴리의 입장도 같은 중요성을 갖는다. 이 문제는 이 책과 계시로서의 가르침에서 중심적인 문제이다. 툴리는 "진짜 교사란 다른 어떤 사람이 무엇인가를 알게 하는 일에 열심인 사람이다. 그러나 그 사람들을 위해서 대신 해주지는 않는다. 자연히 비유를 사용하고, 시범을 보이거나 아니면 실례를 사용하기도 한다. 그러나 그 사람들이 스스로 알게끔 만든다."라고 말하였다. 툴리는 소재를 입력 정보나 미리 소화된 정보로서 전달되는 것으로 생각하지 않았다. 소재란 뛰어들어가 보는 어떤 것, 해 보는 어떤 것이라는 것이 그녀의 입장이다. "그렇게 할 때 의미가 나타나며, 당신의 경험과 당신이 현재 만나고 있는 것 사이에 연결점이 생긴다." 그러면 그 상황에서 발견되고 계시되는 것이 의미가 된다. 의미는 출발점이 아니라 귀착점이다. 의미는 표면 위에 있는 것이 아니라 표면 아래에 있다. 의미는 계시이다. 비록 의미가 언어를 초월하여 솟아오른다고 할지라도 그것이 언어로 표현될 때, 그 의미의 귀착이 보여 주는 것은 언어가 그 목적을 달성했고, 그 역할을 제대로 수행했으며 입증되었다는 것이다. 마리 툴리가 가르칠 때, 말은 육신을 입어 우리 사이에 거하고 우리는 그 말의 영광을 바라본다.

가르침의 환경

흔히들 교육학 서적에서는 가르침의 환경에 대해 말하고, 교사가 그 환경(즉, 학습이 일어나는 장소)을 갖추는 것이라고 말한다. 마리 툴리의 가르침을 분석해 본 결과, 이러한 의견을 입증하고 이 책의 주장을 진전시키는 특정한 비전의 각도가 드러난다. 툴리의 독특한 비전에서는 학생들이 자신의 위치에 그대로 있도록 해주는 환경을 설계하는 것이 가능하다. 툴리가 자신을 환경을 설치하는 사람으로 생각한다는 것은 학생들에게 한 말이나 스스로에 대한 설명에서 자명하게 나타난다. "나의 주요 업무는 환경을 세우고 여러분을 무엇인가에 노출시켜 주는 것입니다. 나는 여러분을 가르치는 것이 절대 아닙니다. 이 미술 분야에서 여러분은 진정 스스로 배우고 또한 서로에게서 배우는 것입니다."

툴리의 설명은 "환경이란 정확히 무엇을 의미하는가?"라는 의문을 제기하였다. 툴리가 "보기에 고역스러운 세세한 일거리"라고 표현한 긴 시간의 수업준비에 대해서는 이미 말하였다. 그러나 나는 이 소위 고역스러운 일

거리가 보람이 있다는 것을 알았다. 또한 환경은 준비가 잘 된 재료 이상의 것이라는 것도 알게 되었다.

툴리의 가르침에서 가장 중요한 요소이자 그녀의 기본 가정 중 하나는 올바로 정립된 환경은 그 자체로서 교육이 된다는 믿음이다. 즉, 아이스너의 "묵시적 교과과정"에 대한 믿음이다. 그러나 환경은 의식적으로 정성을 다해 만들어져야 한다. 마치 무대장치를 하는 것처럼 의자와 책상을 배치하는 일에서도 세부까지 정확하게 관심을 갖는다는 의미에서 정성을 다한다는 것이며, 애정 있는 호의와 염려라는 의미에서 정성을 다한다는 것이다. 툴리의 수업에서 환경은 계획되고, 연출되며 스스로 말하도록 허용된 것이다. 그러나 우리가 작업하는 강당을(이 학교에는 미술실이 없었다) 매주마다 변화시키는 툴리의 공간에 대한 관심 또한 내적 공간과의 관계에 대해 말해 주었다. 외부공간에 대한 세심한 관심과 그 관심의 대상이 되는 공간이 주는 느낌에서 매주 학생들의 근본적 출발점이 창출되었다. 환경의 특질은 학생들로 하여금 자신의 내부에서 움직일 수 있게 하였으며, 그 내부에서 발견한 내밀한 모습에 대해 평안할 수 있게 하였다.

툴리가 이루어 낸 자유와 통제의 균형은 역설적인 상황을 만든다. 학생들은 수업이 얼마나 치밀하게 구성되었는지에 대해 말하며 실제로도 그렇다. 반면에 툴리는 어떤 반응도 미리 예상되지 않는다고 반복하여 강조한다. 결과적으로 "툴리는 우리가 할 수 있다고 생각하는 것 같아요. 그리고 우리도 해 내지요."라는 한 학생의 말처럼 제작에 대한 조바심은 최대한 제거된다. 판단이 유보되는 분위기이다. 세세한 설명이나 주석 혹은 조종 등에 시간이 낭비되지 않는다. 예를 들어 한 학생이 지면에 자신을 분명히 나타내지 않고 있으면 툴리는 "모호한 태도를 취하고 있는 것은 아니죠?" 혹은 "그 선에 전념하지 못하나요?" 등의 표현을 한다. 그 환경의 성격에서 이러한 질문이 나왔다고 본다.

툴리의 가르침에서의 환경의 개념에 대해 더 깊이 조사하기 위해 직접 면담을 하기로 하였다. 환경에서 일어나고 있는 일을 보았지만, 그 환경을 만들고자 준비하는 교사로서의 툴리는 어떤 생각을 하고 있는지도 알고 싶었다. "당신의 가르침에서 무엇이 중요한 요소라고 생각하나요?"라는 질문에 대한 응답에서 그 부분적 해답을 찾을 수 있었다. 먼저 그녀는 그녀의 가르침에서의 극성(極性)에 대해 이야기하였고, 그 다음 통제된 준비와 융통성에 대한 예를 제시하였다. 툴리는 "준비는 목표를 진술하고 자료를 열거하며 구체적 결과의 양을 정확하게 계획하는 것을 의미하는 것이 아닙니다."라고 하며, 그녀가 생각하는 준비의 의미가 아닌 것에 대해 설명하였다. "우리(교사들)는 여러 번 환경을 만들었습니다. 그러나 그 환경이라는 것이 미리 포장된 반응을 조종하고 결정하기 위한 것이었습니다." 하며 툴리는 준비가 특정한 반응을 위한 것이라는 생각을 거부하였다. 이러한 준비를 회피하면서 다음과 같이 말한다 :

> 내가 의미하는 준비는 첫째 미리 시각화해 보는 것입니다. 나는 강당은 어떤 모습이며, 학생들과 재료들은 어떤 모습일지 미리 그려 봅니다. 자료들을 뽑아 보고, 모델의 제스처 등과 같은 사건의 차례를 짚어 보기도 합니다. 결과를 그려보지는 않습니다. 그러나 영상에 담겨 있기라도 한 듯 나에게는 그 상황이 보입니다. 나는 시각화하면서 준비를 시작합니다. 마치 연출가와 무대장치가가 함께 작업하는 것처럼 나의 시각화와 준비는 조화를 이루며 동시에 진행됩니다.
>
> 다시 말해 준비는 학습자에게 가해진 비융통성, 그리고 질서정연한 구조가 아닙니다. 준비는 자극을 주는 환경, 감각과 직관에 호소하고 상상력을 불러일으키는 환경을 만드는 것을 의미합니다.

툴리의 환경을 풍요롭게 하는 요소 중의 하나는 때로 놀람에 가까운 놀이에 대한 의존이다. 그 한 예로, 학생들은 생동하는 모델을 스케치하면서 강력한 인간 활동의 역동적인 선을 포착해 보라는 요구를 받았다. 이를 위해, 툴리는 학생 세 명이 의상을 입고 상상의 무기를 들고 교실로 행진해 와서 극적 포즈를 취한 채 정지하도록 하여 학생들을 깜짝 놀라게 했다. 이러한 놀람의 요소는 유머와 빚어낸 웃음으로 연결되었다. 모두들 그 배우들을 알고 있었기 때문이다. 그렇지만 이 놀이는 미리 예정된 반응에서 벗어나는 것이 가능하게 해주었다. 툴리는 "유머가 있어야 돼요."라고 하며 놀람과 유머의 상호 연관성을 지적해 주곤 하였다. "모든 사람이 위트를 수용해야 하며, 또한 질서가 뒤집히고, 규칙적이고 기계적인 삶의 법칙이 사라지는 때가 있어야 합니다."

툴리는 우리가 함께 작업한 학생들에게도 관심을 가졌다. 예를 들어 한 수업을 준비하며 툴리와 나는 그라함 서더랜드의 매우 상징적인 그림을 전시할 것인가에 대한 여부를 결정하고 있었다. 그 그림들은 이미 수업 중에 자세히 논의된 것들이었다. 우리는 각각의 학생들을 차례로 생각해 보고, 서더랜드의 그림이 그 환경에 포함될 경우 그들의 반응에 대해 생각해 보았다. 그림들이 학생의 능력에 도움이 될 것인가 아니면 방해가 될 것인가? 그 그림들의 강력하고 암시적인 성격으로 인해 아직 형태가 잡히지 않고 정리되지 않은 가능성을 잘라 버리지는 않을 것인가? 우리는 전시하지 않기로 결정하였다. 이러한 우리의 결정 뒤에 있는 교육법적 입장이 환경의 준비에서의 한 요소가 된다. 그 요소를 설명하며 툴리는 "나의 스타일은 소재와 기술, 그리고 전략에 적용되는 질문을 하나 하는 것입니다. '이 상황에서의 학습자는 누구인가?', '누구의 조건에 따라 이 학습이 진행되는가?'라는 질문을 항상 합니다."라고 말한다. 툴리의 준비는 항상 학습자를 위한 것이다. 학습자를 위한 방향이며, 학습자의 입장에서 이루어진다. 툴리가 다루고자 하는 재료의 입장에서 준비가 이루어지는 것이 아니다.

툴리의 통제된 준비에 대한 상관물(혹은 그 상대적 요소)은 융통성이다. 학습상황을 준비하기 위해 가능한 모든 일을 하고 난 후, 교사는 융통성을 가지고 준비에서 마음이 놓이게 한다. 어떤 사태가 벌어질 수 있도록 허용하며 그 사태를 두려워하지 않는다. 다른 말로 하면, 융통성은 교사로 하여금 무엇이 일어났는지를 보게 하며 직관에 의지하게 하는 것이다. 통제와 융통성의 균형, 혹은 직관은 미묘한 문제이다. 이 균형에서는 절대 무질서, 통제를 벗어난 상황을 생각하지 않는다. 그러나 툴리가 말한 것처럼 "우리의 직관이 작용하지 않으면 우리는 사물이 변화하는 것을 두려워한다. 변화할지도 모르는 패턴을 어떻게 다루어야 할지 모르기 때문이다."

역설적으로, 직관과 융통성이 없는 곳에 통제는 있을 수 없다.
　나의 질문에 대해 툴리의 응답에서 나온 준비의 다른 요소는 도전과 기대이다. 툴리는 준비와 기대를 통제와 융통성처럼 학습자와 연결시킨다. "나는 인간의 정신이 자신의 환경과 주위의 환경에서 의미를 찾을 수 있다고 생각해요. 나는 그것을 전제로 하여 행동합니다. 나는 학생들에게 많은 지시를 내리지 않아요. 사물에서 스스로의 의미를 찾을 수 있다는 기대를 알 때, 학생들은 그 기대대로 할 수 있기 때문이지요." 툴리의 말은 인간이 본래 학습하는 존재라는 것 같았다. 교사의 역할은 이러한 학습의 촉매가 되는 것이며, 그 학습의 방해물을 제거하고 학습에 이르게 하는 자극을 풍성하게 만드는 것이라는 말 같았다.
　준비와 융통성, 도전과 기대, 그리고 학습자에 대한 교사와 관계, 이러한 구성 성분이 환경을 세우게 한다. 그러나 무엇인가 부족한 것이 있다. 툴리의 설명처럼 "이러한 요소들은 이들로부터 교사가 생명력 있는 유기체를 만들어내기 전까지 무질서하다. 그것이 교사가 하는 일이기 때문이다. 한 상황에 모든 상이한 요소들을 집어넣고 사람들에게 와서 소재를 택한 후에, 자원과 예산, 그리고 있는 기술로 작업을 해 보라고 하자. 이들은 상이하고 관련 없는 항목들이다. 그리고 교사는 이들로부터 살아 있는 유기체를 만들어야 한다."
　유기체의 창조에 대해 말한다는 것은 미술세계로의 시험적 입문이다. 그래서 나는 툴리에게 유기체의 창조가 미술이 하는 일로 생각하느냐고 물었다. 나의 마음 속에는 그녀의 가르침을 미적이라고 말할 것인가의 여부를 묻는 질문이 있었고, 지금이 그녀에게 그 질문을 해 볼 때라는 생각이 들었다. 툴리는 가르침이 미적이어야 한다면, 그녀가 설명한 질서정연한 존재를 불러오는 일을 해야만 한다고 대답하였다. 이것이 교과과정, 교사, 학습자, 그리고 방법론이 분리될 수 없으면서도 살아 있고 숨쉬는 하나의 유기체로 존재하는 이유이다. 그러므로 한 과정이 미적이라고 한다면 그 과정은 "그 과정이 유기체가 되는 정도까지 미적이어야 한다. 왜냐하면 그 과정은 그때 생명이 되기 때문이다. 몇 개의 단편적인 조각들과

7~8명의 매우 다른 개인들이 재료와 조화를 이루고 상호간에 조화를 이루며 교사와 조화를 이루기 때문이다." 나는 이에 덧붙여 삶과 우주와 조화를 이루기 때문이라고 생각했다.

우리는 여기에서 토론을 중단하였다. 그러나 이 토론에서 환경에 대해, 그리고 미학과 종교의 환경과의 관계에 대해 몇 가지 사실들이 분명해졌다. 먼저, 환경의 가장 중요한 측면은 환경이 문제를 제기한다는 사실이다. 문제들은 "왜 환경이 미적인가?"라고 묻는 나의 질문처럼 구체적이며 개인적이고 독특하다. 이러한 결론은 이 과정이 미술과목이라는 사실에서 이러한 결론이 나왔다고 하기보다는 그 과정이 제시된 방식에서 나온 것은 아니었는지 의심이 들었다. 매주 과제물이 나간 적은 한 번도 없었지만, 학생들은 의문을 품은 채 수업을 끝내고, 그 의문을 풀기 위해 일주일 내내 작업하였다고 말하였다. 나는 이같이 문제를 제기하는 환경과 종래의 수업의 특징인 해답을 제공하는 환경을 비교하지 않을 수 없었다.

툴리의 환경에서 끊임없이 나타나는 두 가지 경험이 있다. 이 경험들은 종교적인 것과 좀 더 연관이 깊다. 내가 반복적으로 보는 첫째 경우는 한 학생이 새로운 기술을 주저하며 시도하다가 자신의 재료에 충분히 익숙해져서 새로운 것을 시도할 때이다. 그 시도는 전혀 예상하지 못한 결과로 나타난다. 내가 앞서 계시로 이끄는 성육신이라고 설명한 경험이다. 이와 같은 사건은 탄생, 그리고 경이와 유사함을 알았다. 윌리암 제임스(William James)는 오래 전에 종교적 경험에 관한 글에서 이것에 대해 다음과 같이 말했었다.

> 한 인간의 의식적 위트와 의지는 단지 희미하고 불분명한 상상만을 목표로 하고 있다. 그러나 유기적이고 숙성하는 내부의 모든 힘은 그들의 예상된 결과로 나아간다. 새로운 에너지의 중심이 꽃망울을 터뜨릴 준비가 될 정도만큼 배양되었을 때, 우리가 할 말은 오직 "손 떼겠어."이다. 그 꽃망울은 도움 없이 터져야 할 것이다.[13]

---

13. 이 인용문은 Dewy in *Art as Experience*, 72에 나온 William James의 글이다.

둘째 경험은 실패의 경험이다. 준비를 얼마나 많이 하였든지 이번에는 안 될 것 같은 가능성, "새로운 에너지의 중심이 꽃망울을 터뜨리지" 않을 것 같은 가능성은 항상 직면하기 마련이다. 툴리가 제공하는 환경이나 분위기는 꽃망울을 터뜨리는 것을 허용할 뿐만 아니라 또한 아무런 비난을 받지 않고 실패할 수 있게 허용하였다. 이러한 실패의 경험이 가져온 인간적인 결과에 대해 감명을 받았다.

> 해결책이 없을 때, 미숙한 해결책을 시도해서는 안 된다. 오히려 갈등하고 있는 인간적 상황을 용감하게 표현해야 한다. 그 상황을 표현하면 이미 그 상황을 초월하게 된다. 죄책감을 견디고 또 표현할 수 있는 사람은 "모든 것에도 불구하고 수용하는" 법에 대해 이미 알고 있음을 보이며 무의미함을 견디고 표현할 수 있는 사람은 자신의 무의미의 사막 안에서 의미를 경험하고 있음을 보인다.[14]

감정과 경험에의 참여

인문학 대학원 교과과정을 대체로 개념적이고 언어적 활동으로 묘사한 것이 희화라고는 생각하지 않는다. 그러한 과정의 전형은 거의 대부분 언어적 상호작용에 의해 수행된다. 인쇄된 자료에 담겨진 소재를 다루며, 학생들에게 분야에 대해 이해했음을 성문으로 증명하는 논문을 제출하는 의무를 지운다. 학생들은 반드시 특정한 틀에 맞추어야 한다. 학생들이 누구인가, 그들이 무엇을 느끼는가, 그리고 그들의 주관적 인간경험의 본질은 그 과정의 주된 부분이 되지 않는다.

이와는 대조적으로, 마리 툴리의 교육법의 특징은 그 교육법 안에서 감정이 근본이라는 것이다. 툴리가 보인 것처럼 감정과 경험에의 참여는 그녀의 가르침이 미적이라는 주장의 근본 이유이다. 좀 더 정확히 설명하면 툴리의 스타일은 감정과 경험을 끌어들였고, 또한 감정과 경험을 정신작

---

14. Paul Tillich, *Theology of Culture*(New York : Oxford University press, 1959), 75.

용에 융합되는 방법으로 끌어들였다는 것이다. "미적인 것과 지적인 것의 차이는…… 살아 있는 피조물과 그 주위환경의 상호작용을 나타내는 끊임없는 리듬이 강조되는 장소이다. 경험에서 미적 강조의 궁극적 문제와 지적 강조의 궁극적 문제는 동일하다."[15]

툴리는 정신이 작용하는 방법에 대해 건전한 존경심을 갖고 있었다. 또한 합리성과 감정이 이어지는 지점이 있음을 깨달을 필요가 있다는 것에 대해서도 존중을 보였다. 툴리에게 감정과 사고는 실제적으로 분리되지 않았다. 그러므로 툴리는 그녀의 가르침에서도 이들을 분리하지 않았다. 예를 들어 인쇄물이나 복제물을 감상할 때, 툴리는 먼저 그것을 보고 그에 대한 반응을 느끼라고 가르쳤다. 그리고 나서 시간을 내어 그 기법을 검토하고, 그것에 대해 숙고할 때 "우리의 느낌이 달라졌음을 아는 것이 정상적인 결과이다. 정신의 탐구가 우리의 느낌을 확대하고 변화시킨다."

툴리의 교육법에서 감정이 이성에 반한다고 생각한다면 그것은 최악으로 잘못된 설명이다. 그 반대로 감정은 진지하게 고려되며, 의식적으로 학습과정의 요소로서 제기된다. 감정을 진지하게 고려한다는 것은 이성적인 것이 또한 관여되어 있다는 점을 필연적으로 의미한다. 툴리는 "우리가 만들어 내는 것뿐만 아니라 우리가 느끼는 법, 우리가 생각하는 법, 그리고 우리의 관념과 느낌이 연관되는 방식도 또한 중요하다. 그것이 우리의 일이라고 생각한다."고 학생들에게 말하였다.

툴리는 직관적이고 감각적인 단계의 수업을 오직 어린이들에게만 한정하고, 이러한 활동이 다소 단순하며 소년기에나 적합한 것으로 생각하는 학교교육의 경향에 대해 한탄하면서, 이 활동이 특히 성인들의 생활에서 중요하다고 강조하였다. 툴리는 실제 교육과정과 연관이 있는 대부분의 사람들이 "성숙한 교육의 본보기는 사고형의 교육이 되는 것이다."라고 믿는다고 추측한다. 또한 툴리는 "이 생각을 너무 지나치게 수용한다면 우리의 감정을 차단해 버리게 된다."고 경고한다. 이와 대조적으로 그는 모든

---

15. Dewy, *Art As Experience*, 15.

연령대의 인간이 그들의 실존에서 감정요소들을 이해할 필요가 있고, 또한 이러한 이해는 특히 남녀 인문학도들이 가져야 할 것이라고 가르쳤다. 또한 툴리는 미술의 문제가 삶의 구체성과 연결되어 있다고 보았기 때문에 미술을 "학생들이 하고 있는 다른 일들(추상적이고 고도로 개념화된 일들)에 대한 균형이며 교정"이라고 보았다. 미술은 교과과정이 한쪽으로 치우치는 것을 막아 준다. "그들(학생들)에게 그것(미술)이 없다면, 교과과정은 다른 면에 과중하게 치우치게 된다. 젊은 사람들은 감각, 직관, 감정에 관련된 것들을 원하고 있다." 그 수업을 듣는 논리 정연한 영문학도인 한 남학생은 긴장을 풀기 원했었는데, 이 수업을 통해 합법적으로 그렇게 할 수 있었다고 개별 면담을 통해 시인하였다. 툴리는 그에 대해 언급하며 "우리는 너무 많이 놀면, 그리고 가끔은 논다는 사실만으로도 죄책감을 느낍니다. 이러한 속도를 끊어 놓을 무엇인가가 있어야 합니다. 우리 존재의 다른 부분을 만져 주는 무엇인가가 있어야 합니다."라고 결론지었다.

이 말은 마리 툴리의 가르침의 미적 뿌리를 말해 준다. 철학자 수잔 랭어와 같이 툴리가 인간의 감정을 다루는 방법은 학생들이 그러한 감정에 형태를 부여할 수 있도록 돕는 것이다. 툴리는 이것을 종교적인 것과 연결하며 "나는 여러분이 추구하는 실재하는 것, 궁극적인 것이 여러분의 종교적인 과정이라고 믿습니다."라고 말한다. 종교적인 과정과 미술적 과정 사이의 관계를 언급하며 툴리는 계속해서 다음과 같이 말한다 :

> 여러분이 이러한 관계를 직접 표현하는 것, 매주 회피함 없이, 그리고 두려움 없이 이러한 표현을 할 때 감수하는 위험, 나는 이것들이 신앙, 참된 신앙의 길이라고 생각합니다. 우리 대부분은 여러 방법들을 피해 갈 수 있습니다. 그러나 여러분은 직접 표현에서 발견하는 것은 피할 수 없습니다. 색깔을 섞고 빈둥거릴 수 있습니다. 그러나 진정 표현하고자 할 때, 감정에 형태를 주고자 노력할 때, 여러분은 자신의 존재의 본질에 매우 가까이 간다고 생각합니다.

감정에의 참여와 미적 차원은 필연적으로 관련된다. 미술을 통해서 감정이 표현되기 때문이다. "우리의 작품이나 어떤 미적인 것을 만드는 것은 감정과 관련 있는 것이며 감정이 형태를 취하도록 허락하는 것이다. …… 처음에는 형태가 없다."

감정에 형태를 주는 기회를 창출하는 데 있어서 툴리가 기반으로 삼는 것은 인간관계이다. 그녀의 학생에 대한 기본 태도는 학생들은 동료 인간으로 바라보는 것이다. (교사, 학생, 명인, 견습생 등의) 다른 모든 역할들은 부가적인 것이다. 툴리의 가르침의 분위기가 지나치게 허물없다는 의미는 절대 아니다. 그녀의 태도에서 각 사람의 독특한 내적 생명이 경외와 존중, 그리고 궁극적 진지함으로 대접받는 기본적인 안정감이 생긴다는 것이다. 그녀는 각 학생에게 주체가 되는 존재론적 소명이 있음을 알고 있었다.

이러한 인간적 단계의 교실 상황에서 다른 사람들과 관계를 맺는 데에는 학습자에 대한 태도, 그리고 학습 상황에 대해 책임이 있는 사람으로서의 자신의 태도에 대한 생각이 있어야 한다. 학습자에 관하여 툴리는 "인간의 내면, 정신 혹은 심층이 중심이라고 믿는다. 그 중심이 모루이며, 그 모루에서 스스로 의미를 버려내고 있다. 인간의 정신은 신비하다고 생각한다. 인간의 정신은 저절로 또 본질적으로 자신의 일을 하는 방법을 갖고 있다."라고 말하였다. 툴리는 인간의 혼이 자신의 일을 해 나갈 수 있다고 믿으면서, 그렇게 할 수 있는 (앞 부분에서 설명한 바대로의) 자유 환경이나 자유 분위기를 제공하였다. "그들(학생들)의 내적 생명은 이성적인 면이 있다. 작용의 방식이 있다. 기회가 주어졌을 때 그 내적 생명은 움직인다. 내적 생명은 주위의 사물로부터 배우는 것이 가능하다. 우리는 내적 생명이 자신의 신비를 해결할 수 있는 기회를 반드시 주어야 한다."

(교사로서의 자신을 향한 태도에서) 더 나아가 그 반의 구성원들의 개성과 내적 생명이 그 수업의 구성 요소이듯이 교사(툴리)의 인격적 실재 또한 그 수업의 구성요소이다. "교사에게는 실재가, 자신 있는 실재가 있어야만 한다. 아무런 결함도 없는 사람이 아니라 한 개인, 성숙하고 변화하는 인간이 되어야 한다. 이런 전제를 가지고 있기 때문에 나는 나의 실재를 학생

들에게 보인다. 나는 의식적으로 나의 실재를 학생들에게 보일 필요가 있다. 그들이 서로에게 자신의 실재를 보이는 것이 필요한 것처럼 말이다."

서로에 대한 인격적 실재의 제시는 가르침의 본질에 대한 툴리의 가치관에서 나온 것이다. 미술훈련으로 그 형태를 잡는 가르침에 대해 툴리는 다음과 같이 설명한다 :

> 가르침은 다른 인간들과의 살아 있는 만남이다. 교사는 그들이 스스로 배우기 시작할 수 있는 환경을 만들 책임이 있다. 미술은 직접성과 즉시성을 고려하는 훈련이며, 허식과 도피가 최소한으로 줄어드는 훈련이다.

툴리의 가르침이 참으로 미적이라고 주장하는 이유는 내가 그녀의 수업에서 인간의 감정과 인간관계에 대한 진지한 참여를 관찰하였다는 사실에 있다. 인간감정과 인간관계는 인간경험의 기본요소이다. 경험에 대한 툴리의 접근법은 인간이 항상 경험에 참여하고 있다는 식으로 경험에 대해 말하는 것이다. 가르친다는 것과 미술을 가르친다는 것은 이 깊은 경험의 토대를 기반으로 하며, 인간이 인간경험을 말하는 것을 보조하는 자연적인 활동이다. 학생들에 관하여 툴리는 "학생들은 스스로 학습하는 사람으로 작용할 수 있다. 그들의 학습은 미술에 관한 학습이라기보다는 미술을 통해 배우는 것이다. 학생들은 자신의 조건에 따라 자신이 의미있다고 생각하는 재료로부터 배우기를 원하기 때문에 배운다. 내가 해야 할 일은 그 상황에 무엇을 더해 주어야 그들이 의미를 찾는 일에 도움이 되는지 최선을 다해 추측하는 일이다."라고 말한다.

툴리가 말하는 최선의 추측의 의미가 교과과정을 철저히 점검해야 한다는 의미는 아니다. 그러나 그녀에게 최선의 추측이란 학생들이 진정으로 관념과 결정들을 잘 받아 넘길 수 있는 놀이터, '전에 갖고 있던 재료들을 잘 받아 넘기고, 그 재료들과 타협할 수 있는' 놀이터가 교과과정이라는 것을 의미한다. 내가 지적했던 것처럼 툴리는 학생들이 다른 과목으로부터 상당한 양의 정보를 입력했음을 자각하고 있었기 때문에 그녀의 역할을 정보입력의 책임을 지는 것으로 생각하지 않았다. 그녀의 역할은 학생들이 이미 가지고 있는 정보에서 의미를 찾을 수 있도록 시간, 장소, 그리고 매개체를 제공하는 책임을 지는 것이라고 보았다.

이러한 가르침의 토대로써 미술 수업을 사용하는 것은 이중의 효과가 있었다. 먼저, 미술은 앞서 언급한 일종의 놀이터를 제공하는 것이다. 그러나 더 중요한 것은 미술이 경험에서 의미를 찾는 일을 돕는다는 것이다. 툴리는 다음과 같이 설명한다 :

> 미술은 출구를 만든다. 전에 가지고 있던 지식이 아니라 우리 자신과 세상, 그리고 우리의 정체감에 대한 지식으로 열리는 의식적인 새 출구를 만든다. 우리는 가만히 서 있도록 되어 있다. 그런데 누군가 이러한 습관을 흐트러뜨린다. 이것이 내 방식으로 가르치는 이유이다. …… 그리고 갑자기 우리는 우리가 햇빛 아래 서 있음을 발견한다. 새로운 세계, 감정의 새 세계에 있음을 안다. 그리고 새로운 방법으로 사물을 본다. 버스, 나무들, 꽃들을 다르게 보고, 삶을 다르게 본다.

맺음말

이 장의 결론을 처음 시작과 마찬가지로 존 듀이를 언급하며 맺고자 한다. 내가 생각하기에 마리 툴리가 그 예를 보인 감성과 지성 활동의 통합에 대해 가장 잘 표현한 사람이 듀이이기 때문이다. 왜 미술가 혹은 미술교사의 일이 사고와 사유활동을 손상하는 것이 아니라 오히려 사고와 사유를 완성시키는 것인지 그 이유를 설명해 준 사람이 듀이다. 과학적 탐구자는 사고활동 외의 어떤 일도 하지 않고, 미술가는 사고하지 않는다는 생각은 속도의 차이를 오해하고 종류의 차이를 강조한 결과이다. 과학자가 기호와 수학부호를 가지고 작업하는 반면, 예술가는 그가 작업하는 특징적 매개체를 통해 사고한다. 또한 듀이는 미적 특질은 모든 경험에서 반드시 느껴지는 것이어야 한다고 주장한다.

미적 특질은 지적 탐구를 수행하고 그 탐구를 정직하게 지속하는 중요 동기일 뿐만 아니라 이 특질로 완성시키지 않으면 어떤 지적 활동도 완전한 사건(하나의 경험)이 되지 못한다. 미적 특질이 없으면, 사고는 결론이 없다. 간단히 말해 지적 경험이 완성되기 위해서는 미학의 도장을 반드시 받아야 하기 때문에, 미학을 지적 경험에서 완전히 따로 분리시킬 수는 없다.[16]

미학과 지성의 결합을 인간활동의 특징으로 보는 듀이의 생각이 옳다면, 7장에서 설명한 미적 가르침은 모든 교사들에게 타당한 교육 모델을 제공한다. 또한 이 책의 주장처럼 가르침이 종교적 상상력의 한 활동이라면, 마리 툴리의 교육 모델은 우리 모두 소재가 계시되는 방법으로 소재를 구현할 수 있다는 것을 증명한다. 우리는 또한 인간 주체들이 세상을 재창조하는 일에 참여할 때 그들에게 권능의 은혜를 매개할 수 있다.

---

16. 위의 책, 38.

8
예술적 모델

그 큰 문제의 답을 찾을 때,
음악은 내게 노래하게 만드네.
산들의 반짝임이 어떻게
촛불과 연관되는 것인지
오페라는 경솔한 찬미로 보이네.
나는 어디로 가는 것일까?

수업에 가서 우리는 춤추고,
꼭두각시들과
사소한 이야기로 다투고
누가 먼저 공연할 것인가 다투네.

다시 오페라와 그 큰 문제로
중요성!
시간이 다하기 전에,
시간이 어디로 가는지 누가 알까?
나는 아직도 연을 날리지 못하네.

내가 흘린 물감에도 불구하고
그 중요성은 지속되었다.
얽힌 실뭉치, 좌절의 중요성
수용…….

함께 분투하는 것, 행위의 축제에서.
오후 햇볕에서의 웃음 — 그 곳에 있고 싶은 마음.
사탕과 촛불의 성스런 나무가 있는
성탄절을 오르는 난쟁이 요정처럼

그것이 우리의 의미를 만든다.

나는 나의 인간성 안에서 춤춘다.
광대가 또한 오늘 그렇게 노래한다.
세상의 광기는 우리에게서
재빠르게 비켜 간다.

"오늘 수업에서 무슨 일이 있었지?"라고 사람들이 묻는다.
"다요. 오, 전부 다요." 그리고 나는 실크스크린으로 감지된
증거를 들어 보인다.

"창조적 자아"라고 말한다.
"창조적 자아"를 나는 안다.

- 다이안 로크우드(Diane Lockwood)

---

 * 인용시 : 이 시와 이 장에서 인용된 그외 학생들의 코멘트는 "미학과 종교교육" 과목을 듣는 학생들이 제출하여야 하는 학기말 논문에서 발췌한 것이다. 이 시가 인용된 해에는 학생들에게 (1) "이 과목에 대한 당신의 기여는 무엇입니까?" (2) "이 과목이 당신에게 기여한 것은 무엇입니까?" (3) "미학, 교육, 그리고 종교의 관계에 대해 어떤 식으로 설명하겠습니까?"라는 세 가지 질문을 하였다. 로크우드의 시는 두 번째 질문에 대한 답이었다.

8. 예술적 모델

예술적 모델

　대학원 과정을 거의 다 마친 한 여성이 내가 가르친 "미학과 종교교육"이라는 과목을 수강하는 동안 경험한 것을 글로 구현하고자 하는 시도에서 이 시를 썼다. 로크우드의 말처럼, 그 수업이 의미와 중요성의 문제를 제기하였다는 것을 깨달을 때, 그 과정의 맛을 어느 정도 맛볼 수 있다. 어찌하였든 그 수업은 '불구하고의 수용'(acceptance-in-spite-of)을 배우는 기회를 제공하였다. 그럭저럭 그 수업은 세상의 광기의 한 부분을 쪼아내었다. 어찌하였든 그 수업은 거기에 없던 사람들이 "무슨 일이 있었지?"라고 물을 만큼 자극적이었다. 다이안 로크우드와 다른 학생들은 그들의 창조적 자아뿐만 아니라 그들의 창조된 자아를 만나는 가능성에 대해 생각하였다. 그 곳에 있기를 원하는 것이다.

　8장에서는 "미학과 종교교육" 과목에 대해 자세히 설명하고, 종교와 상상력, 그리고 가르침의 행위가 어떤 식으로 통합될 수 있는가를 보여 주는 두 번째 예를 들어 이 신학교육에 대한 글에 살을 붙이고자 한다. 이 수업은 마리 툴리가 구현한 작업과 관련되며, 또한 그녀가 수년 전에 제공한 실마리들을 실천하고자 하는 시도이다. 그러나 이 수업은 소재의 구현을 위한 형태, 즉 예술의 형태를 설명하고자 하는 시도이기도 하다(8장과 관련되는 부분이다). 예술의 형태는 3장에서 이름 붙인 형태들, 즉 대지 형태, 구체화된 형태, 발견을 위한 형태를 완성한다.

　마리 툴리의 도제생활이 끝난 이후 15년 간 정기적으로 내 이름으로 개설한 이 과목의 설명은 "미학과 종교교육은 교육에서의 예술과 교육의 한 특질로서의 예술에 대해 탐구한다. 예술 행위에의 참여가 강조되며 비논증적 학습에 중점을 둔다."[1]는 것이다. 처음에는 뉴욕의 포드햄 대학교에서, 지난 십여 년 간은 보스턴 대학과 앤도브 뉴튼 신학교에서 적을 때는

---

1. 이 과목의 과목명은 "The Aesthetic and Religious Education"이다.

4명, 그리고 많을 때는 45명의 학생들과 함께 종교, 교육, 가르침, 그리고 예술과의 관계를 탐구해 왔다. 때로 이 과정은 빡빡하게 짜여지고, 언어적인 교류에 많이 의존하기도 하였다. 그러나 번갈아 가며, 그 다음 해에는 조금 더 느슨하고 자유로운 과정이 되었으며, 거의 모든 수업마다 우연히 자연스럽게 발생한 놀이가 그 특징이 되기도 하였다. 그러나 그 과정의 정점은 대개 수업 구성원들이 증명하듯이 비전을 확장하고 통찰력을 심화하는 경험이었다.

다음 몇 페이지에서 나는 이 끊임없는 모험의 한 부분이 되었던 흥분과 상상활동의 일부를 함께 나누려고 한다. 먼저 그 과정의 토대가 되는 철학을 말하고, 그 과정의 기본 계획을 설명하며, 마지막으로 그 결과를 말하며 결론을 내리고자 한다. 그렇게 하면서 나는 예술교육의 한 예를 독자에게 제시하고 또 독자들이 자신의 가르침에서 그 가능성에 대해 생각해 보기를 희망한다. 이제 시작하며 나는 전문적인 예술가가 아님을 강조할 필요를 느낀다. 대부분의 독자들과 마찬가지로 나는 현역 교사이다. 미학을 교육적 임무에 통합하기 위해서 긴 세월의 훈련이 필요하지는 않다. 교사로서 우리는 모두 예술가이며, 학생들이 더욱 깊고 심오한 단계, 정확히 종교적이라고 부를 수 있는 단계에서 보고 살 수 있게 해주는 형태를 창조한다는 확신과 열망만 있으면 된다.

철학 : 출발점

미학과 종교교육 과정의 토대가 되는 출발점과 철학은 두 가지이다. 먼저, 이론적으로 그 출발점은 이 책 전체의 철학인 교사의 가르침과 교육은 종교적 특질이 교육과 교차하는 분야라는 사실이다. 이 장에서 예술적인 것, 그리고 미적인 것이라고 표현되는 상상적인 것은 종교와 교육의 차원에 있다. 이미 말한 것처럼 예술이 인간의 감정을 표현하는 인식형태를 창조하는 것이라면[2] 종교적 형태와 교육적 형태는 모두 이러한 표현에 특히 적합한 매개체가 된다. 종교는 창조와 감정에 연관됨으로 인해서 사람들과 신성한 관계를 표현하는 형태를 부여하는 문화적 매체가 된다. 교육은 경험의 의도적 재구성을 강조하는[3] 이유로 형태에 대해 강하게 의존한다. 그러나 교육은 전례와 의식을 강조하는 종교와는 대조적으로 관념적 형태의 창조에 더 의존하며, 따라서 좀 더 구체적이고 인식 가능한 형태, 예술에 적합한 형태를 필요로 한다. 이 점으로부터 우리는 가르침의 분야가 미적인 것을 포함함으로써 향상된다는 결론을 이끌어 낼 수 있다.

이 과정의 두 번째 출발점은 성숙한 성인을 구성하는 요소를 아는 것과 관련이 있다. 금세기 심리학에 대한 지나친 의존으로 인해서 사회심리적 발달의 목표로서의 완전성(에릭슨〈Erikson〉), 신앙발달의 목표로서의 신앙의 보편화(파울러〈Fowler〉), 인지발달의 목표로서의 형식적 사고의 조작(피아제〈Piaget〉), 그리고 도덕적 발달의 목표로서의 정의의 추상적 개념에 근거한 인습에서 벗어난 의사결정(콜버그〈Kohlberg〉) 등이 단지 성숙에 대한 해석에 불과하다[4]는 사실이 희박해졌다. 이러한 해석에는 반드시 하워드 가드너(Howard Gardner)가 "예술적 과정에의 완전한 참여"[5]라고 한 예술적 혹은 미적 발달에 대한 탐구가 부가되어야 한다.

---

2. 7장 각주 11번 참조.
3. John Dewy, *Democracy and Education*(New York : Macmillan, 1916) 참조.
    그는 교육을 "경험에 의미를 더하고, 이후의 경험의 경로를 정하는 능력을 키워주는 경험의 재구성 혹은 재조직"이라고 말한다(76쪽). 특히 그의 비유에 따르면 재구성 혹은 재조직이라고 한 재형성과 재결정에 대한 강조에 대해 유의한다.
4. Erik Erikson, *Childhood and Society*(New York : W. W. Norton, 1950) ; James Fowler, *Stages of Faith*(San Francisco : Harper & Row, 1981) ; Jean Piaget, *Genetic Epistemology*(New York : Columbia University press, 1970) ; Lawrence Kohlberg, *The Philosophy of Moral Development*(San Francisco : Harper & Row, 1981) 참조.
5. Howard Gardner, *The Arts and Human Development*(New York : John Wiley and Sons, 1973), vi.

이와 같은 말에서 나는 오늘날의 교육계에 너무도 영향력이 큰(위에서 언급한) 발달이론가들의 업적을 부정하려는 것은 아니다. 그러나 인간의 발달(즉, 인간의 성숙과 완전성)을 연구할 때 심리, 신앙, 인지, 그리고 도덕(의사 결정) 발달에 관해 연구한 만큼 자세하게 예술적 혹은 미적 발달에 대해 연구하지 않았다는 점을 지적하고 싶다. 분명 우리는 예술적 혹은 미적 발달을 찬미하지 않았다. 또한 그 발달을 생각하기 위한 전국적 심포지엄도 열지 않았다. 이러한 누락이 있기 때문에 우리가 아이들, 그리고 성인을 교육하는 방향인 '성인의 본질을 안다'고 가정하는 위험에 처해 있다. 특히 우리는 너무 자주 발달상의 이상형이라고 주장되는 자율 인간(합리적 인간)을 성인의 이미지로 제공하는 위험에 처해 있다. 이 이미지는 재평가가 필요하다. 이 이미지는 '어른', 즉 분리된 자기 지시형의 개인이 되기 위해서 관계 뿐만 아니라 놀이와 자발성의 감각까지 포기할 수 있어야 한다는 것을 암시하기 때문이다.[6]

학습과 앎, 그리고 가치판단의 한 방법으로 예술을 제공하는 것은 이러한 가정에 대한 교정이다. 예술은 대지의 구체적 자료와의 관계를 요구한다. 예술은 놀이감각을 요청한다. 어느 순간은 비생산적이기를 요청한다. 예술은 쓸모 있기 위한 것이 아니다. 발달 연구의 경향처럼 성인의 해석이나 목적 혹은 성인의 확실한 개념으로써 어떤 한 가지 해답을 제공하거나 장려하지 않는 것이 예술의 본질이다. 예술에서는 해석을 위한 복합 형태의 가능성이 항상 존재한다.

미적인 것을 포함시키자는 주장은 교육에 필요한 특별한 종류의 치유, 학문들 간의 지나치게 정확한 구분에 의해 만들어진 분리를 치유하고자 하는 주장이다. 대부분의 교육계에는 화가, 시인, 그리고 신비주의자 같은 사람과 그들의 학문분야에서 과학자나 사상가라고 일컬어지는 사람들을 그들의 학문분야에서 분리하는 위험이 존재한다(오늘날 과학자들이 가장 먼

---

6. Jean Baker Miller, *Toward a New Psychology of Women*(Boston : Beacon, 1976), 94.

저 도전하는 것이 이러한 분리이다). 그러므로 이제부터 설명하고자 하는 과정에 들어갈 때, 우리는 너무나 자주 분리되었던 분야들 사이에 다리를 놓는 노력을 한다. 반갑게도 과학 분야의 많은 동료들이 이러한 시도에 참여하고 있다. 예를 들어 우리의 과정은 외경의 특징으로 시와 의학을 결합한 루이스 토마스(Lewis Thomas)[7]와 같은 생물학자들에게 의존한다. 우리는 프릿조프 카프라(Fritjof Capra)와 같은 저술가들과도 연관된다. 카프라는 원자 물리학이 열어 주는 세상, 그리고 원자 물리학과 종교, 원자 물리학과 예술이 열어 주는 세상을 포착하는 이미지를 추구하면서, 그 세상을 보는 은유를 '우주적 댄스'라고 하였다 :

> 상호작용하는 분자들의 사진은 그 아름다움과 심오함에서 인도 미술가들이 그린 이미지에 버금가는 쉬바 댄스의 시각적 이미지이며, 우주의 창조와 파괴의 끝없는 리듬을 증거하고 있다. 그러므로 우주적 댄스의 은유는 고대의 신화, 종교미술, 그리고 현대 물리학을 결합한다. 이 은유는 참으로 쿰마라스와미(Coomaraswamy)가 말했듯이 "시이며 또한 과학이다."[8]

같은 방식으로 존 듀이는 수십 년 전에 예술, 과학, 그리고 다른 앎의 방식을 분리하는 실수에 대해 지적하였다. "실제 함께 속한 것들을 분리해 낸 심리학에서만이 과학자와 철학자는 사고하고, 시인과 화가들은 그들의 감정을 따른다고 생각한다."[9] 듀이는 계속하여 예술과 과학에는 모두 "음미된 의미 혹은 관념으로 그 본질을 이루는 감성화된 사고와 느낌이 있다."고 말한다.[10] 종교적 상상력이 있는 배우와 화가로서의 교사들은 이러

---

7. Lewis Thomas의 다음의 저서들을 참조하라. *The Lives of a Cell : Notes of a Biology Watcher*(New York : Viking, 1974) ; *The Medusa and the Snail*(New York : Viking, 1979) ; and *The Youngest Science : Notes of a Medicine Watcher*(New York : Viking, 1983).
8. Fritjof Capra, *The Tao of Physics*(New York : Bantam, 1975), 233.
9. Dewy, *Art as Experience*, 73.
10. 위의 면.

한 분리에 대해 주의해야 할 뿐 아니라 이러한 분리를 어디에서 발견하든지 이를 제거하려는 적극적 시도를 해야 한다.

마지막으로, 내가 종교와 교육의 교사라는 이유에서 그 과정은 단지 성인에 관한 가정이 아니라 종교, 신학, 그리고 교육분야에서 연구하는 성인들에 관한 몇 가지 가정들에 기초한다. 몇몇 학생들은 예술적인 것을 두려워하며, 따라서 예술적인 것에 관여하는 것을 주저한다. 많은 사람들이 어린 시절 예술적인 일에 개입하면서 생긴 끔직한 사건들에 대한 기억이 있다. 예를 들면, 음악분야에서 많은 학생들이 의욕적으로 또 열정적으로 학교 합창단에 참가하였으나, 선생님의 "노래하지 말아라, 얘야."라는 나지막한 속삭임을 들은 경험이 있다. 다른 학생들은 초등학교 1~2학년에서 전시되기를 바라며 그림을 높이 치켜들었으나 그 그림은 보관하고 다시 그려 보라는 말을 들었던 절망스러운 기억이 있다. 그럼에도 불구하고 성인으로서의 그 학생들은 그러한 초기의 경험이 그들의 잘못이 아니라는 것을 알며, 조금 불안해 하면서도 이 두려움과 주저함을 극복하고자 하는 열성을 보인다. 이들은 수년 간 보류되고 있던 능력을 마침내 시도해 보고자 하는 준비가 된 것이다.

이와 대조적으로 이 수업에 참여하는 어떤 학생들은 예술적인 것에 특별히 예민하며, 음식이 필요한 만큼이나 예술적 표현을 필요로 한다. 또한 이러한 필요를 의식하고 있다. 이들 중 많은 사람들은 대학에서 순수미술, 연극 또는 무용을 전공한 사람들이며, 음악가, 직물 공예, 화가, 혹은 시인으로서의 직업이나 부업을 가진 사람들이다. 학생들은 이 과정을 그들의 삶과 그들 자신 안에 있는 이질적 요소들을 결합하고 통합하는 기회로, 또한 자신들의 가르침을 위한 과정을 계획하는 기회로 생각한다.

내가 가르친 대부분의 학생들은 명확한 표현은 하지 않았어도 공간에 대한 욕구, 개인적, 종교적, 심리적, 지리적인 공간과 또한 마리 툴리가 다루었던 외적, 그리고 내적 공간에 대한 욕구가 있기 때문에 수업에 참가한다. 학생들은 그들이 여러 다른 분야에서 배우고 있는 것들을 통합할 수 있는 교과과정상의 어떤 장소, 위치를 필요로 하다. 만약 이 여러 다른 분야들이 신학과 종교학의 특징처럼 궁극적 의미, 최종 운명, 무조건적 실재 등의 추구라는 특징을 갖는다면 이런 필요성은 특히 절실하다. 이런 이유에서 나는 마리 툴리의 역할처럼 나의 역할도 다음과 같다고 본다 :

> 나의 역할은 예술을 통해 학생들이 이미 알고 있거나 알아가고 있는 내용에서 의미를 찾게 도와주는 것이다. 내가 지금까지 경험한 것은 이 성인들 대부분에게는 아직 소화도 되지 않은 정보들이 너무 많이 입력되어서 소화불량 상태에 있다는 것이다. 학생들은 은밀히, 그리고 자신의 속도로, 또한 다른 사람의 간섭 없이, 이 자료들을 통합할 수 있는 장소가 필요하다.[11]

나도 마리 툴리와 같은 확신을 갖고 있다. 이 확신은 지난 10년 동안 마리 툴리의 학생들과 유사한 학생들이 실증해 주었다. 나는 단 한순간이라도 미적인 것이 종교나 인문학 교과과정의 유일한 과정이라고 주장하지는 않겠지만 그 통합적, 전체론적 특질 또한 소화를 촉진하는 특질 때문에 필수적인 과정이 된다고 주장한다. 교과과정상의 예술적 요소는 그들이 학습하고 있는 교육기관의 압력은 받지 않되 지지는 받으며, 그들의 이해, 지성, 감성을 평화롭게 통합할 수 있는 오아시스가 된다.

설계

이 과정의 설계는 매년 조금씩 달랐지만 연구하는 예술형태에 참여하는 것이 미학을 이해하는 데 필수적이라는 한 가지 기본 가정이 있었다. 어떤 예술형태를 선택하였으면 단지 말로 하는 설명으로 끝나지 않고, 항상 형태를 실시하였다. 어떤 해에는 이러한 참여가 최소한으로 되고 토론이 주가 되었으며, 다른 해에는 토론이 거의 없다시피 하고 참여가 중심이 되었다.

---

11. 툴리와 1969년 12월 9일에 가진 면담기록부에서.

최선의 접근법은 항상 나 자신이나 학생들이 원하는 바대로 평탄하게 이루어지지는 않지만, 참여와 토론을 융합하는 것이다. 그러나 처음 만남에서 제시되는 원래 목적은 다음과 같이 설명된다 : "이 과정의 목적은 다양한 예술형태에 대한 이해와 참여, 그리고 이를 통한 표현이다. 어떤 형태는 교수가 책임을 지고, 다른 형태들은 학생들이 개인적으로 혹은 그룹으로 선택하고, 이에 대해 조사하며, 그 형태에 다른 학생들을 참여시키는 과정을 개발하는 책임을 진다. 학생들은 창조자, 연기자, 관객, 그리고 비평가와 같은 예술계 인사의 역할을 맡아 여러 번 수행하게 된다. 수업시간이 이 과정의 관건이며 초점이기 때문에 모든 수업에는 다 출석해야 한다. 예술형태에 전문적 지식이 있는 학생은 그 형태에 대한 인적 자원으로 요청될 수도 있으나, 자신이 잘 알지 못하는 영역을 발표하도록 권장된다. 모든 학생들은 학기 동안에 자신의 느낌을 스스로 기록하는 일지를 작성하도록 강력히 요구받게 된다."

수년 동안 나는 학생들에게 '예술적 형태'를 선택하여 발표할 것을 요구하며, 그들과 가르치는 역할을 나누었다. 우리가 함께 동의한 예술적 형태라는 용어에는 다양한 가능성이 포함된다. 우리는 무용, 안무, 시, 창작 연극, 노래, 조각, 실크스크린, 인형극, 동화, 요리에 참여하였다. 함께 빵을 구웠으며, 혼잡한 거리에서 함께 광대 노릇을 하였으며, 함께 진흙으로 많은 것을 만들었다. 또한 연 만드는 법과 날리는 법을 배웠다. "연 날리기가 대학원 교육에 무슨 상관이 있는 거죠?" 하고 한 여학생에게 물었다. 그녀는 "다 상관이 있지요." 하고 대답하였다. 그녀는 계속해서 그 수업에서 얻은 종교적 깊이에 대해 설명하고, 그녀 자신의 소질과 재능이 그 과정에서 발견되고 요구됨에 따라 자신에 대한 의식, 다른 사람들에 대한 의식, 그리고 신성에 대한 의식이 어떻게 분명해졌는지에 관하여 말하였다. 다이안 로크우드는 이렇게 표현하였다 :

아직 나는 연을 날리지 못하네.

8. 예술적 모델

　　내가 떨어뜨린 물감에도 불구하고
　　중요성은 지속되었네. 얽힌 실뭉치 —
　　좌절의 중요성
　　승인을 위한 수용[12]

실패하는 것에 대한 수용과 이해, 또한 솟아오르는 것에 대한 수용과 이해, 많은 사람들에게 새롭거나 아직 탐구해 보지 않았던 이러한 형태들은 학생들이 4가지 예술적 역할을 맡을 수 있는 방식으로 개발된다. 한 사람이 수업을 설계하고, 그날 공연을 하면(로크우드의 시에서 "누가 먼저 공연할 것인가 다투네."라고 한 것처럼 가끔 두 사람이 공연하기도 한다.) 그는 창조자의 역할을 하는 것이며, 그 문제를 새로운 방식으로 짜 맞추는 책임을 가진다. 또 한 사람이 발표하고 시범을 보이면 그는 공연자의 역할을 맡는 것이다. 그 외의 학생들은 관객의 역할을 한다. 수업이 진행되면서 각 학생은 모두 공언사가 되며, 모두 함께하기 때문에 학생들의 자의식을 희석시키는 데 도움을 준다. 마지막으로, 각 학생들은 자신의 발표 이후에 오는 학급 발표에 대해 발언하는 비평가로서의 역할을 맡게 된다.[13] 여기서의 요점은 일단 설계하고 발표한 사람은 비평하기에 더 나은 위치에 있다는 것이다. 이러한 예술적 역할에 따르는 상당한 위험요소들을 알아차리지 못했다면 그것은 거짓이거나 감수성의 부족일 것이다. 한 남학생은 학기가 끝날 무렵, 그의 경험에 대해 이렇게 말한다 :

　　나는 논문과 시험에 둘러싸여 학구적으로 노력하는 안전한 방식에 더 편안함을 느낀다. 창조적이고 극적이 된다는 것은 어려운 일이다. 가끔 이 일은 나에게 눈물을 흘리게 하고, 다른 사람이 보는 데서 어색한 연기를 하는 데서 오는 당혹감과 긴장감을 느끼게 하였다. 그들이 무슨 생각을 할 것인가? 더 심각한 것은 이미 탐험의 가능성들이 내 안에 잠재해 있음을 깨달았을 때, 내가 내 자신에 대해

---
12. 위의 각주 1번 참조.
13. 이 역할들에 대한 자세한 설명은 Gardner, *The Arts and Human Development* 참조.

무슨 생각을 할 것인가? 그것(연극)은 내가 탐험한 형태들 중의 하나일 뿐이다. 각 형태는 그 즐거움과 함께 나름의 기이한 공포를 가져다 주었다. 나는 우리 안에 은밀히 숨어 있는 어린아이를 얼마나 멀리 몰아가는지, 또한 우리 안에서 관통하여 박동하는 그 흐름을 신뢰한다는 것이 얼마나 어려운 일인지 다시 한번 깨달았다고 생각한다.[14]

이 네 가지 예술적 역할에 참여하게 하는 것 외에 이 과정이 말, 세상, 그리고 지혜라는 세 가지 개념적 극점을 중심으로 정리될 수 있다는 것을 발견하였다. 말은 학교생활, 특히 가르치는 행위가 심히 언어적인 성질을 띠는 까닭에 출발점으로서 적합하다(내친 김에 말하고 싶은 것은 몇 년 전 2시간짜리 수업 전체를 침묵 속에서 침묵에 대해 진행한 적이 있다는 것이다. 침묵은 그 자체가 자극적인 예술 형태였다). 나는 말을 탐구하는 시작점으로서 논증적 형태와 표상적 형태에 대한 랭어의 구분에 많이 의존하였다. 이 구분은 랭어에게 언어적 상징을 분석하는 방법이 되었다.[15]

3장에서 지적하였듯이 논증은 비록 우리의 관념들의 대상이 한꺼번에 관련된다고 해도 그 관념들을 한 줄로 세우도록 요구하는 언어적 상징화의 한 특질이다. 마치 빨랫줄의 옷가지들처럼 단어를 차례로 늘어놓으면서, 동시에 일어난 것을 일렬로 처리하게 하는 것이 논증이다. 여기서 처음 이슈는 알 수 있는 것이 논증적인 전달조건에 한정되는 것인가 혹은 아닌가 하는 문제이다. 만약 그렇다면 알 수 있는 것은 또한 말할 수 있다는 것이다. 만약 그렇지 않다면 논증적 언어의 한계를 넘어서는 의미의 가능성은 수없이 많을 것이다.

랭어는 후자의 입장을 취한다. 인간교류에 언어의 필요성을 인정하면서도 언어의 특징이 인간교류를 제한한다고 지적한다. 그녀는 이러한 제한

---

14. 위의 각주 1번 참조.
15. Suzanne Langer, *Philosophy in a New Key*, 3d ed., orig. 1942(Cambridge : Harvard University Press, 1969)의 note 6, chapter 3 참조.

적이고 논증적인 상징 종류를 그녀가 '표상적 상징화'라고 부른 제2의 상징과 구분하였다(랭어는 언어적, 그리고 비언어적이라고 하지 않았다. 비언어적이라는 말은 시, 연극, 소설, 그리고 전례를 배제하기 때문이다). 제2의 상징화는 담론의 순차적 전달과 구분하여, 동시적이고 통합적 표현이 한 번에 전체적으로 이루어지는 상징화이다. 나와 함께 작업하는 학생들과 관련한 이러한 이해가 주는 중요성은 종교와 교육과의 관련에 있다. 먼저, 말은 논증적일 뿐만 아니라 표상적이라고 이해될 수 있다. 그러므로 예술적 형태의 언어(시, 연극, 소설, 동화)는 교육적 매개체로 연구될 수 있다. 그러나 종교적으로도 특히 기독교적, 유대교적, 이슬람교적 전통에서는 말이 중심이 된다. 3장에서도 지적하였듯이 말은 인간이 말하고 의사소통하는 언어적 발성에 지나는 것이 아니다. 말과 언어는 우리가 거하는 환경이며, 인간존재의 구현, 소재의 구현, 무한히 중요한 인간 주체의 구현으로서 그 온전함에 이르는 환경이다.

세상은 이 과정에서 두 번째 개념 중심점이다. 여기서 세상에 대한 이해는 세상이 만들어진 원료인 대지에 관한 이해이다. 이 과목에서는 예술이라는 것이 이 세상의 원료인 진흙, 색소, 물, 색깔, 물감, 소리, 신체와의 관계를 수립하는 인간의 기본 방법임이 강조된다. 많은 교육방식에서 우리를 우리의 몸으로부터 차단하는 경향이 있다. 또한 종교에서도 마찬가지이다. 진흙의 모양을 뜨고, 색을 희석하고 섞으며, 소리를 내고 조화시키며, 자유와 환희로 춤추기 위해 우리가 의존하여야 하는 신체성을 우리의 영원히 수다스러운 교육계와 종교계에서는 종종 최소화하고 있다. 이 과정 같은 과목에서는 필수적으로 세상과 세상에 대한 우리의 관계를 강조한다. 이러한 강조는 우리가 교실에서 함께 설계할 때에, 그리고 매년 교실을 나가 스케치하고 탁본하며, 연을 날리고, 땅의 소리를 발견하고, 침묵을 채우는 경험을 할 때에 표현되었다. 교실 밖에서의 작업이 형태를 창조하는 영역에 있기 때문에, 이 작업은 3장에서 강조한 대지 형태에 대한 앎을 넘어선다. 여기서의 대지는 새로운 형태를 창조하는 행위, 특별한 방식으로 전에는 존재하지 않았던 것을 만드는 창조적 활동에 흙을 가져다 주는 행위에서 동반자가 된다.

마지막으로, 세상을 통해 안다는 것은 말보다는 표상적 상징과 더 잘 부합된다. 그러므로 이러한 앎의 교육적 영향은 합리성, 이해, 그리고 지성에 대한 우리의 개념을 넓혀준다. 세상의 상징화를 통한 삶은 의미의 내용만큼이나 의미의 형태를 향하기 때문이다. 세상을 통한 삶은 이성과 지성의 영역 내의 '놀이'나 '감정'의 세계로 강등되어 있던 많은 것들을 불러들였고, 따라서 세상 그대로의 의미와 또한 세상이 지시하는 의미에 대해 참여하기를 권장한다. 45세의 한 남학생은 다음과 같이 적는다 :

> 과정에 따라 나는 밖으로 나가야 했다. 자연에 있는 어떤 것을 철저히 감지하여 그것과 관계를 맺을 정도가 되어야 하고, 시의 정해진 구조에 따라 내가 조우한 것들을 표현하라고 하였다. 상수리나무의 굳은 껍질이 '자연에 있는 어떤 것'이 되었고, 나는 그 나무 껍질을 다음과 같이 표현해 보고자 하였다 :
>
> 섬유
> 거친 층을 이루며
> 뻗고, 수송하고, 함유하네.
> 질긴 인고의 생명 껍질
> 나무 껍질
>
> 이것이 위대한 시는 아닐 것이다. 그러나 내가 다른 많은 과정을 통해서 아는 것보다 나무 껍질에 대해 더 많이 알며, 나무 껍질에 관하여 알 뿐만 아니라 또한 나무 껍질 그 자체를 아는 것이 분명하다. 내가 나무 껍질과 함께 있을 때, 그 나무 껍질은 그 자신을 나에게 주었으며, 이 시를 통해 다른 사람들에게도 전달될 수 있을 것이다.[16)]

---

16. 위의 각주 1번 참조.

그렇다면 이것들(말과 세상)은 이 과정이 중심으로 하여 도는 처음 두 개에 대한 개념 축이다. 세 번째, 지혜는 개별 단락을 지어 다루어야 할 만큼 중요하다고 하겠다.

지혜

이 과정의 세 번째이자 마지막 요소는 지혜이다. 다른 용어를 쓰면 성과, 학습, 결론, 의미 등으로 부를 수 있다. 그러나 나는 그 풍요하고 다층적 의미 때문에 지혜라는 용어를 선호한다. 먼저 지혜는 학습을 의미한다. 또한 참인 것, 의로운 것, 영구적인 것을 이해한다는 의미이다. 지혜(wisdom)라는 단어를 좀더 살펴보면 중세 영어의 wisedom과 다시 고대 영어의 weid를 발견하게 된다. weid는 '본다'는 의미이다. 마찬가지로 독일어 witan의 뜻은 '보살피다', 그리고 '지키다'(아끼다)이며, 고대 독일어 wissago의 뜻은 '보는 사람' 혹은 '예언자'이다. 그리스어 weid-os는 '형태' 혹은 '모양'이며 '전원시'이다. 고대 아일랜드어의 white의 뜻은 '분명히 보이는'이다. 이와 같은 과목을 마친 후에는 무엇이 보일까? 무엇의 형태와 모양이 잡히는 것일까? 무엇이 보이고 무엇이 상상되는 것일까? 분명히 보이는 것은 무엇일까?

어리석음, 창조성, 전인성, 예배의 네 가지 지혜가 두드러진다. 첫째 지혜인 어리석음은 동화구연과 동화 만들기, 인형극, 그리고 광대놀이 등의 발표에서 나타난다. 한 학기를 모두 예술적인 일에 소비한다면 그것은 모든 지식이 다 쓸모 있지는 않다는 것을 일깨워 주기도 하겠지만 우리 문화에서 그런 소비는 어리석은 일임이 분명하다. 예술적인 것, 미학적인 것에는 합리성 그 이상의 것이 존재하며, 그렇게 존재할 때 인간의 영혼이 살찌고 풍성해진다는 사실을 우리에게 일깨운다. 그러나 그 과정에는 또한 스스로를 바보로 만드는 어리석음이 있다. 즉, 전문가도 아닌데 남들 앞에서 무엇인가를 하려고 하는 것이다.

이런 경우를 인도해 주는 격언이 바로 코리타 켄트(Corita Kent)가 그녀의 학생들에게 말한 "승리도 없고 실패도 없으며 단지 만들 뿐이다."[17]라는 주의사항이다. 그러므로 우리는 이 수업에서 함께 바보가 되기로 합의한다. 우리는 광대의 알록달록한 바지와 기이한 의상을 입는다. 뭉뚝한 코, 보라색 눈썹, 커다란 입을 만들며 우리의 모습을 바꿀 때(혹은 서로의 모습을 바꿀 때) 서로 거울을 들어 준다. 광대의 엎치락뒤치락 행동과 의미 없는 말들을 흉내낸다. 그리고 이러한 시도에서 우리는 우리 자신의 유한성, 한계성, 어리석음에 대한 지혜를 담론보다 간결한 상징화를 통해 얻는다. 로크우드는 다음과 같이 적는다 :

> 나는 나의 인간성 안에서 춤춘다.
> 광대가 또한 오늘 그렇게 노래한다.
> 세상의 광기는 우리에게서
> 재빠르게 비켜 간다.

두 번째 지혜는 우리의 창조성이다. 이 창조성은 이기고자 하는 부담감이 없기 때문에, 그리고 과정이 진행됨에 따라 자라나는 공동 제작에 대한 헌신이 있기 때문에 가능해진다. 박사과정의 한 학생은 "나는 우리 학생들이 이 수업의 과정에 몰두하고 공동체 의식이 생기는 것을 보았어요. 우리는 각자의 존재에 대한 위험을 감수하고, 또한 각자의 협력으로 그런 위험을 감수했어요. 우리는 우리의 공연을 격려하고 비평하면서 서로에 대해 자원이 되었어요."[18]라고 말하였다. 이러한 분위기, 이러한 환경은 (1) 어떤 결과도 자발적으로 수용하는 초연함, (2) 위협적이지 않은 분위기에서 표현되는 열정, (3) 두 시간 연속 수업 중 거의 항상 찾아볼 수 있는 만족의 보류와 과정에 대한 즉각적 참여, (4) 예술작품(대상 혹은 예술과정)이 주도할 수 있도록 허락함, 즉 재료가 본래의 모습이 될 수 있도록 내적 드라마

---

17. 이 말은 비록 간단하지만 학생들이 초기의 두려움을 극복하는 데 강력한 효과가 있다. 시간이 지나면 학생들은 적어도 이 상황에서는 이 말을 믿게 된다.
18. 위의 각주 1번 참조.

가 전개되는 것을 허용하는 것, (5) 통제하고 책임지고자 하는 충동의 포기 등의 창조성의 조건이 존재하기 위해 필수적이다.[19]

이 같은 창조성의 조건이 존재할 때 새로운 시야, 새로운 이해, 자신에 대한 새로운 상상이 가능하게 된다. "저는 저 자신과 새로운 나의 부분들을 이 수업에 바쳤어요. 다양한 수업에 참여했다는 것이 대단한 일은 아니지요. 그러나 이 수업은 저에게 뛰어난 것입니다. (아이를 낳는 것 외에는) 창조적인 일을 해 보지 않았던 저예요. 그런 제가 (이 나이에) 방안을 춤추며 다녀요. 그런 제가 인형을 만들어요(좋지는 않지만 내가 만든 것이에요). 그런 제가 끊임없이 천을 짜고 있어요. 바로 제가 새로운 친구와 함께 한 수업을 가르치는 (무모함이 아니라) 용기를 가진 것이에요."[20]

세 번째 지혜는 전체성에 대한 의식이다. 대부분 대학원생들은 언어와 책을 가지고 작업한다. 비록 내가 수업 중에 미학적, 예술적, 비논증적인 것을 다루는 것이 담론과 합리성의 세계에 대한 중심이 아니라 오히려 그 세계를 보완하는 것이라고 길게 설명하였지만, 내가 전체성에 대한 의식을 좀더 쉽게 얻을 수 있었던 때는 학생들이 예술에 적합한 직관적, 상상적, 감각적 양식으로 작업하며 재료의 세계와 조우하게끔 도울 때였다. 이 과정이 다 끝나갈 때에도 이 지혜들을 규명해 주려고 하지 않았다. 그러나 이러한 전체성의 경험이 일어나기를 희망했다는 것은 인정한다. 이런 이유로 나는 어느 여학생의 다음과 같은 학기말 보고서를 소중하게 생각한다 :

이 과정은 내가 통합되는 것을 도왔다. 다른 과목들이 나의 분석적 활동을 요구한 반면, 이 과정은 나의 직관적인 면을 사용하는 기회를 주었다. 나는 삶에 대

---

19. Jerome Bruner, *On Knowing*(Cambridge : Belknap Press of Harvard University, 1962). Bruner에 의하면 이러한 특징들이 '창조성의 조건'이라고 한다. 23ff 참조.
20. 위의 각주 1번 참조.

한 전체론적인 가치관을 믿기 때문에 종교적으로도 이 수업은 매우 의미 깊었다. 일과 놀이, 기쁨과 슬픔, 낮과 밤은 모두 삶의 중요한 부분들이다. 모두 동등한 중요성이 있다. 나는 속세적인 것과 성스러운 것을 분리하고자 하지 않는다. 나의 삶이 하나의 성례가 되도록 살기 원한다. 미적인 것과 지적인 것의 통합은 나 자신에게서 이루고자 하는 통합의 한 부분이 된다.[21]

마지막으로, 예배의 지혜가 있다. 이 과정이 예배에 관한 과정이 아니었어도 예배는 매년마다 이 교과과정에 스며든다. 때로 어떤 이는 학생들을 기도와 명상 혹은 제례로 이끌어 가기도 한다. 그러한 수업 중에 가장 기억에 남는 것은 선택한 미적 형태가 음식이었던 경우였다. 학생들은 모두 (13주 동안) 함께 빵, 버터, 샐러드, 그리고 사탕들을 수업 두 시간 동안 만들었다. 같이 앉아서 빵과 포도주의 식사를 나누고 공동체의 식사를 나누었으며, 지상의 결실에 우리가 의존하고 서로에게 의존함을 인정하는 은혜의 식사를 나누었다.

반복되는 말

이 과정에서 수많은 예술형태와 예술활동이 재창조되었지만, 참가자들에게 가장 기억에 남는 두 가지는 진흙 만들기와 광대 경험이었다. 이 수업에 참여했던 사람들을 만날 때마다 그들은 이에 대해 말한다. "우리가…… 했던 것 생각나요?"라고 시작하면 그 끝은 항상 손에 진흙을 묻히고 은밀히, 그리고 홀로 그 진흙을 탐구했던 일과, 광대를 자신의 정체로 삼고 밖으로 나가 다른 사람들을 의식하며 그들의 관심을 모았던 일에 대해 언급하였다.

앞에서 한번 언급하였던 것처럼 진흙 만들기와 광대놀이는 다같이 우리가 따랐던 절차가 상당히 단순한 것이다. 진흙 만들기에서 우리는 먼저 무

---

21. 위의 각주 1번 참조.

엇이라고 말 못할 형태의 한 파운드 가량의 상당히 큰 덩어리를 우리 손에 잡는다. 그 덩어리를 위로 올렸다가 치고 때리고 바닥에 납작하게 내던지기도 하며 드디어 하나의 공 모양을 만든다. 이 처음 작업의 목적은 이 재료를 알고 이 재료와의 교제와 의사소통을 이룩하여 다음 단계로 옮겨가기 위한 것이다.

두 번째 단계에서 우리는 진흙 안에 있는 '형태를 더 잘 발견하기 위해' 기꺼이 두 눈을 가리운다. 그 지시는 항상 간단하며 마리 툴리가 사용한 순서에 따른다. "진흙 덩어리 안에는 한 형태가 자리잡고 있어요. 우리가 지금하려고 하는 일은 그 형태를 발견하는 것입니다. 그러나 그 일을 하기 위해서 우리는 그 형태가 어떨 것이라는 시각적 선입견을 없애야 합니다. 우리는 진흙이 우리의 손가락과 손을 인도하도록 내버려 두어야 합니다. 진흙 안에 한 형태가 있다는 것을 믿으세요. 그 형태가 고유의 것임을 믿으세요. 그 형태가 발견되기를 기다리고 있다는 것을 믿으세요."라는 지시는 항상 사람들에게 자신의 진흙 안에 거하고 있는 형태를 침묵으로 탐색하도록 이끌기에 충분하였다. 침묵은 이 일에 필수적인 것이다. 그 이후에는 최소한의 언급과 지시만이 있을 뿐이다(예를 들면, "너무 주저하지 마세요. 손과 손가락을 다 사용하세요. 형태는 그 안에 있어요. 찾을 수 있을 겁니다"). 학생과 진흙은 서로를 알게 되고, 결국 완성된 형태와 휴식, 그리고 해결의 시간에 이르게 된다.

광대놀이 활동도 매우 단순하다. 광대 분장과 오래 된 의상들을 가져오고 잠시 — 3장에서 캐롤 브링크가 한 것처럼 — 광대의 역사와 그 의미, 그리고 광대놀이를 하는 우리의 목적에 대해 간단한 소개를 한다. 그리고 우리는 분장을 하고 낡은 옷을 입는다. 때로 출범의식을 갖기도 하는데, 나갈 때에는 "둘씩 짝지어 나간다. 자유로이 주고 자유로이 받는 사람으로서 나간다. 희망을 가지고 나간다."는 몇 가지 규칙이 따른다.

진흙과 광대놀이에는 그 자체에 완전성이 있다. 우리가 진흙과 광대놀이에 관여하게 되면, 그들의 위대한 의미에 대한 암묵적 지식이 나타나게 된다. 사람들은 수업이 끝나갈 무렵 시간이 허용되면 그 경험과 그 경험의 의미를 탐구하고자 시도한다. 그러나 그러한 시도는 실제로 필요치 않다. 만들고 행동하는 것 자체가 말해 주고 있다.

그럼에도 불구하고 사람들이 가장 의미 깊었던 것으로 매년 이 두 활동을 말하는 것에 대해 생각해 보는 것이 의미 있으리라 생각한다. 나는 진흙과 광대놀이가 우리 자신과 우리 세계에 대해 무엇인가를 말해 주고 있다는 생각을 하지 않을 수 없었다. 첫눈에 보기에도 이 두 가지는 너무나 다르기 때문이다. 내가 생각하기에 우리에게 실마리를 주는 것(실제로는 겉으로만이지만)이 두드러진 차이점이다.

이 모든 시간 동안 다른 사람들과 함께 진흙으로 작업하면서, 진흙을 가르치는 데 있어서 은유의 진수로서만 아니라 진흙에 대해 여러 가지로 잘 알게 되었다. 진흙이 내적 여정, 침묵 속의 자신의 여정에 대한 형태가 되어 줌을 깨닫게 되었다. 이 여정에는 어떤 해답도 필요하지 않고 승리와 실패도 없으며, 단지 창조적인 삶이 있을 뿐이다. 동시에 진흙과의 여정은 다른 창조작품의 내적 형태를 발견하는 기회와 제라드 맨리 홉킨스(Gerard Manley Hopkins)가 어떤 사물의 심상이라고 하였을 것을 만지는 기회를 준다.

이와는 반대로 광대놀이는 밖으로의 여정이다. 사람들이 자신에 대한 자의식을 벗어나 잠시나마 보편적 인간성의 가면을 쓰도록 허용한다. 모든 사람의 의상과 가면을 쓰고 어떤 선입견 없이, 유지해야 할 어떤 체면도 없이, 말도 필요없이, 사람들은 타인과 세상에게로 나아갈 수 있다. 단지 음식과 손길, 그리고 관심 써 주는 인간적 몸짓이라는 작지만 가장 소중한 선물을 나누어 준다는 단순한 가능성만을 가지고 나아갈 수 있다.

이 세상은 비교할 수 없이 복잡하고, 비교할 수 없이 결핍되어 있다. 진흙과 광대놀이가 우리의 문제를 해결할 수는 없다. 그러나 이들은 소재의 계시로 이끄는 방식으로 소재를 구현하기 위해 노력할 때 우리가 사용할 수 있는 형태들은 어떤 것이 있는지에 대한 실마리는 줄 수 있다. 형태의 추구는 권능의 은혜를 매개해 주는 형태가 우리에게 얼마나 부족한지, 그것이 얼마나 파산의 지경에 있는지를 자각하게 해줄 것이다. 우리가 이 세상을 좀더 인간적으로 만들기 위해 노력하는 사람들이라면 이 형태의 추구는 끝이 있을 수 없다. 계속되는 추구에서 우리는 우리가 세상을 재창조하는 일에 도움을 주고 있음을 발견할 수도 있다. 궁극적으로 계시와 권능을 향해 소재를 구현하고, 그럼으로써 우주의 재창조에 참여하는 것이 교사의 소명이다.

9
상상으로의 초대

7장에서 마리 툴리에 대해 설명하면서, 교육법적인 모델을 제안하였다. 8장에서는 나의 가르침에 대해 설명하면서 예술에 근거한 모델을 제시하였다. 9장에서는 교사들에게 자신의 상상력을 사용하여 자신이 모델을 창조해 볼 것을 촉구한다. 마리 툴리는 교사이고, 나도 또한 교사이다. 그리고 우리가 갖는 진실은 우리가 될 수 있는 한 최고의 교사가 된다는 것이다. 이러한 진실은 우리 모두에게 해당된다. 우리는 가장 참다운 우리 자신이 될 때 최고의 교사가 된다. 그러므로 나는 여기에서 상상력으로의 초대장을 보낸다. 이 초대장은 이 책을 읽고 "이 책에서 설명한 것들을 내가 일부 실행에 옮긴다면 어떤 조언을 해줄 건가요? 어떤 길을 따라가야 하나요?"라고 묻는 모든 독자들에게 보내는 것이다.

9장은 이런 질문에 대한 답이다. 나는 여기서 자신의 상상력에 따라 가르치고 싶은 교사들에게 도움이 될 제안들을 하고자 한다. 이 제안들은 성육신, 계시, 권능, 그리고 재창조라는 이 책의 주요 주제로부터 비롯된다. 나는 이 주제들을 다시 한번 정리하고, 이 주제들이 종교적 상상력의 형태에 어떻게 관련되는지를 지적하고자 한다. 각 교사들은 나름대로의 반응을 보일 것이라고 생각하지만, 그래도 이 여정에는 어떤 일반적인 원칙이나 기준이 우리를 인도할 것이다.

나는 다섯 가지의 기준을 규명하고자 한다. 이 기준들은 한 가지 방법으로 혹은 우리가 거하는 한순간으로 사료될 수도 있다. 이 기준들이 비록 차례 대로 설명되지만 서로 연결되며 또한 필연적으로 중복되는 점이 있다. 나는 각 기준에 따르는 실천방법도 제안하겠다. 그 기준들은 (1) 보살피기, (2) 단계 밟기, (3) 형태 잡기, (4) 여유 갖기, (5) 위험 감수하기 등의 순서로 진행된다.

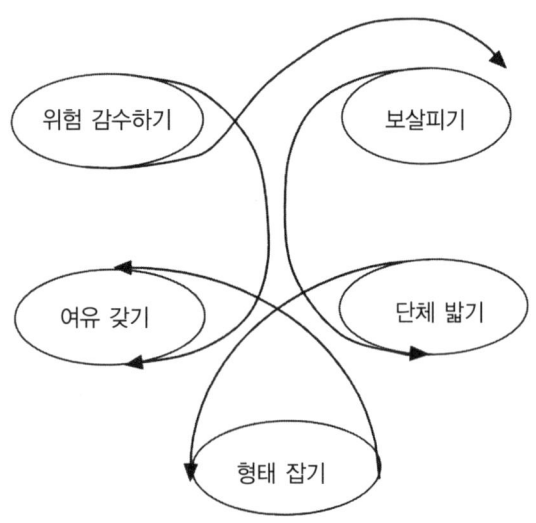

보살피기

교사들에게 첫 번째 기준은 보살피기의 기준이다. 가르치는 행위의 출발점은 (다음에 설명할) 물질적 자료만큼이나 정신적 자료에도 달려 있다. 보살핌은 타인을 향하는 방법, 자세, 존중과 경외에 따른 결정이다. 보살핀다는 것은 우리가 가르치는 상황에 성급히 들어가지 않는다는 의미가 된다. 오히려 우리는 가만히 침묵하며 가르침 행위에서 우리 앞에 무엇이 놓여 있는가를 알아보는 기회를 스스로에게 주는 수고를 한다. 보살핌은 베트남의 수도승 틱 낫 한(Thich Nhat Hanh)이 마음에 새김(mindfulness)

이라고 말한 것이다.[1] "교사들에게 보살핌은 교사로서의 자신을 마음에 새기고, 고유한 개성을 가진 학생들을 마음에 새기며, 이 관계에서 세 번째 요소가 되는 소재를 마음에 새기는 것이다.

보살핌에 대해 내가 제안하는 가장 실제적인 방법은 명상, 기도, 부동의 시간 등의 영성훈련을 촉구하는 것이다. 내 학생들의 경우, 소재에 들어가기 전에 10분에서 15분 동안 고요한 수용과 자각의 시간을 보낸다. "영혼을 편히 앉게 하세요."라고 학생들을 독려한다. 그리고 호세 호브데이(Jose Hobday)의 저서를 빌어 "영혼을 편히 앉게 하는 것이 몸을 편히 하는 것입니다."라고 설명한다. 놀랍게도 학생들은 그 말대로 따른다. 우리는 조용히 앉아서 때때로 방안으로 들어오는 정적과 개방을 냄새 맡을 수 있다. 잠시 시간이 흐른 후에 우리는 그 날의 주제를 가지고 작업할 수 있게 된다. 이 첫 순간은 언제나 앞에 놓인 자료에 대한 수용 능력을 만들어 낸다.

이러한 훈련은 종교 교사나 혹은 신학 교사에게만 한정된 것이 아니다. 나는 똑같은 일을 하는 경영학 교수나 물리학 교수를 알고 있다. 또한 5~6세의 아이들을 가르치는 교사들도 이러한 보살핌의 시간을 갖고 학생들이 그들의 "마음의 교실"[2]로 들어가는 것으로 수업을 시작하는 것을 알고 있다. 이러한 순간은 유대교에서 세상의 창조주가 안식일에 숨을 들이쉰다는 개념과 유사하다. 보살핌은 교사가 실제 가르침의 행위를 시작하기에 앞서 숨을 들이 쉬는 것과 같다.

보살핌이 실제로 시작되는 때는 우리가 교실에 도착하였을 때가 아니다. 보살핌은 준비의 시간, 마리 툴리의 말을 빌리면 가르침에 대한 전시각화(previsualization) 순간에 시작한다. 나는 가끔 우리 교사들이 가르침 후에 보살핌 기술을 거침없이 사용하는 것, 즉 평가(후시각화〈postvisualization〉)를 위한 기술을 거침없이 사용하는 것에 대해 충격을 받는다. 내가

---

1. Thich Nhat Hanh, *The Miracle of Mindfulness*(Boston : Beacon Press, 1976) 참조.
2. 어린이들의 이러한 훈련에 대한 예는 Mary Terese Donze, *In My Heart Room* (Liguori, MO : Liguori Publications, 1982) 참조.

말하고 있는 보살핌은 재료를 다루는 데 급급하여 잊어버리기 일쑤였던 가르침의 동반자이다. 보살핌은 준비 상태를 만들어 내는 형태의 사용, 전시각화를 위한 형태의 사용을 말한다.

보살핌의 훈련

보살핌의 순간을 구현하기 위해 교사들이 사용할 수 있는 세 가지 간단한 훈련을 설명해 보겠다. 교사로서의 우리 자신에 대한 보살핌과 학생들을 위한 보살핌, 마지막으로 소재를 위한 보살핌이다.

교사 자신에 대한 보살핌

하이데거(Heidegger)의 "보살핌의 신화"(Myth of Care)와 같은 명상으로 시작한다. 어느 날 보살핌이 강을 따라 걷고 있었다고 한다. 흙을 집어들고 "인간이 있다면 얼마나 좋을까?" 하고 생각하였다. 그러나 보살핌은 인간을 만들지 못했고, 권능도 없기 때문에 거룩한 분에게 흙에 생명을 불어넣어주라고 부탁하였다. 거룩한 분을 그렇게 하였다. 그 후에 다음의 결정이 이루어졌다. 거룩한 분이 인간에게 생명을 불어넣어 주셨으므로 인간이 죽으면 거룩한 분이 그들을 거둔다는 것, 즉 인간이 가는 곳에 거룩한 분이 있다는 것이다. 인간이 흙으로, 부엽토(humus)로 만들어졌기 때문에 '휴먼'(human)이라고 불릴 것이다. 그러나 이 모든 것은 보살핌이 미리 생각한 것이기 때문에 보살핌은 인간이 사는 동안 그들을 소유할 것이다.[3]

이러한 명상에는 이야기에 대한 깊은 묵상이 따르며 다음과 같은 자문이 있을 수 있다 :

> *오늘 내 수업에서, 보살핌을 구현하는 소명을 받은 교사로서 나의 위치는 어디인가?

---

3. Martin Heidegger의 저서에서 따온 관심의 신화에 대한 자세한 설명은 Maria Harris, *The D. R. E. Book*(New York : Paulist Press, 1976) 참조.

*오늘 내가 가르치기로 계획한 것은 어디에서 학생들을 더욱 인간답게 만드는가? 어떤 방법으로 학생들이 자신의 세계에 형태를 부여하는 데 도움을 줄 것인가?
*그리고 수업의 각 구성원에 대해 간단히 묵상을 한 후 다음과 같이 묻는다. 오늘 내 학생들의 인간성의 어떤 점에 대해 특별한 관심을 집중할 것인가?

이 질문들에 대해 단 3분 동안이라도 명상한다면 가르침의 행위는 놀랍게 향상될 수 있다. 9분 혹은 10분 간의 짧은 시간 동안에 우리는 보살피는 것이다. (이 책 전체에서 나는 이러한 명상에 대한 자료를 제공하려고 노력하였다. 그러나 교사들이 나의 자료를 사용하라고 제안하는 것은 아니다. 단지 일부를 사용하여 준비하는 시간에 우리를 침잠〈沈潛〉시키고 우리가 무엇을 하려는 것인지 기억하게 하라고 촉구하는 것이다. 최선의 자료와 명상은 우리 스스로 발견하는 자료와 명상이다.)

학생들에 대한 보살핌

학생들에 대한 보살핌은 학생들에 대한 우리의 호칭에서 일차적으로 표현된다. 학생수, 학생의 나이(성인, 대학원생, 어린이)에 상관없이 교사는 자신과 같이 작업하는 모든 학생들의 이름을 알아야 할 책임이 있다. 이름표가 필요하다면 사용하면 된다. 각 학생들 책상 위에 종이 카드를 접어서 세우거나 테이프로 붙이면 된다. 어떤 방식을 사용하든지 학생들의 이름을 안다는 것의 요지는 수업 구성원들을 '학생'이라는 두루 쓰이는 총칭으로서가 아니라 고유한 인간으로서 호명한다는 것이다. 자신의 이름 그대로 호명된다는 것은 주체-주체관계, 상호 주체성의 교제를 가능하게 하며 학생편에서 보면 자신이 무시되지 않는다는 느낌을 가능하게 한다. 학생의 이름이 무엇인지를 알고자 하고 그것을 기억하려고 애쓰는 교사에 의해 학생의 이름이 불린다는 것은 가르침 상황에서 학생에 대한 보살핌을 상징한다. 이러한 호칭은 다시 학습의 여정에 교사와 동행하고자 하는 학생의 자발성을 가능하게 한다. 키에르케고르의 말을 빌리면 교사는 "학습자가 있는 곳으로 가는 것으로" 그리고 학습자의 이름을 발견하는 것으로 이미 학습 여정을 시작한 것이다.

소재에 대한 보살핌

소재에 대한 보살핌은 관련된 방식으로 말할 수 있다. 도움이 된다고 생각되는 한 가지 방법은 이미 3장에서 언급되었다. 즉, 에스키모인 수리공이 비행기에 대해, 그리고 프로고프가 일지 워크숍에서 보인 것과 같은 소재의 의인화이다. 소재가 말해야 한다면 소재는 스스로에 대해 무엇이라고 말할 것인가?[4] 소재가 우리와 대화를 한다면 그 대화는 어떤 내용일까? 몇 분의 시간을 내어 반 페이지라도 그 대화를 기록하여 본다면 우리가 알고 있으나 자각하지 못했던 소재에 대한 계시로 이를 수 있다.

이 소재에 대한 귀 기울임은 우리가 소재에 대해 보일 수 있는 가장 큰 존중, 즉 소재에 대해 우리가 할 수 있는 모든 것을 발견하는 일일 것이다. 예비 단계의 대화를 위해 소재에 대하여 연구하고 조사하며 접하면서 준비하는 것은 경건하고 조심스러운 교사의 책임이다. 그런 후에야 우리는 그 소재를 학생들에게 소개하고, 소재에 대해 임하도록 격려할 수 있는 준비가 된 것이다.

이 짧은 연습이 교사들에게 자신의 훈련방법을 설계하는 계기가 되기를 희망하며, 이 훈련에서는 상상력의 영역에서 형태를 사용하는 시작 단계로서 보살핌을 제시한다. 다시 말해 보살핌은 교사가 명상가로서 강렬히 관조하고 주의를 기울일 수 있게 해주는 수단이 된다. 보살핌은 교사가 존중의 거리를 유지하며 학생과 소재에 대해 어떤 침해도 하지 않으려고 애쓰는 금욕적 수행자로서 행동하게 해주는 수단이다. 가르침의 행위에 필요한 요소들을 한데 모음으로써 교사가 창조자가 되도록 준비시키는 수단

---

4. 이 훈련에 대한 더 자세한 설명과 다른 유사한 훈련에 대한 내용을 위해서는 교시들을 위한 비디오테이프 프로그램인 "Teaching and Religious Imagination," by Maria Harris(Allen, Tex. : Argus Communications, 1985) 참조.

이다. 가르침을 의식(意識)에 주의를 기울이며 수행되는 활동인 성례로 만드는 수단이다. 거룩한 토대로 들어가는 수단이다.

단계 밟기

교사는 사람들이 춤의 초대에 응하듯이 상상력에 초대에 응해야 한다. 춤 은유는 2장에서 가르침의 패러다임 단계(명상, 참여, 형태부여, 출현, 해제)에 대해 말할 때 이미 암시하였었다. 이러한 단계들은 계단의 단계가 아니라 춤의 단계로서 생각되어야 한다. 춤 은유에 대한 주장은 처음에는 단순해 보일지 몰라도 교육에 대한 심오한 철학을 내포하고 있다. 이 교육철학은 사물의 핵심은 내용이 아니라 리듬이라는 가정에 기초한다.

교사들이 이 철학의 내용을 이해하는 데는 모든 물질은 항상 변화한다는 현대 물리학의 발견이 도움이 되었다. 또한 현대 물리학은 많은 것들이 우주의 리듬으로 되돌아가는 데 도움을 주었다. 또한 우리의 혹성이 매일 자전축을 따라 돌고 매년 태양을 따라 돈다는 리듬을 재발견하게 해주었다. 이 발견들은 다시 우리를 살아 있게 해주는 순환, 호흡, 소화의 리듬인 신체의 리듬, 밀물과 썰물의 영향 안에서의 인간의 삶, 봄 여름 가을 겨울의 움직임, 해가 뜨면 일어나고 해가 지면 휴식하는 패턴과 같은 우리 삶에서의 리듬을 재인식하게 해준다. 우리는 리듬에 둘러싸여 있으며, 리듬에 의해 지탱되고 양육된다.

교육에서의 리듬은 풍성한 기반이 있는 주제이다. 철학자 알프레드 노스 화이트헤드(Alfred North Whitehead)는 1929년 그의 고전 「교육의 목적」(The Aims of Education)에서 교육의 리듬에는 로맨스(romance), 정밀(precision), 그리고 일반화 혹은 종합(generalization or synthesis)이라는 세 단계가 있다고 하였다.[5] 첫째 단계 로맨스는 그에 의하면 첫 이해의 순

---

5. Alfred North Whitehead, *The Aims of Education*(New York : Macmillan, 1929), chapter 2, "The Rhythm of Education" 참조.

간이다. 소재가 참신함의 생기를 지니며 일별에 반쯤은 드러나고 그 풍성함 속에 반쯤은 가려진 가능성들과 미지의 관련성을 지니고 있다. 이 단계에서의 앎은 체계적 절차에 의해 주도되는 것이 아니다.

이와 대조적으로 정밀의 단계는 관계의 폭이 정확한 표현에 종속된다. 정밀은 적어도 일시적으로나마 한계를 정하고 정리하며, 확장보다는 심화하고자 하는 도전이다. 정밀은 뒤로 물러나 명상하고, 묵상하고, 진지한 질문, 특히 분석의 질문을 하는 도전이다. 이 마지막 단계, 즉 다시 로맨스로 되돌아가는 종합이나 일반화에 도달했다면, 반드시 속도를 늦추고 주위를 살펴보아야 함을 상기시키는 도전이다. 계통화된 관념과 관련 기술들이 첫 이해(로맨스)의 경이와 이상과 짝을 이룬다는 것이 정밀에서 얻어지는 보상이다.

종합은 세 번째 단계이다. 종합은 춤으로 말하면 다시 회전해 오는 것이나 시간상으로는 더 진행된 것이다. 이 단계에서의 소재는 더 깊고 더 아름답다. 이 단계는 로맨스의 사랑스러움과 정밀로 인해 당면한 소재에 나타나는 엄격하고 심사숙고하며 금욕적인 태도가 한데 모이고 종합되기 때문이다.

교사에게 단계를 밟으라고 촉구하는 것은 교사가 스스로 가르침 행위를 책임진다는 의미에서 보살핌에 대한 추후 단계이다. 그러나 여기서 받기 쉬운 유혹은 가르침의 첫 단계를 체계적 절차가 주도하는 정밀의 단계로 만드는 것이다. 내가 주장하는 것은 실제로 체계적 절차를 향상시킨다. 즉, 체계, 절차, 과정, 업무가 학습되려면 로맨스 단계 이후에 오는 것이 좀 더 적합하고 알맞다는 것이다. 혹은 2장에서 설명하였듯이 아직 체계화되지 않은 소재에 뛰어들고 씨름하고 뒹굴고 대화하고 교류하는 시간을 가진 후에야 체계, 절차, 과정, 업무가 더 잘 학습된다는 것이다. 교육의 리듬은 반드시 존중되어야 한다. 그렇지 않으면 그 과정이 오래 가지 않으며 미숙한 결과에 이르는 위험이 생긴다.[6]

---

6. 6장 참조. 또한 아래의 각주 16번 참조.

단계 밟기 훈련

다음의 세 가지 훈련은 우리가 좀 더 가볍고 우아하게 단계를 밟고, 또한 교육과 가르침의 리듬에 조화를 이루며 단계를 밟을 수 있게 해줄 것이다.

둘러 밟기

수업의 처음 부분은 '둘러보기'가 되게 하자. 주제에 직접 다가서거나 첫 이해의 로맨스를 간직하는 문장 완성 활동을 학생들에게 시킨다. 예를 들어 그 날의 주제가 도덕성이라면 자신의 이름을 말하고, 그 주제에 알맞은 내용을 덧붙일 수 있다. 즉, "나는 마리 존스입니다. 나에게 도덕성의 상징이 되는 사람은 ___ 입니다." 혹은 "나는 딕 윌시입니다. 내가 상상하는 도덕적 삶의 이미지는 ___ 입니다." 혹은 "나는 애니 딜론입니다. 오늘날 도덕적이라고 할 수 있는 기업은 ___ 라고 생각합니다." 등과 같이 말할 수 있다. 여기서의 요점은 이야기, 상징, 이미지는 주제의 결을 떼어 내고, 주제에서 의미를 발라 내는 방법이다. '둘러보기'는 첫 이해의 풍요로움을 보존할 수도 있다. 도덕성을 하나의 예로 들었지만 어떤 주제라도 처음에는 이러한 훈련을 통해 접근할 수 있다. 예를 들면 "나는 수잔 존슨입니다. 나의 생각에 신앙이란 ___ 입니다. 희망이란 ___ 입니다. 전쟁이란 ___ 입니다. 성인이란 ___ 입니다." 등이 있다.

이야기와 의식(儀式)의 리듬에 따라 밟기

가르침의 리듬에 따른 단계 밟기는 당면 주제가 무엇이든지 그 과제를 통해 적용해 볼 수 있다. 예를 들어, 만약 「자홍색」(The Color Purple)[7]이라는 소설을 공부하고 있다면 명상, 참여, 형태부여, 출현, 해제를 따라 진행되는 일련의 질문들을 다음과 같이 전개할 수 있다 :

---

7. Alice Walker, *The Color Purple*(New York : Washingtono Square Press, 1982).

* 주요 인물들을 명상해 볼 때, 먼저 누가 마음에 들어오던가요?
* 당신은 어떤 인물에게 가장 많이 빨려들었습니까?
* 작가가 이 인물에게 형태를 부여하기 위해 한 일은 무엇입니까?
* 어떤 장면에서 이 인물에 대한 이해가 도출되었습니까?
* 이야기가 끝났을 때, 이 인물에게 일어날 다음 사건은 무엇이라고 생각합니까?(해제)

가르침의 리듬에 따른 단계는 우리 자신의 이야기를 설계할 때, 심지어 우리 자신의 전기나 내력을 설계할 때도 소설에서 쓰인 것처럼 쓰일 수 있다. 이 경우, 그 단계들은 좀 더 강렬하고 파고드는 것이 될 것이며, 학생들의 참여 또한 더욱 요구될 것이다. 예를 들어 보자 :

* 주요 인물들이나 다른 등장 인물들이 이 다섯 단계를 거치는 이야기를 써 보시오.
* 당신이 이러한 단계를 밟는 주인공이 되는 이야기를 창작해 보시오.
* 이 춤에 따라 자신의 이야기를 말해 보시오.

또한 유대인 대학살을 추모하는 욤 하쇼아(Yom Hashoah) 같은 의식이나 다른 어떤 의식 활동을 만들 때, 이러한 단계를 밟을 수 있다. 예를 들면,

* 유대인 대학살에 대해 명상하고 싶은 내용은 무엇입니까?
* 유대인 대학살의 어떤 측면과 이 의식이 관여하고 있습니까?
* 의식을 설계할 때 어떤 형태, 모양, 패턴을 사용해야 합니까?
* 이 의식은 언제 어떤 식으로 제시할 것입니까?
* 기대하거나 의도하는 결과는 어떤 것입니까?[8]

---

8. Franlkin Littell, *The Crucifixion of the Jews*(New York : harper & Row, 1975), 141-153에서 이러한 의식의 예를 볼 수 있다. 또한 Eugene J. Fisher and Leon Klenicki, *Form Death to Hope : Liturgical Reflectionon Holocaust*(New York : Anti-Defamation League of B'nai Brith, 1985) 참조.

유대인 대학살이라는 장엄한 사건을 말할 때는 즉각적으로 언제 어떻게 제시할 것인가에 대해 생각해 보기보다는 가르침의 리듬이 전개되도록 시간을 주는 것이 더욱 올바른 방법이 될 것이다. 이것은 다시 로맨스, 정밀, 종합이 있게 하고, 명상에서 시작하여 해제로 결말을 맺는 리듬이 있게 한다.

전후 단계 밟기

소재의 준비와 발표에서 우리는 교사로서 앞으로 그리고 뒤로의 움직임이 일정하게 해야 한다. 이것은 교육과 가르침의 리듬에 반응하는 것이다. 수업의 전시각화에서 세 번째 훈련은 학생들에게 제시된 소재와 그들에게서 다시 회수된 소재를 상상하는 것이다. 리듬은 이 전후로의 단계를 요구한다. 그러므로 교사뿐만 아니라 학생들도 말하는 시간이 있어야 한다. 학생들에게 소재를 줄 때에는 학생들이 그것을 다시 넘겨주게 만드는 방식이어야 한다. 이 방식은 시험이나 반복의 형태로 이루어지지 않는다. 교사가 조심스럽게 무엇인가를 넘기고 다음과 같이 질문할 때 일어난다 :

* 자, 당신은 이것을 어떻게 전달하겠습니까?
* 처음에 이것을 제시한 사람이 당신이라면 당신의 첫 단계는 어떠하였을 거라고 생각합니까?
* 어떤 식으로 이 질문을 하겠습니까?
* 이것을 누구에게 가르치고 싶습니까? 그리고 그들에게서 기대되는 결과는 무엇입니까?

이러한 훈련의 요지는 교사와 학생이 전후 단계, 내외 단계, 초대와 응답의 단계를 리듬에 따라 밟게 돕고 또한 가르침과 학습이 일직선상에 있거나 한 방향을 향하는 것이 아니라는 사실을 항상 의식하게 하기 위한 것이다. 가르침과 학습은 유기적, 신체적 행동이며, 반복, 회귀, 뛰어들기와 빠져나오기, 다음 단계로 가기에 앞서 휴식과 정적의 시기를 거칠 때 더 잘 이해할 수 있다.

이러한 훈련은 '보살피기'에서 설명한 것과 같이 그 자원으로써 교사의 명상적·금욕적·창조적·성례적 권능을 사용한다. 동시에 이러한 훈련은 단순한 묵상을 넘어 인간적 춤, 인간적 협력, 인간적 리듬을 구현하는 움직임으로 나아가는 상상력의 길을 따라가는 것이다.

형태 잡기

종교적 상상력의 활동으로 보았을 때, 가르침은 소재의 계시로 이끄는 소재의 성육신이다. 이때 형태 잡기는 성육신, 특히 계시로 이끄는 성육신과 깊이 관련된다. 형태 잡기의 기준은 진지하게 형태를 잡고자 하는 결정, 출발점으로서 형태를 잡고자 하는 결정, 형태를 참작해 보고자 하는 결정과 관련된다. 형태에 대해 관심을 집중하지 않고서는 가르침은 실패의 위험에 처하게 된다.

다음의 훈련은 실제 가르침의 상황에서 소재에 형태를 부여하는 예들이다. 상상력 있는 교사라면 누구나 두 개의 넓은 영역의 형태를 의식할 것이다. 하나는 세상 그 자체이고 다른 하나는 가르침이 일어나는 곳, 대개 교실이 된다. 먼저 상상력 있는 교사는 정치적, 사회적, 경제적으로 억압적인 학습과 가르침의 형태에 대해 학습된 민감성을 가진다. 이 민감성은 당연하다고 받아들여지는 가치와 행동들의 집합체인 지배적 세계관 — 한 사회의 지배적 이념이라고 불리는 것 — 이 학습 상황에서 제시될 때 이것을 끊임없이 찾아보고 들여다보는 특징을 갖는다.[9] 앞장에서 말한 두 가지 예가 이와 관련 있다.

5장의 "권능의 은혜"에서 수용의 권능을 양육할 필요성에 대해 말하였다. 먼저 이에 대해 말하겠다. 그러나 어떤 시각에서는 이 권능이 수동성

---

9. William Bean Kennedy, "Christian Education and Mission into the Twenty-First Century," in *Theodolite* 7, 6(1986), 8 참조.

으로 보여질 수도 있다. 항상 가난한 사람들이 부자로부터 수혜를 받아 왔다거나 억압받는 사람들이 억압자로부터 수혜를 받아왔다는 조언을 이념적으로 지지하는 것으로 보여질 수도 있다. 즉, "너무 서두르지 마라. 너무 빨리, 그리고 너무 이른 변화를 요구하고 있다."고 말한다고 볼 수도 있다. 그러므로 방안에 조용히 앉아 있는 능력과 되돌아보고 고려하는(보살피는) 필요성은 내가 북미 중산층 백인의 관점에서 볼 때와 다른 사회적 맥락에서 볼 때가 다르다고 하는 것을 의식하는 것이 중요하다. 위의 조언을 들으면서 나는 수용의 권능을 키운다는 것이 다른 사회적 맥락에서는 매우 다르게 해석될 수 있고, 심지어는 거부될 수도 있음을 경고하고자 한다. 어떤 사람들에게 이 수용의 권능은 나의 의도와는 달리 영혼을 죽이는 세계를 많이 반영하는 것처럼 보일 수도 있다.

6장 "재창조"에서 또 다른 예를 볼 수 있다. 나는 6장의 패러다임을 침묵이라는 첫 번째 생성적 주제로 시작하였다. 나는 이 침묵의 주제가 기본적인 것이라고 믿는다. 내가 말한 침묵의 의미는 흑인, 백인, 히스패닉, 그리고 아시아 여성이 종교와 신앙의 문제들에 대해 함께 모여 이야기하는 상황에서 도출해 낸 것이다. 이 네 가지 입장에서 관심을 두는 침묵의 형태들은 유사점과 차이점을 함께 가진다. 그러므로 여기서 내가 말하고자 하는 요점은 소재를 가르치는 데 있어서 정치 형태, 경제 형태, 사회적 지위 형태, 이념의 형태가 어떻게 영향을 주고 있는지에 대해 모든 교사들이 자각하고자 하는 노력을 해야 할 필요가 있다는 것이다. 또한 나는 상상력 있는 교사들은 가능한 다양한 관점들을 포함시키고, 반대 의견이 존재한다는 사실도 널리 의식해야 한다고 주장한다.

두 번째 좀 더 광범위한 맥락으로 그 형태가 가르침 행위에 심오한 영향을 미치는 것은 가르침이 일어나는 장소의 신체적 심리적 형태이다. 아이스너는 이것을 묵시적 교과과정이라고 불렀으며, 환경이라는 말로 이해할 수도 있다. 앞 사람의 뒤통수를 바라보며 한 줄로 똑바로 앉아 있을 때와 얼굴을 보며 둥글게 앉아 있을 때는 배우는 것이 다르다. 또한 환기와 조명이 잘 되는 교실에서 — 혹은 야외에서 — 배우는 것과 환기가 잘 안 되는 교실에서 배우는 것은 다르다. 우리 주위에 색과 장식이 있을 때와 벽에 아무것도 붙어 있지 않을 때의 배우는 것이 다르다. 여러 명의 교사들이 한 팀이 되어 자료를 제시할 때와 한 사람의 교사가 제시할 때의 배우는 것이 다르다. 그 상황에서 교사와 동료에 대한 우리의 관계에 따라서도 배우는 것이 다르다. 교실에서 사용하는 언어가 모국어가 아니라 제2공용어라면 배우는 것이 다르다. 사용한 예들이 우리에게 관련이 있으면 배우는 것이 다르다. 전문가로서 인용된 권위있는 인물들이 우리와는 다른 성별, 인종, 다른 지역, 다른 사고 형태를 대표할 때 우리는 배우는 것이 다르다. 이 모든 것들은 각각 형태의 한 세트가 된다. 교사는 소재를 구현하는 행위자로서 묵시적이고 은근하지만 강력한 방법으로 이 형태들을 진지하게 받아들여야 할 필요가 있다.

진지한 형태 잡기 연습

형태의 가장 직접적인 영향은 모양, 디자인, 그리고 소재 자체의 성육신에서 나타난다. 즉, 언어 형태, 대지 형태, 구체화된 형태, 발견을 위한 형태, 예술형태에서 나타난다. 그러므로 형태를 진지하게 잡는 연습은 (1) 의거할 수 있는 모든 시적 연설을 사용한다. (2) 신체, 대지, 그리고 놀람의 가능성이 있는 방법으로 연극이나 마임을 사용한다는 두 가지 충고에 의거한다.

시

다음의 방법으로 시를 사용한다 :

* 하이쿠(Haiku) 형식으로 질문에 답을 하라고 한다.
* 공부하고 있는 주제에 관한 시를 찾게 한다.
* 케네스 콕(Kenneth Koch)[10]과 같은 실제 시인의 작품을 참조한다.

첫째 방식에 관해서는 이미 빌 마룬의 시를 말한 바 있다.

우리는 어색하게 만나네.
그대에게 걷기를 구하나
춤추는 그대를 보네.

두 번째 방법에 관하여는 최근 참석했던 세계대전에 관한 스티브 코헨 (Steve Cohen)의 강의를 말하겠다("대전"〈The Great War〉이라는 은유를 생각해 보자). 코헨은 시 두 편을 나누어 주었다. 하나는 전쟁에 대한 낭만적 관점에서 루퍼트 브룩(Rupert Brooke)이 쓴 "병사"(The Soldier)라는 시이다 :

내가 죽으면 이것만을 기억하라.
타국의 들판에 영원한 영국의
한 모퉁이가 있음을,
풍요로운 대지에 더욱 풍요로운
흙이 숨겨져 있을 것임을,
영국이 낳고, 빚고, 의식을 넣어 주고,
사랑할 꽃을 주고, 배회할 길을 주었던 흙
강물에 씻기고 고향의 태양이 축복한
영국의 공기를 숨쉬는 영국의 몸을.[11]

---

10. 다음과 같은 Kenneth Koch의 저서를 참조하였다. *Wishes, Lies and Dreams : Teaching Children to Write Poetry*(New York : Random House, 1970) ; *I Never Told Anybody : Teaching Poetry Writing in a Nursing Home*(New York : Random House, 1970) ; and *Rose, Where Did You get That Red?*(New York : Vintage, 1974).
11. Rupert Brooke, "The Soldier," in Oscar Williams, ed., *The War poets*(New York : John Day Co., 1945), 48.

두 번째 시는 브룩과는 동시대의 시인이었던 윌프레드 오웬(Wilfred Owen)이다. 그의 시 "Dulce et Decorum Est"는 첫째 연부터 완전히 다르다.

> 자루를 짊어진 늙은 거지처럼 등이 굽고,
> 무릎이 꺾이며, 노파처럼 저주하며 진창을 갔다.
> 끊임없는 섬광에서 벗어나
> 먼 휴식을 향해 발걸음을 떼었다.
> 병사들은 자면서 행진하고 군화를 잃은 이도 많았다.
> 그래도 피 흘리며 절뚝거리며 나아갔다.
> 다리는 절고 눈은 멀어,
> 피곤에 취해, 뒤에 조용히 떨어지는 독가스탄의
> 쉭 하는 소리에도 귀먹어…….[12]

전쟁이라는 동일한 사건에 주어진 형태에 따라 그 사건은 현저히 다른 사건이 된다. 상상력이 있는 교사들은 이러한 두 가지의 시를 제시하며 학생들에게 이와 유사한 두 개의 시를 찾도록 할 수 있다. 그럼으로써 가르치고 있는 소재에 대한 다양한 시각을 알 수 있게 한다.

나의 수업에서는 뉴욕의 시인인 케네스 콕(Kenneth Koch)의 작품을 사용하는 경우가 많다. 그의 저서는 뉴욕 빈민가의 초등학교 학생들과 양로원 노인들에게 시를 가르치는 일에 대한 내용을 담고 있다.[13] 콕은 그의 학생들에게 창작의 지시를 한다. 예를 들어 거짓말 쓰기(간단한 거짓말이라도 거짓말하는 허락을 받는다는 것이 어린이들에게는 신나는 일이다), 소원 쓰기, 꿈에 대해 쓰기 등이다. 내가 가끔 사용하는 가장 창작 지시는 "나는 ___ 같이 보입니다. 그러나 실제로 나는 ___ 입니다."라는 구절을 완성하라는 것이다. 그러나 실제로 이 구절을 사용할 때 나는 학생들에게 이름을 쓰지 말고 종이를 접어 교실 가운데에 놓으라고 한다. 다른 학생이 그 종이 하

---

12. Wilfred Owen, "Dulce et Decorum Est," in Brooke, *The New Poets*, 37–38.
13. Koch, Wishes, *Lies and Dreams and I Never Told Anybody*.

나를 집어서 조심스럽게 읽는다. 둥글게 앉아서 돌아가며 종이 더미 속에서 하나를 골라 읽다 보면 두 가지 결과가 나타난다. 먼저, (1) 이 활동으로 단지 모임에 불과했던 사람들이 공동체를 이룬다. (2) 참여자들이 서로가 다르다기보다는 유사한 점이 많다는 것을 깨닫게 해준다. 사람들은 말로 하기 꺼리는 내용을 글로 쓰는 수가 많으므로 익명성은 표현의 자유를 넓게 열어 준다.

드라마와 마임

판토마임, 형상화, 창조적 연기를 통해서 배우지 못할 소재는 드물다. 대개의 교사들이 이것을 알고 있으나 시간이 촉박하다고 생각한다. 그러나 연극을 사용하면 개념적 소재에 대한 풍요로운 통찰력을 갖게 한다. 예를 들어 「지붕 위의 바이올린」(Fiddler on the Roof)은 단 몇 장면만이라도 연기하면 헌신과 신념 때문에 받는 고통에 대해 논증적인 수업보다 더 많은 것을 가르쳐 줄 것이다. 「분장한 울부짖음」(The Roar of the Greasepaint), 「군중의 냄새」(the Smell of the Crowd) 아니면 「기드온」(Gideon) 등은 거룩한 존재에게 의탁하는 것에 대한 본질을 가르쳐 줄 수 있다. 예를 들어 교사들은 패디 차이예프스키(Paddy Chayevsky)의 「기드온」(Gideon)에서 다음의 구절을 숙고해 보고, 지금 다루고 있는 소재에 대해 말하는 극본을 찾아 연출해 보거나 아니면 같이 읽어 볼 수 있다.

사 자 : 오! 기드온, 당신의 신이 탬버린이나 두들기고 발뒤꿈치나 차는 방랑 마술사였으면 좋겠소?
기드온 : 저에게 분노하지 마시지요.
사 자 : 분노하는 것이 아니오. 나는 완전히 혼란하오. 그리고 가슴이 아프오. 내가 당신을 사랑했으나 당신은 내게 등을 돌렸오.
기드온 : 당신은 매력적인 사람이요.
사 자 : 매력적이라! 기드온, 신은 그저 상상하는 것이 아니오. 나는 당신에게 빛나는 사랑을 요구하오. 거리낌 없는 숭배, 사랑의 폭풍과 격류

를…….
기드온 : (거의 참을 수 없는 친절함으로) 주여, 나는 그런 빛나는 종류의 사람이 아닌 것 같습니다. 나보다는 다소 온건치 못한 사람을 원하시는군요. 곧 그런 사람을 찾으리라고 믿어요. 당신은 매력적인 신이니까요. 또한 당신을 열렬하게 사랑할 사람들은 많습니다. 내가 확신합니다. (그는 손을 내밀고 마음을 누그러뜨리는 미소를 짓는다.) 자, 내가 혹시라도 당신에게 상처를 주었다면 내 손을 잡고 이제 다 끝났다고 말해 주어요. (사자는 이 솔직한 사람으로 인해 즐거워하지 않을 수 없었다. 그는 기드온의 팔을 잡는다.)
사 자 : 나는 당신이 나를 사랑하게 만들겠소.[14]

이러한 형태의 성육신이 가져오는 계시는 표면을 초월하는 깊이로 소재를 드러내며 시, 노래, 슬픔, 아름다움, 몸짓, 그리고 무엇보다 타인을 통해 소재의 깊이를 드러낸다. 나는 여기서 계시를 향하는 가르침에 대한 실제적인 지침에 대해 좀더 말하고 싶다. 그 지침은 시간 여유를 가지라는 조언이자 기준이다. 계시는 숫고양이의 기지개처럼 반드시 필연적으로 햇볕 아래 점차적으로 퍼지는 날개이기 때문이다. 계시는 보장될 수 없다. 계시는 반드시 기다려야 하는 것이다. 계시를 기대하고 기다리는 것은 소재에 대해 참아주는 기꺼움, 그리고 로버트 그래이브즈(Robert Graves)가 말한 어둠과 불명료함의 가치를 보고자 하는 기꺼움을 의미한다.

그는 빠르네. 선명한 이미지로 사고하네.
나는 느리네. 깨어진 이미지로 사고하네.

그는 둔해지네. 그의 선명한 이미지를 믿으며
나는 예리해지네. 나의 깨어진 이미지를 의심하며

그의 이미지를 믿으며, 그는 그 타당성을 가정하네.

---

14. Paddy Chayevsky, *Gideon*(New York : Random House, 1961), 54.

나의 이미지를 의심하며, 나는 그 타당성을 묻네.

타당성을 가정하며, 그는 사실을 가정하네.
타당성을 물으며, 나는 사실을 의심하네.

사실이 아니었을 때, 그는 그의 감각을 의심하네.
사실이 아니었을 때, 나는 나의 감각을 인정하네.

선명한 이미지 속에 그는 계속 빠르고 둔하네.
깨어진 이미지 속에 나는 계속 느리고 예민하네.

그는 그의 이해에 대해 새로이 혼란해 하고
나는 나의 혼란에 대한 새로운 이해를 하네.[15]

여유 갖기

여유 갖기 연습

여유를 가짐으로써 계시가 육성되게 하는 방법을 배우는 것을 해석하는 교사의 관건은 시간의 이미지들을 질문하고 탐구하면서 자의식적 묵상을 하는 것이다. 이러한 일에 처했을 때 교사들에게 도움이 되는 연습은 다음과 같다.

자의식적 묵상

가르침에서 계시의 의미를 탐구하는 데 도움이 되는 '대화 종이'를 사용한다. 이 대화 종이 하나에는 다섯 개의 질문이 있으며, 필기를 할 공간과 다른 학생이나 교사 혹은 나와 대화를 할 때 사용할 공간을 각 질문 다음에 둔다. 그 질문들은 다음과 같다 :

---

15. Robert Graves, "In Broken Images," in *Collected Poems*(London : Cassell, 1975), 80.

* 가르침에 대한 반응으로 인생에 중요한 계시의 순간이 있었습니까? 있다면 설명해 보십시오.
* 무엇을 배웠습니까?
* 어떻게 배웠습니까?
* 만약 그 계시가 당신의 삶을 바꾸어 놓았다면 어떤 점을 바꾸어 놓았나요?
* 당신의 가르침에는 어떤 변화를 가져왔나요?

내가 경험한 것에 따르면 이 질문들에 대한 교사들의 대답은 매우 다양하다. 그러나 대부분의 교사들은 두 가지 상황에서 계시가 일어났다고 말하고 있다. 첫째 상황은 교사들이 학생이었을 때이다. 교사가 여유를 갖고 학생들을 개인으로 대하고, 학생들이 한 일에 대해 가능성을 인정하며, 학생이 스스로 드러나게 하는 촉매가 될 때이다. 나는 이러한 때가 간접 의사소통의 예가 된다고 생각한다. 내용은 전달되지 않았지만 학습자로서 이 교사들은 스스로에게 전달된 것이다.

위 질문에 대한 교사의 응답의 두 번째 상황은 자신 스스로 가르칠 때이다. 그들의 대답은 그들이 발견을 위한 형태를 사용하던 때, 소재를 구현하기 위해 사용한 형태들이 그 결과를 예측하지 못할 때를 중심으로 하였다.

예를 들면, 한 6학년 교사는 지리수업 시간에 동굴을 소개하였다. 그녀는 (가구를 넘어뜨려 놓고 실내를 어둡게 하고, 학생들에게 상상력을 사용하라고 말하는 것으로) 교실을 일련의 동굴들로 만드는 것으로 환경을 재창조하여 학생들에게 소개하였다. 그 교사가 말하기를, 동굴에 대한 학습은 교과서를 보고 준비한 어떤 것보다 훨씬 많은 것을 가르쳐 주었다고 한다.

질문하기

자의식적 묵상에 덧붙여, 질문과 질문하기의 연습을 할 수 있다. 학습자가 있는 장소가 — 4장에서 주장한 것처럼 — 질문의 장소라는 말이 맞다면, 교사로서 우리는 질문의 참된 의미를 조사하고 자신과 학생들을 위해 질문의 전종목을 만들어 낼 필요가 있다. 질문을 배우는 상황은 릴케

(Rilke)의 유명한 구절에서 잘 표현된다 :

> 당신의 마음에서 해결되지 않은 것들에 대해 인내하고 닫혀진 방과 같은 질문 그 자체를 사랑하도록 노력하라. …… 지금은 해답을 구하지 말라. 당신이 그 해답을 살아 낼 수 없기 때문에 주어질 수 없는 것이다. 요지는 모든 것을 살아 내는 것이다. 지금은 질문을 살아 내라. 그러면 아마도 어떤 먼 훗날에, 알지 못하는 사이에 점차 해답을 살게 될 것이다.[16]

그 상황이 성립되면 우리는 질문하기의 단계로 옮겨가고 아래와 같은 심화된 단계를 탐구할 수 있다 :

질문 타입 세트 1

수용하기/보살피기	(내용을 의식하는지에 관해 질문하기)
응답하기	(어떤 점에 가장 큰 관심을 두며, 내용에서 어떤 점이 가장 흥미로운지에 대해 질문하기)
평가하기	(학생들이 내용을 받아들이는지, 내용에 동의하는지, 아니면 거부하는지에 대해 질문하기, 또한 그 이유 묻기)
가치 구성하기	(자신의 입장에서 자신의 기준에 의해 내용을 재구성하라고 요구하기)
가치의 특성묘사	(내용에 대한 학생들 자신의 접근방법에 관해 묻기, 당면한 소재를 설명하라고 요구하기)

질문 타입 세트 2

정보	(데이터, 사실, 특정 상황의 열거)
이해	(내용의 의미에 대한 질문)
적용	(내용이 적용되는 장소에 대한 질문)

---

16. Rainer Maria Rilke, *Letters to a Young Poet*(New York : W. W. Norton, 1934), 33.

분석 (내용의 의미들을 구분)
종합 (내용에 관한 연관성 성립)
평가 (내용에 관한 판단을 요구)

시간의 이미지 탐구

세 번째 연습은 우리의 시간 이미지를 탐구하는 것이다. 이 연습은 인간이 시간 자체에 관해 갖는 인간적 의미의 폭을 넓게 보이는 것으로 시작한다. 교사들에게 제안된 기준이 여유 갖기라면, 이러한 제안은 교육적 사고에서의 시간의 암묵적 이미지를 탐구할 때 그 기준을 풍성하게 하며,[17] 눈부신 발견이 있게 한다.

현재의 관행처럼 많은 교육, 특히 학교 형태의 교육에서는 미래에 관심을 집중한다. 시간의 이미지는 과거, 현재, 미래로 구성된 이미지이다. 질적으로 볼 때, 일직선적이며 공간적이다. 학교생활의 목적은 미래를 구축하고, 창조하는 것이다. 현재는 더 나은 미래를 확립하기 위해 사용하는 우리의 시간이다. 우리는 교사로서 이 장대한 시간의 연속선상에 우리 학생들이 어디쯤 있는가를 인식하고, 그들이 다음 단계로 옮겨 갈 수 있게 해주는 기술과 방법을 가르치는 훈련을 받는다.

우리는 행동함으로써 그리고 분주함으로써, 즉 시간 속의 활동을 통하여, 이 소중한 재화를 가장 현명하게 '쓰고', '사용하며', '관리하라'는 말을 듣는다. 옛말에 따르면, "어둠을 탓하기보다는 촛불을 하나 밝히는 것이 낫다."고 한다. 그냥 있기보다는 무엇인가를 하는 것이 낫다는 말이다. 교사인 우리에게 더욱 중요한 말은 갖가지 상황에서의 행동 목적을 설계하고 수행하는 법을 의식하여 진행 정도를 정의하고 측정하며 평가할 수 있도록 하는 것이 최선이라는 것이다. 우리가 현재에서 미래에 이르는 움직임을 평가할 수 없다면, 즉 우리가 어디에 있었고, 얼마만큼 왔는지 평

---

17. Maria Harris, "Enlarging the Religious Imagination : The Imagery of Time," in *PACE* 13(Winona, MN. : St. Mary's Press, 1982-1983), Issue F : 1-4 참조.

가할 수 없다면 우리는 진정 가르친 것이 아니며 배운 것도 없을 것이기 때문이다. 실행하지 않으면 소멸한다는 것을 대학의 젊은 교사들에게 상기시키고자 한다. 그러므로 무엇보다 계속 움직여야 한다. 행동해야 한다.

일직선상의 움직임, 진행과 성공, 성취, 그리고 미래를 향해 설계된 활동이라는 이미지에서 우리는 로렌스 크레민(Lawrence Cremin)의 교육에 대한 정의를 매우 편안하게 받아들이며, 교사로서 우리가 "지식, 자세, 가치, 기술, 혹은 감각을 전수하고 유발하며 습득하기 위해 의도적, 체계적, 지속적 노력을 하고, 또한 그 노력의 결과를 행하는 일"[18]을 하고 있음을 본다. 크레민의 정의가 지적하는 것은 교육의 지도적 철학이며, 교육이 노력이며, 활동이며, 행동이며, 작업이라는 것이다. 우리의 교육생활을 마칠 때가 오면 우리는 (십자가의 성 요한이 말한 것처럼) 우리가 학생과 함께한 방법, 즉 사랑으로 심판받지 않고 우리가 한 행동으로 심판받을 것이다.

위의 시간 이미지와 그 결과는 과거, 현재, 미래로 생각되는 일직선상의 공간적 시간성이 인간이 시간에 대해 가질 수 있는 유일한 이미지라고 알고 있는 많은 교사들에게 충격이 된다. 우리는 북대서양의 시간성, 즉 시간에 대한 우리 자신의 이념에 사로잡혀 있다. 예를 들어 호주의 원주민에게 시간은 즉각적이고 평범한 일상의 실존을 경험하는 것이자 수면 상태의 사건뿐만 아니라 우리가 예지하고, 상상하고, 직관하고 사고하는 사건들까지 포함하는 '꿈꾸는 시간'의 경험이다.[19] 꿈꾸는 시간에 그 원주민들은 '숲 속 방랑'을 할 때가 많다. 좀 더 기계적이고 측정적인 우리의 시간관에서 나이든 사람은 "내 나이가 88세이네."라고 말할 수 있다. 그러나

---

18. Lawrence Cremin, *Public Education*(New York : Basic Books, 1976), 27. 이 정의에 관한 체계적이고 자세한 비평과 대안적인 모델에 대한 내용은 Gabriel Moran, *Interplay : A Theory of Religion and Education*(Winona, MN : St.Mary's Press, 1981), 특히 3장을 참조.

19. Jamake Highwater, *The Primal Mind : Vision and Reality in Indian America* (New York : Harper & Row, 1981), 81.

나이지리아의 티브족에게 늙는다는 것은 '자신의 신체를 마무리짓는 것'[20]이다. 북아메리카의 호피족의 시간적 사고는 서구의 시간 관념과는 전적으로 다르며 초, 분, 시간의 구분도 없다.[21] 현대문학에서 소설가들이 연속적 시간성과 내러티브를 너무나 많이 깨트려 놓았기에 애니 딜라드(Annie Dillard)는 "산산 조각난 시간"에 대해 저술할 수 있었다. 서구의 종교적 전통의 심장부에서 유대인의 안식일의 상징과 관행이 나타내는 것은 현존이 중심 요지가 되고, 또 미래의 신성함이 아닌 현존의 신성함이 중심 요지가 되는 시간 이미지이다. 유대인에게 안식일은 인간과 함께 시간 안에 존재하는 신성에 대한 응답으로 시작되었다. 그러므로 최초의 유대인들에게 안식일은 "현존의 성례"였다.[22]

이러한 인식은 교사들을 명상 연습으로 인도한다. 교사들이 자신의 시간에 대한 이해를 명상해 보기 위해 현재 침묵하기로 서로 약속한다. 이 연습의 요지는 네 가지 상상 형태로 우리의 시간 이해에 균형을 맞추고 다듬자는 것이다. 이러한 균형 맞추기와 다듬기가 없다면 '과다 행동', '노력의 충만', '열심', '행함'의 시간 이해는 가르침에 일어나는 계시의 가능성을 잘라 버릴 것이다. 우리 교사들이 성급함을 고집함으로써 묵상적 상상력을 파괴할 수 있다. 교사들은 금욕적 상상력을 뒤집어 놓을 수 있으며, 이때 이 상상력은 학생의 공간을 보장하는 대신 지시적이고 환영받지 못하는 검사가 된다. 우리는 알지 못하는 사이에 창조적 상상력의 중심이 되는 기다림과 수용의 조건을 제거할 수도 있다. 성장하고 잠자고 배우는 데 시간들이는 것을 거부한다면 이는 성례적인 상상력에 이르는 문을 닫는 것이며, 만물 안에서 그들을 둘러싸 있는 거룩한 존재를 발견하는 학생들

---

20. Gibson Winter, *Liberating Creation Foundations of Religious Social Ethics* (New York : Crossroad, 1981), 1.
21. Highwater, *Primal Mind*, 105.
22. Annie Dillard, *Living by Fiction*(New York : Harper & Row, 1982), 20ff. 24 ; Samuel Terrien, The Elusive Presence ; Toward a New Biblical Theology(San Francisco : Harper & Row, 1978), 393 참조.

의 능력을 잘라 버리는 것이다. 나는 학생들 중 하나가 나에게 준 시를 읽을 때마다 (종종 애통함과 창피함으로) 이러한 생각을 다시 하게 된다. 그 학생은 토마스 에반스이며, 나와 같이 마틴 부버에 대해 깊은 애정을 갖고 있던 사람이었다. 그는 "부버 이후"라는 제목을 단 시로 된 요청서에서 내가 나의 시간이 아닌 그의 시간과 시의 시간 안에서 계시가 있도록 허용할 것을 요청하였다. 그 시는 다음과 같다 :

> 선생님, 의식을 곤두세워
> 나를 도와주세요.
> 목적 없이 흘러가는 교육에서 나와
> 인간 세계를 선택할 수 있도록
> 그러나 눈길만 주고 — 손가락을 올리고 —
> "당신은 존재하지 않는 것처럼" 행동하세요.
> 위험에 처한 것은 나의 신비한 개인 생활이기 때문이시요.
> 그리고 설계는 내가 이끌어야 합니다.

위험 감수하기

옥스퍼드 영어사전에서는 risk(위험)를 "hazard, danger, exposure to mischance or peril"이라고 정의한다. 위험을 감수하는 사람이 노출되는 가장 큰 위험은 손실이다. 여기서 나는 교사들의 활동에 충고와 촉매가 되는 마지막 기준을 말하고자 한다. 즉, 위험을 감수하라는 것이다. 대단한 손실이 온다고 해도 위험을 감수하라. 교사의 소명이 그것을 요구한다. 가르침은 소재의 계시로 이끄는 소재의 구현이기 때문이다. 참된 소재의 계시는 인간으로서 우리가 이 세상에서 주체가 되는 소명을 받았음을 발견하는 것이다. 우리는 재창조의 방향으로 권능의 은혜를 행사하는 부름을 받았다.

우리는 수천 년 동안 위험의 감수와 손실의 관계를 알고 있었다. 위험을 감수하는 사람들에게 승산이 없다고 역사는 지적한다. 그러나 나는 위험 감수자들이 때로 죽음의 위험 아래서도 인류의 재창조와 변화에 가장 많은 공헌을 했다고 주장한다. 애석하게도 세상을 다 얻고 자신의 영혼을 잃는 것과, 세상을 잃고 자신의 영혼을 얻는 것이 주어질 때 의당 후자가 그래야 하는 것보다 적게 선택된다.

그렇지만 가르침의 행위가 자신의 권능을 발견하고 주장하는 사람들에게 향할 때, 교사는 위험을 감수해야 한다. 좀 더 구체적으로 말하면 (5장에서 설명한 바처럼) 발견되고 주장되는 권능이 사랑과 수용의 권능일 뿐만 아니라 저항하고 거부하며 개혁하는 권능일 때 위험은 요청되는 것이다. 수용과 사랑은 찬성이고 저항과 거부 개혁은 반대이거나 기껏해야 수긍 정도이다. 그러나 거부와 저항, 개혁은 수용으로부터 나온다. 그리고 이들이 인간적으로 행사된다면 그 자체 안에 사랑으로 이끄는 역동성이 있게 된다.

위험 감수의 연습

다섯 가지의 모든 권능이 세상의 재창조와 변화에 매우 중요하다. 다음의 연습은 이러한 권능의 개발을 위해 설계된 것이다.

위험 감수자에 대한 탐구

다른 사람들의 삶을 연구하고 음미하는 데서 용기가 나올 수 있으므로 위험 감수자들의 명단과 그들이 감수한 위험, 성취된 임무, 발생한 손실에 대한 목록을 만들어 본다. 이들의 전기를 숙제로 내 주고 아직 이들이 생존해 있다면 인터뷰를 하도록 해 본다. 사망한 경우에는 이들을 아는 사람들을 인터뷰해 본다. 교사는 이 위험 감수자의 명단에 몇 명이나 오르는지 아니면 명단에 오른 위험 감수자들의 삶에서 가르침이 중심 요소가 된 때는 언제였는지 조사한다. 예술의 세계에서 발견되는 위험 감수자들은 몇 명인지 본다(위험 감수자들이 저명인사일 필요는 없다. 이 연습은 가족이나 지역사회의 위험 감수자와 같은 알려지지 않은 이름을 발굴해 내는 연습일 수도 있다).

격함의 탐구

거부와 반항의 주제를 탐구하기 위해 '격함을 주제로 한 학생들의 모임'을 만든다(미술 교사 데보라 로즈의 제안). 로즈는 이 연습을 다음과 같이 설명한다 :

> 파티가 그 처음이다. 초대장에는 학생들에게 (이 경우에는 십대의 청소년들에게) 격한 의상을 입고 격한 음악 테이프를 가져 오라고 지시되어 있다. 첫째 활동은 짝 인터뷰이며, "지금까지 한 일 중 가장 격한 것은 무엇이었는가?" "지금까지 만난 가장 격한 선생님은 누구였는가?" "제일 격한 공연 그룹은 어떤 그룹이라고 생각하는가?" 등을 물어 본다. 식사는 타코 만들기, 격할 만큼 끈적끈적한 치즈나 초 만들기, 진짜 격한 아이스크림 선데를 만들기로 이루어진다. 식사할 동안 록 음악 비디오를 튼다(우리는 자선공연의 생중계 부분을 틀었다). 격하고 터무니없는 게임을 하며, 그 상도 어처구니 없는 것을 준다.
>
> ㄱ 다음 주에 "격하다(outrageous)는 것은 무엇을 의미하는가?"를 주제로 토론을 시작한다. 학생들은 그 예들을 적어 본다. 그리고 그 어원, 즉 분노(rage)에 대해 조사한다. 곧 학생들은 세계 기아에 대한 자선 공연과 이에 대한 분노가 연결되어 있음을 알게 된다. 그리고 학생들은 자신을 분노하게 만드는 일들을 적어 내려간다. 거기서부터 학생들은 1년 동안의 프로그램과 과제들을 창조해낼 수 있다. 성경연구에서는 "기독교는 격한가?" "예수 그리스도는 격했던가?"와 같은 토론을 할 수도 있다.[23]

위험을 감수하는 교사들에게 덧붙이고 싶은 말은 "당신은 격한가?"이다. 격해 본 적이 있는가? 당신의 분노의 초점은 무엇인가? 그 분노는 당신에게 무엇을 저항하고 개혁하라고 촉구하는가?

권능의 탐구

---

23. Debora Rose, in *an unpublished paper*(Newton, MA : Andover Newton Theological School, December 1985).

세 번째 연습은 파울로 프레이리에게서 배운 것인데, 이 연습은 교사와 학생들에게 자신의 권능을 탐구하고 자신이 개발하고자 원하는 권능을 밝히는 도움을 준다. 각 참가자들은 다음을 위해 적어도 15분은 사용할 필요가 있다 :

* 교사(혹은 학생이나 시민)로서의 당신의 권능을 나타내 주는 이미지, 제스처, 상징, 책 제목 같은 것들을 선택한다.
* 같은 그룹의 다른 사람들에게(두세 명 정도가 좋을 것 같다.) 그 이미지가 무엇인지 말하고 더 이상은 말하지 않는다.
* 10분 동안 선택한 이미지에서 다른 사람들이 본 것을 들어 본다. 이 10분 동안 듣기만 해야 한다.
* 10분이 지난 후 다른 사람들과 대화를 하며, 처음 그 상징을 선택한 이유와, 다른 사람들은 보았으나 자신은 보지 못한 것에 대해 언급하고, 다른 사람들의 말을 통해 알게 된 자신에 관한 계시에 대해 설명한다.

나는 이 연습을 수년 간 사용하고 있다. 이 연습은 내부의 권능을 발견하는 뛰어난 방법이었다. 이 연습을 하는 것에 대해 덧붙이고 싶은 요지는 마지막 질문이 될 것이다. 토론 후의 마지막 질문 :

* 이러한 권능은 당신이 어떤 위험을 감수할 수 있게 해주었는가?

결론

이 다섯 가지 기준(경로) — 보살피기, 단계 밟기, 형태 잡기, 여유 갖기, 위험 감수하기 — 은 교사들이 자신의 상상력을 가르침 행위에 집중시키라는 촉구에 응답할 때 유의해야 할 것들이다. 이 기준들은 질문이지 해답이 아니며, 제안이지 요구가 아니며, 충고이지 명령이 아니다. 그럼에도 불구하고 나는 이 기준들 안에는 많은 역동성과 에너지, 그리고 많은 생명이

있다고 믿는다. 상상력의 신성한 원천인 창조주 성령에게 바치는 고대의 기도를 들어보라 :

> 거룩한 성령이여 오셔서,
> 믿음 있는 자의 가슴을 채우소서.
> 그들 안에 사랑의 불을 지피소서.
>
> 당신의 거룩한 성령을 보내시면
> 그들이 창조될 것입니다.
> 그들이 이 땅의 얼굴을 새롭게 할 것입니다.

 나는 그 성령이 보살피고, 단계를 밟으며, 형태를 잡고, 여유를 가지며 위험을 감수하고자 하는 교사들에게 불려지기를 기다리고 있다고 믿는다. 결과는 보장할 수 없다. 그러나 그것이 우리의 삶에 출현했다 하면, 불이 일어나 타게 하는 것이 상상력의 권능이다. 그 불은 모든 가르침이 향하는 방향, 즉 재창조의 방향으로 움직이는 것을 가능하게 한다.
 심오한 소명은 가르침에의 소명이며, 심오한 소명은 종교적 상상력으로의 소명이다. 이 소명은 성육신으로, 계시로, 권능의 은혜로 이끌 수 있는 소명이기 때문이다. 그리고 이러한 것들은 다시 세상의 재창조로 이끌 수 있다.

가르침과
종교적 상상력

초판발행 2003년 8월 10일
개정 1쇄 2023년 2월 3일
지은이 마리아 해리스
역　자 김도일
펴낸이 박창원
발행처 한국장로교출판사
주　소 03128 / 서울시 종로구 대학로3길 29, 신관 4층(연지동, 총회창립100주년기념관)
편집국 (02) 741-4381 / 팩스 741-7886
영업국 (031) 944-4340 / 팩스 944-2623
홈페이지 www.pckbook.co.kr
인스타그램 pckbook_insta　　**카카오채널** 한국장로교출판사
등　록 No. 1-84(1951. 8. 3.)

책임편집 정현선
편　집 이슬기 김은희 이가현　　**디자인** 남충우 김소영
경영지원 박호애　　　　　　　　　**마케팅** 박준기 이용성 성영훈

ISBN 978-89-398-4467-4
값 25,000원

＊ 이 출판물은 저작권법에 의해 보호를 받는 저작물이므로 무단 전제와 무단 복제를 금합니다.